1	
2	3
4	5

1 1993 年陪同劉伯倫大使訪問菲律賓最北端之巴丹內斯省
2 1992 年外交部長錢復伉儷訪問菲律賓
3 1990 年陪同劉達人大使訪問民答那峨東棉省
4 陪同劉伯倫大使參觀麥克阿瑟紀念公園
5 1992 年陪同劉伯倫大使搭乘直升機拜會薩馬爾軍區司令

6 | 7
8
9

6 與友人在三描禮士省海岸，該處正西就是南海爭議焦點黃岩島

7 作者與潛水夥伴合影，右二為外長公子 Raul Manglapus Jr.，左一為外交部法律顧問 Atty. Artemio Corpus

8 2024 年參觀菲律賓第一任總統阿奎納多的故居

9 2024 年拜會駐菲賓代表周民淦大使，左一為在菲投資化工業四十餘年的酈德瑞董事長

10		11
12	13	14
	15	

10 米順將軍於 1990 年聖誕夜以菲式聖誕大餐招待台商鄭明義董事長與作者

11 在獨魯萬市晚宴上獻舞籌募慈善基金，舞池地板上都是鈔票

12 在戰略要地柯里希多島試操作一戰巨砲

13 菲律賓外長 Raul Manglapus 轉任菲國石油公司董事長後，參加我國慶酒會

14 作者在菲律賓各地潛水達 163 次

15 2024 年訪問馬尼拉與老朋友 Gen. Nelson Allaga, Bong Velasquez 及 David Lih 餐敘

16	17
18	19

20

16 拜訪南雷伊泰省國會議員 Roger Mercado
17 好友的兒子買了菲律賓第一台 Gogoro，全家一起歡慶
18 參加南海海洋科學工作小組會議
19 參觀聖奧古斯丁教堂
20 陪同韓知義公使訪問保和省參觀古蹟

你所不知道的
菲律賓
PHILIPPINES
羅添宏——著

台灣
蘭嶼
巴士海峽
東沙島
巴丹內斯群島
巴丹島
巴林塘海峽
巴布煙群島
巴布煙海峽
佬沃
阿帕利
土格加勞
美岸
呂
宋
島
南
海
太
平
洋
碧瑤
林加延(仁牙因)
塔拉克
卡巴納端
黃岩島
皮納土坡火山
馬洛洛斯
蘇比克灣
巴丹
奎松市
馬尼拉
馬尼拉灣
甲美地
柯里希多島
八打雁
黎牙實比
岷多洛島
薩馬爾島
羅哈斯
維沙亞
業島
南沙群島
平島
獨魯萬
宿霧島
雷伊泰島
仁愛礁
巴拉望
宿霧
保和島
公主港
蘇里高
內格羅斯島
武端
卡加延德奧羅
蘇祿海
伊利甘
馬拉維
民答那峨
哥打巴托
阿波火山
納卯
三寶顏
和樂
蘇祿群島
蘇祿島
馬來西亞

自序

菲律賓是台灣南方最鄰近的國家，但是一般人對菲律賓瞭解不多，甚至有許多誤解，主要是兩國文化的差異所致。菲律賓早期先後傳入中華文化、印度文化、阿拉伯文化，之後被西班牙、美國及日本統治，使得這個群島成為一個融合多種文化、與眾不同的國家，跟菲律賓著名的冰品 halo-halo 一樣多彩多姿。

菲律賓有許多事情令人難以理解或發展經常出乎一般預料，非常值得我們去探索研究。

- ✔你可知美國統治菲律賓初期對待菲人非常殘暴，為何菲律賓獨立之後對美國最有好感？
- ✔菲律賓獨立後一度經濟快速發展，成為亞洲僅次於日本的最發達國家；之後為何會經濟停滯落後，反而成為負面教材？
- ✔菲律賓一九五〇、六〇年代有「亞洲民主櫥窗」之美譽，為何馬可仕可以獨裁統治二十年？
- ✔人民力量革命推翻馬可仕之後，接任的柯拉蓉總統任內為何會發生九次軍事叛變？
- ✔菲律賓為何會形成家族政治，同一家族成員位居要津且兩代皆為總統的情形一再出現？
- ✔特立獨行常爆粗口的杜特蒂在納卯市長及總統任內對上萬名涉毒者實施就地槍決，為何可以當選總統還廣受人民支持？

✓獨裁者馬可仕的兒子小馬可仕為何可以高票當選總統演出「王子復仇記」？

作者的外交生涯四十年，首次外派是菲律賓，一待就是六年餘，佔據我人生十分之一的時光。這段不算短的日子，可以說是充滿酸甜苦辣。我很幸運跟隨劉宗翰、劉達人、劉伯倫三位年高德劭且經驗豐富的劉大使，分別做了行政、領務、政務三大項工作，讓我迅速學習成長。當年菲律賓有七十四個省，我跑了五十四個省，包括最北的 Batanes，最東的 Samar，最南的 Davao，最西南的 Jolo，都在我腦海中烙下深刻的印象。認識了很多人，也結交了不少好朋友，對這個擁有七千多個島嶼的多元文化國家逐漸有了較深的認識。

即使任滿離開馬尼拉之後，拜網路之賜，我一直上網關心菲律賓的各項發展及與好友保持聯繫。在國內期間，我也結交了不少在台北工作的菲國會計師、工程師及航空界等朋友，經常一起打球、吃飯、玩牌。二〇〇五年我奉派夏威夷在美軍太平洋總部下的智庫 APCSS 受訓三個月，同學中有一位非常投緣的菲律賓將軍結訓返國後即升任海軍陸戰隊司令。二〇一七年我駐索羅門群島期間購買館車，當地豐田汽車經理也是菲律賓人，多聊幾句還發現有共同的朋友。我跟菲律賓真是有不解之緣。

目錄

自序 003
導言 011

上部

第一章　早期的菲律賓 021
第二章　鄭和下西洋——蘇祿蘇丹朝覲明成祖 031
第三章　麥哲倫橫渡太平洋抵宿霧 037
第四章　西班牙殖民統治菲律賓 051
第五章　天主教與菲律賓 059
第六章　烏達內塔與東向航路 069
第七章　馬尼拉大帆船與白銀貿易 077
第八章　海盜林鳳自台灣攻打馬尼拉及殖民呂宋 087
第九章　早期的旅菲華人與呂宋大屠殺 093
第十章　西班牙自菲律賓占領北台灣 103
第十一章　七年戰爭英國占領馬尼拉 111

第十二章　長達三百二十年的摩洛戰爭——人類歷史上最長的戰爭　119
第十三章　西班牙殖民帝國的崩壞　127
第十四章　荷西·黎薩——菲律賓民族主義之父　135
第十五章　菲律賓獨立革命與美西戰爭　143

中部

第十六章　殘酷的美菲戰爭　157
第十七章　美國治理菲律賓並協助走上獨立之路　171
第十八章　麥克阿瑟與菲律賓　179
第十九章　太平洋戰爭爆發——日本自台灣侵略菲律賓　191
第二十章　日本統治菲律賓　205
第二十一章　台灣抑或菲律賓——太平洋戰爭美軍反攻最重大的抉擇　215
第二十二章　美軍進攻呂宋　227
第二十三章　戰後軍事審判　243
第二十四章　山下奉文寶藏　251

下部

第二十五章　菲律賓獨立　263
第二十六章　虎克軍叛亂　275
第二十七章　菲律賓的黃金年代　287
第二十八章　馬可仕統治菲律賓二十年　299
第二十九章　馬可仕實施戒嚴——新人民軍長期叛亂　311
第三十章　艾奎諾返菲遭槍殺——人民力量革命推翻馬可仕　321
第三十一章　柯拉蓉總統任內「武裝部隊改革運動」發動九次叛變　333
第三十二章　與台灣關係最好的總統羅慕斯　349
第三十三章　第二次人民力量革命推翻艾斯特拉達總統　363
第三十四章　政壇不死鳥艾羅育總統　373
第三十五章　艾奎諾三世——頸部有一顆子彈的總統　383
第三十六章　非典型總統杜特蒂　397
第三十七章　摩洛叛亂與馬拉維危機　409
第三十八章　菲律賓與中國之南海主權爭議　421

第三十九章　「王子復仇記」——馬可仕家族重返執政　437
第四十章　菲律賓與美國及日本形成軍事同盟　449
結語　461

導言

菲律賓是西太平洋一個由七一〇七個島嶼組成的群島，與台灣隔呂宋海峽相望。約在一千年前中華文化、印度文化及阿拉伯文化陸續傳入。來自福建、廣東的華人來到這塊富饒的土地，開始進行買賣生意。印度人因與中國貿易而抵達群島，建立了幾個印度式政體。穆斯林則從印尼進入群島南部，在蘇祿及民答那峨建立幾個蘇丹國。蘇祿蘇丹還曾於十五世紀初前往北京朝覲皇帝，卻於返途死在山東。

大航海時代於十五世紀末葉興起，歐洲人積極冒險遠航探索未知的世界，尋找珍貴的香料與黃金。一五二一年麥哲倫完成人類首度橫越太平洋的壯舉，來到宿霧，卻遭土著酋長殺害。西班牙四度派船隊循麥哲倫的航路要再回到宿霧，但都失敗。第四次遠航把這個群島以當時的王儲菲力二世為名，就成為「菲律賓」名稱的由來。

一五六五年西班牙再派黎牙實比率船隊自墨西哥太平洋岸出發，終於順利抵達宿霧，開始對菲律賓群島的三百餘年殖民統治。隔幾年，西班牙人占領馬尼拉，成為新殖民地的首府，繼續征服群島各地。同時西班牙人也發現返東航路，大帆船往來墨西哥與馬尼拉之間進行貿易，以白銀換取中國的絲綢、瓷器及茶葉。

馬尼拉華人眾多，海盜林阿鳳集團攻打馬尼拉時有部分華人與其合作，於是西班牙人開始密切注意華人動向並予以嚴格的管制。一六〇三年西班牙當局藉故屠殺二萬餘名華人，此後每隔數十年就會發生一次大屠殺事件。

一六二六年西班牙人占領北台灣雞籠與淡水一帶，但僅維持十六年就被荷蘭人包圍擊敗而退出台灣。

西班牙以天主教的保護者自居，天主教成為菲律賓的國教。即使美國統治時期取消國教的地位，天主教一直對菲律賓的政治與社會產生巨大影響。今日，菲律賓已成為僅次於巴西與墨西哥的世界第三大天主教國家。

西班牙人稱南部的穆斯林是摩洛人，而摩洛人自始就拒絕西班牙人的統治，於是兩者之間發生長達三百二十年的摩洛戰爭，西班牙人僅能控制民答那峨沿海地區。美國統治期間及菲律賓獨立後早期，政府的政策明顯偏向天主教徒，所以摩洛人要建立一個穆斯林自己的國家。一九六〇年代起陸續有幾個摩洛分離運動組織與政府對抗，雖然政府與分離組織談判，但是總有不同意見的派系要繼續進行戰鬥。激進的分離組織為達目的以炸彈爆炸及綁架勒贖甚至斬首等手段層出不窮。二〇〇四年起「伊斯蘭國」在中東竄起，菲律賓的激進組織也與之串聯。二〇一七年「阿布沙耶夫」及「毛特」等伊斯蘭分離組織打著伊斯蘭國旗號攻占馬拉維市，政府軍全力反攻，造成傷亡各一千餘人，成為菲律賓自二次大戰結束以來最嚴重的一場殺戮。馬拉維危機過後，再加上其後公民投票決議成立「民答那峨邦薩摩洛自治區」，民答那峨未來的發展尚在未定之天。

一七五六年至一七六三年的七年戰爭期間，馬尼拉被英國占領兩年，顯示出西班牙國力衰弱，已非英國的敵手。十九世紀初，西班牙被拿破崙占領後，拉丁美洲的殖民地紛紛獨立，菲律賓成為西班牙剩下的最重要殖民地。

十九世紀末，菲律賓人在黎薩的鼓吹下逐漸有獨立的自覺，隨後於一八九六年爆發了菲律賓獨立革命。一八九八年美國與西班牙發生戰爭，美國協助菲律賓革命軍打倒西班牙殖民當局，但該年末的巴黎和會中，美國以二千萬美元從西班牙手中取得菲律賓。

盟友變成新統治者，爭取獨立的菲律賓革命軍於是對美國宣戰，雙方交戰非常慘烈，美方在各地設立集中營，甚至在某些地區屠殺平民。美軍在菲律賓不人道的作為引起國內輿論的激烈指責，美國政府遂訂下協助新殖民地逐步走向獨立的政策。

一九四一年十二月日本偷襲珍珠港，太平洋戰爭爆發，日本同時自台灣進攻菲律賓。次年三月美日雙方在巴丹半島激戰，美軍最高指揮官麥克阿瑟將軍奉命自柯里希多島離開前往澳洲。四月美軍在巴丹半島投降，七萬餘名美菲俘虜被迫在酷熱天氣下步行至一百多公里外的戰俘營，造成一萬多名俘虜死亡，被稱為巴丹死亡行軍。

一九四四年十月下旬美軍在雷伊泰島登陸展開對菲律賓的反攻，而日本海軍傾巢而出，分三路在雷伊泰灣與美國海軍進行史上最大規模的海戰，但是日軍沒有把握可以反敗為勝的機會，功虧一簣。美軍接著於一九四五年一月在仁牙因灣登陸，迅速南下進攻馬尼拉。日軍司令官山下奉文率部移往呂宋北部繼續抵抗，但海軍少將岩淵三次堅持留守馬尼拉。美軍逐步進逼馬尼拉，城內日軍連日屠殺平民高達十萬人之多。一九四五年九月二日日軍在碧瑤向盟軍投降，遠東軍事法庭在馬尼拉審判日本戰犯。

一九四六年菲律賓獨立，尚在戰後百廢待舉的階段，共產黨虎克軍在各地叛亂。後來麥格塞塞出任國防部長採取有效策略，虎克軍領導人於一九五四年向季里諾總統投降，殘部於次年也陸續投降。

一九五七年三月十六日，麥格塞塞總統專機墜毀身亡。副總統賈西亞接任。麥格塞塞、賈西亞及其後的馬嘉柏皋三位總統執政期間，菲律賓在美國的協助下政治經濟穩定發展，步入所謂的「黃金時期」，成為亞洲僅次於日本的最發達國家，也有「亞洲民主櫥窗」的美譽。

參議院議長馬可仕於一九六五年當選總統，四年後他於一九六九年十一月的總統大選中，以舞弊的方式勝選，成為菲律賓史上第一位連任的總統。馬可仕與夫人伊美黛好大喜功，注重個人享受，把國家經費投注在諸多龐大的建築與計畫，竄改美化一些經濟數字，卻無法改善民生。馬可仕與伊美黛執政期間，貪汙氾濫、箝制新聞自由，引起人民不滿。共產黨趁勢再起，成立新人民軍在各地進行叛亂活動，造成社會動亂危害經濟發展，五十餘年過後，迄今仍未能消弭。

一九七二年馬可仕在第二任總統任期結束前，全國實施戒嚴。馬可仕政權大肆拘捕監禁反對者或共產黨嫌疑者，嚴重違反人權，反對黨領袖或政治異見者被迫流亡海外。

一九八三年反對派領袖艾奎諾自美國經台北返回馬尼拉，在機場被殺害，憤怒的菲國人民逐漸凝聚成一股強大的反馬可仕勢力。

一九八六年二月菲國舉行總統大選，艾奎諾遺孀柯拉蓉與馬可仕競選總統大位，馬可仕再次以舞弊方式獲勝，引發菲國人民的怒火。上百萬人民在柯拉蓉及天主教會領導下走向街頭表達抗議，稱為人民力量革命。軍隊也選擇背棄馬可仕而支持柯拉蓉。二月二十五日馬可仕逃離馬拉坎南宮，柯拉蓉則在 EDSA 大道宣誓就任菲律賓總統。

柯拉蓉上任後與新人民軍進行和談、釋放菲共領導人以及新內閣納入左派人士等作為，引起軍方的強烈不滿，而在其執政期間發動九次叛變。頻繁的叛變令菲國政治社會不穩定，經濟發展停滯。

一九九二年大選群雄並起，國防部長羅慕斯獲五百餘萬票，成為菲律賓有史以來得票最低的總統。羅慕斯可以掌控軍隊，所以在其任內未再發生軍事叛變，因此經濟發展穩定，民生逐漸改善。

一九九四年二月，羅慕斯在蘇比克灣與李登輝總統會晤，之後大量台商湧入蘇比克灣。

一九九八年影星出身的參議員艾斯特拉達當選第十三任總統，卻因為貪汙而於二〇〇一年一月遭第二次人民力量革命推翻，由副總統艾羅育接任。她是經濟學教授，所以在執政之後菲國經濟持續穩定發展。艾羅育於二〇〇四年競選連任時，曾以電話施壓選委會主委。她當選後涉及貪汙且電話施壓的錄音被揭露，導致其聲望大幅滑落，且發生兩次小規模軍變。

二〇一〇年柯拉蓉總統之子艾奎諾三世當選第十五任總統，不久就發生離職警官挾持香港觀光客事件，他在處理事件的整體表現未能令人滿意，導致國家形象受到損害。二〇一三年發生廣大興二十八號事件，可以說是自一九七五年菲律賓與中華民國斷交以來最嚴重的事件，雙方關係降至冰點。所幸雙方都還算理性節制，終能解決此一不幸案件。接著發生造成八千餘人死亡的海燕颱風，艾奎諾三世遭批評反應遲緩。

艾奎諾三世於二〇一三年就南海主權爭議向常設仲裁法院提交「南海仲裁案」，控告中國違反國際法及侵犯菲律賓的權益。二〇一六年七月，在他卸任後不久，常設仲裁法院即宣判菲律賓大獲全勝。

二〇一六年曾經長期擔任納卯市長的杜特蒂贏得總統大選。他是一個「非典型」的政客，為人非常隨性，言論充滿爭議，也經常「出口成髒」，引發抗議。杜特蒂上台後採取他在納卯的相同手段以解決日益嚴重的毒品氾濫問題，他授權警察未經審判就可以槍殺涉毒者。杜特蒂違反人權的作為受到國際間的關注，對他嚴厲譴責。但杜特蒂仍我行我素，估計在他執政期間約有一萬人以上遭致殺害。

杜特蒂上任後加強與中國及俄羅斯的外交關係，並與美國及歐盟疏遠。在南海主權爭議上，他放棄仲裁法院的有利判決而與北京私下達致所謂君子協議，造成日後菲律賓與中國間的南海主權爭議更加複雜困難。

二〇二二年大選，小馬可仕與杜特蒂女兒納卯市長莎拉・杜特蒂搭檔競選。結果，小馬可仕以五十八・七七％選票壓倒性勝利擊敗群雄，莎拉・杜特蒂更獲得驚人的六十一・五三％選票。小馬可仕與莎拉・杜特蒂成為菲律賓史上得票數最高的正副總統候選人。

小馬可仕上台後不久就改變其前任杜特蒂的親中遠美政策，而與美國、日本及澳洲等國密切往來。二〇二三年二月，他同意美國增加四座在菲的軍事基地。二〇二四年四月的美日菲高峰會議，三國領袖同意在軍事方面加強合作，就等於把美日安保條約及美菲共同防禦條約連成一氣，形成三國同盟共同抗衡中國的格局，大幅提升菲律賓的國際地位。

小馬可仕逐漸顯現要修改憲法於二〇二八年競選連任的企圖，導致馬可仕與杜特蒂兩大家族的決裂，因為莎拉・杜特蒂早已決定要競選下任總統。未來發展仍有待觀察。

上部

S. Petri
Prima ego velivolis ambivi cursibus Orbem,
Magellane novo te duce ducta freto.

第一章 早期的菲律賓

「在呂宋島北岸可以聽見台灣的公雞啼叫。」

（“Sa Hilagang Bahagi ng Luzon, maririnig mo ang tilaok ng manok mula sa Taiwan.”）

菲律賓是東南亞一個由七一〇七個島嶼組成的群島，面積約三十萬平方公里，北與台灣隔呂宋海峽（Luzon Strait）相望，東濱西太平洋，南面西里伯斯（Celebes）海與印度尼西亞為鄰，西隔南海與越南相對。菲律賓群島位處北緯四度至二十一度之間的環太平洋地震帶上，常年飽受地震與颱風以及火山爆發等災害肆虐，然而其環境也造就了豐富的天然資源與生物多樣性。菲律賓群島又分成呂宋島（Luzon）、維沙亞（Visayas，或譯稱未獅耶）以及民答那峨（Mindanao 或譯稱棉蘭老）三大島群。

南島民族

人類學家認為尼格利陀人（Negrito，意為小黑人，葡萄牙西班牙人所取名），是菲律賓群島最早的居民。以漁獵維生的小黑人受到後來的南島民族（Austronesian）擠壓而遷徙至偏遠地區。按照民族語言學家的說法，菲律賓因島嶼零散，原住民約有一百多個族群，其中呂宋島西部艾伊塔族（Aeta），東南部山區的阿格塔族（Agta）、巴拉旺（Palawan）的巴塔克族（Batak）、班乃島（Panay）的阿提族（Ati），以及民答那峨的瑪曼哇族（Mamanwa）等是現今較大的族群。

近年南島語系民族源自於台灣是相當普遍的說法。南島人被推測約在距今四千年以前，已抵達菲律賓群島，這個時代的考古遺址，出現了台灣特有的玉石。表示當時菲律賓的南島人，與台灣原住民存在貿易情形。

群島上的居民散居在許多聚落，稱之為描籠涯（barangay）[1]，過著採集漁獵及農耕的生活，以及與鄰近地區進行以物易物的簡單貿易。雖然部落間經常交互掠奪與征伐，但沒有形成較大的政治實體。

中華、印度與伊斯蘭文化傳入

隨著貿易與宗教的發展，群島各地逐漸受到了中華文化、印度文化及伊斯蘭文化的影響。宋朝時，華人開始自福建、廣東乘船前往呂宋貿易，也有一些人留在這塊富饒的土地並與當地人通婚，他們就成為菲律賓華裔的始祖。

大致同一時期印度人因進行海上絲路貿易來到了呂宋，在今日馬尼拉巴石河（Pasig River）河口北岸建立一個湯都（Tondo）王國。湯都最初由數個描籠涯組成，其後幾世紀勢力逐漸擴大。直

1　描籠涯（barangay）類似台灣的村里，是菲律賓最小的行政單位，目前菲律賓全國有四萬二千餘個描龍涯。

上部

到今日，這個區域還是稱為 Tondo，是馬尼拉的一個區。

十四世紀伊斯蘭勢力東漸，一三八〇年，伊斯蘭教傳入菲律賓的蘇祿（Sulu）群島，並建立了蘇祿蘇丹，之後也逐漸向民答那峨、維沙亞及巴拉望等擴張。伊斯蘭勢力最北發展到今馬尼拉附近，在巴石河南岸建立一個政治實體。

呂宋海峽

分隔呂宋島與台灣的呂宋海峽寬約二五〇公里，東連太平洋與西接南海，東端有兩個島群；上方是巴丹內斯群島（Batanes Islands）[2]，下方是巴布煙群島（Babuyan Islands）。巴丹內斯群島以北至鵝鑾鼻及蘭嶼之間是大家耳熟能詳的巴士海峽（Bashi Channel）；巴丹內斯群島以南至巴布煙群島之間是巴林塘海峽（Balintang Channel）；巴布煙群島至呂宋島之間是巴布煙海峽（Babuyan Channel）。這些島嶼，成為古時台灣與呂宋間海上航行的跳板。

一些考古與語言學者認為台灣是南島語族的故鄉，南島語族的擴散是由台灣經蘭嶼、巴丹內斯群島，到達呂宋及東南亞諸島，再由東南亞島嶼遷往大洋洲，甚至往西抵達非洲東岸的馬達加斯加（Madagacar）。其中，達悟族（雅美族）人與相距僅一百餘公里的巴丹內斯群島人在語言與文化及遺傳上，頗為相近。若干學者考據，蘭嶼和巴丹內斯兩邊居民的語彙、服飾、埋葬、主食、烹飪等，都極相似，研判屬同一族群。後來蘭嶼與巴丹內斯因分屬為不同國家而被迫分隔。

作者曾於一九九三年陪同劉伯倫大使搭乘菲國軍方小飛機，訪問菲律賓最北端也是與台灣最接近的巴丹島，拜會巴丹內斯省的省長。在巴丹島參訪期間，發現巴丹島與蘭嶼的景觀及以石頭堆砌的住屋頗為類似。

作者派駐菲律賓期間就經常聽聞菲人津津樂道「在呂宋島北岸可以聽見台灣的公雞啼叫」—（Sa Hilagang Bahagi ng Luzon, maririnig mo ang tilaok ng manok mula sa Taiwan）。當然這是誇張的他加祿（Tagalog）諺語，只是形容呂宋與台灣的距離有多近。我曾兩度搭車自呂宋北端城市阿帕利（Aparri）沿海岸公路前往呂宋西北的佬沃（Laoag），因為地形關係沿路收不到呂宋的電台，但是可以收到台灣高雄及屏東的電台，而且非常清晰。當時感覺非常奇特。

---

2 巴丹內斯群島（Batanes Islands），一般多譯成巴丹群島，但容易與該群島的巴丹島（Batan Island）及呂宋西部巴丹省（Bataan Province）混淆。Batanes 發音為／bəˈtanes／，所以還是稱巴丹內斯群島為宜。

巴丹內斯群島與蘭嶼的姻緣

作者駐菲期間頭幾年負責外人簽證業務。一九九〇年突然有一位丁松青（Barry Martinson）神父來找我。我知道他的哥哥丁松筠（Jerry Martinson）神父是光啟社社長，經常現身在台灣電視的兒童節目，大家都叫他 Uncle Jerry。丁松筠是美國耶穌會神父，他的弟弟丁松青也追隨他的腳步於一九六九年來台灣，先到蘭嶼傳教，停留一年期間他極為熱愛這個島嶼及人民，寫了一本膾炙人口的《蘭嶼之歌》並由他的朋友名作家三毛翻譯成中文。一九七四年丁松青神父前往菲律賓進修神學兩年後回到台灣，在新竹縣五峰鄉清泉天主堂服務原住民至今長達半世紀。由於對台灣土地與人民的長期貢獻，丁松青神父於二〇一七年獲得台灣身分證。

那丁松青神父一九九〇年找我做什麼呢？原來因為熟悉蘭嶼與菲律賓，他安排巴丹內斯群島雅米（Yami）島的一位女士嫁給台灣蘭嶼島的一位達悟族壯丁。這位新娘子去台灣需要簽證，所以就到代表處來辦理。我想這是美事一樁，於是問明了緣由、檢視了證件就立刻核發簽證。事後我想像這樁跨國姻緣的發展，女方所在的雅米島與蘭嶼的直線距離只有約一百公里，如果追隨她的祖先划獨木舟順著黑潮（Kuroshio Current），一天應該可以抵達。但是這位雅米新娘採取了現代人的方式，從巴丹內斯群島首府巴斯可（Basco）搭螺旋槳小飛機到呂宋島東北端的卡加煙（Cagayan）省首府土格加勞市（Tuguegarao City），轉乘菲航國內班機到馬尼拉，再自馬尼拉搭乘國際線航班到台灣桃園機場。落地入境後再乘汽車到松山機場，換搭國內線飛機到台東，再到富岡漁港搭交通船前往最終目的蘭嶼。這次旅程要使用船、車及四趟飛機，真有夠折騰了。希望新郎新娘相見歡過著幸福快樂的日子。要不然兩人見面談不攏或日後合不來，女方要回娘家可真不容易啊！

後來我得知一九七八年一位達悟族的顏福壽先生，隨同一位匈牙利學者前往巴丹內斯群島進行語言學比較，因言語溝通無礙，而與巴丹女子莉塔（Lida）相識、相戀然後結婚。這樁婚姻比丁神父撮合的早了十幾年。

馬尼拉王城（Intramuros）的聖奧古斯丁教堂博物館內，展示中國宋元明清四個朝代華人在菲律賓留下的文物。（作者攝）

丁松青神父（中）因奉獻台灣數十年，內政部於二〇一六年頒發歸化我國國籍許可證書及國民身分證，成為《國籍法》修正後第二位取得國民身分證的外籍人士。（內政部）

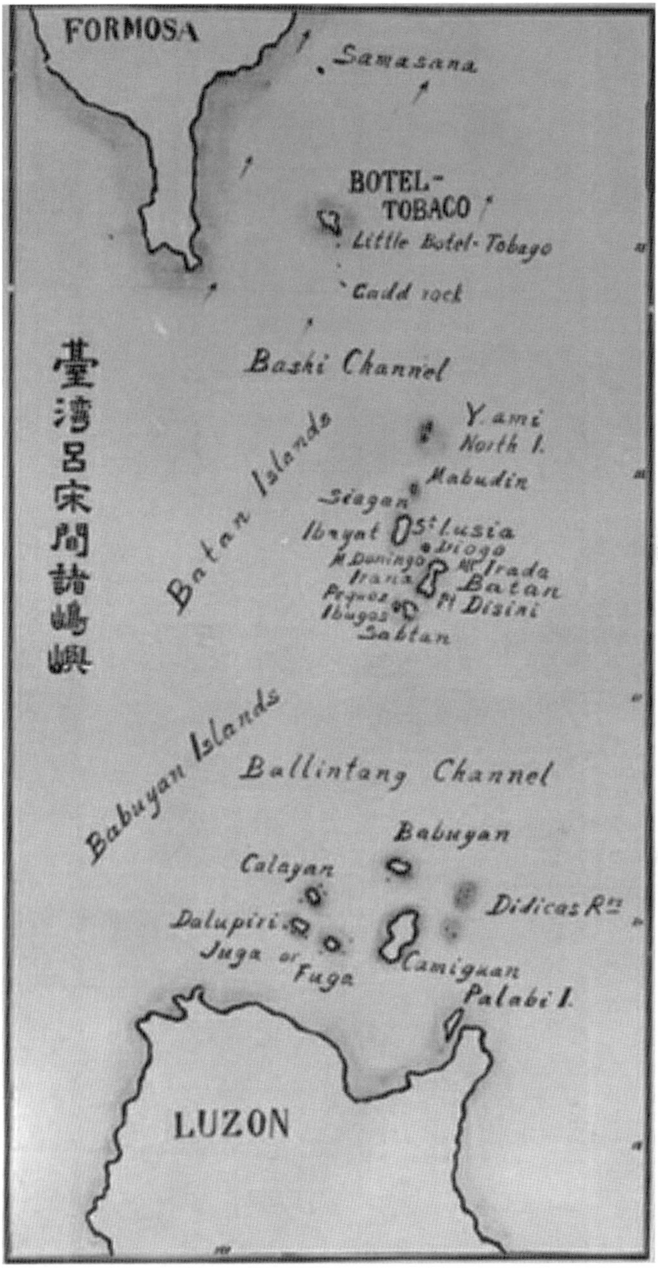

一八九八年日本人手繪台灣呂宋間諸島嶼（Wikipedia）

上部

一九九三年作者陪同劉伯倫大使訪問巴丹內斯省，由省長陪同參觀。（圖／作者提供）

第二章

鄭和下西洋——蘇祿蘇丹朝覲明成祖

蘇祿東王巴都葛巴塔剌於一四一七年前往中國晉見大明皇帝明成祖朱棣，受到明朝廷的隆重接待與賞賜。東王一行在北京停留近一月後，於八月二十七日啟程回國，九月三日東王不幸病逝於德州（今山東德州市）。

明朝在一四〇五年至一四三三年之間曾七度派宦官鄭和（三寶太監）率領龐大艦隊下南洋，跨越東南亞、印度、阿拉伯半島以及東非各地。這支有多達二百四十餘艘海船、二萬七千四百餘名船員的龐大船隊七次遠航，總航程達到七萬多海浬，長度相當於地球圓周的三倍之多，是當時有史以來規模最大的遠洋航海紀錄。鄭和下西洋甚至比迪亞士（Bartolomeu Dias）於一四八七年發現好望角及哥倫布（Cristoforo Colombo）於一四九二年發現美洲大陸還早七、八十年，可謂人類的一大成就。

鄭和原名馬三寶，後因於「靖難之役」保駕有功，受明成祖朱棣賜姓「鄭」，人稱「三寶太監」。鄭和下西洋的史料不多，是否曾抵達菲律賓也未有明確記載。但一般相信鄭和可能於第三次遠航（一四〇九～一四一一年）時，曾派遣一個支隊訪問了蘇祿（Sulu，今菲律賓蘇祿群島），當時蘇祿國的勢力範圍除蘇祿群島、民答那峨西南角之外，也及於巴拉旺的南部。明朝的艨艟巨艦浩浩蕩蕩抵達蘇祿的洋面時，想必震驚了蘇祿人。

鄭和本人究竟有無親自抵達蘇祿，史料似無明確紀載，而且蘇祿也不在其歷次南下西洋的主航線上。但其艦隊極為龐大，派一個支隊或幾艘船前往蘇祿是很有可能的。

蘇祿蘇丹朝覲中國

鄭和艦隊的到訪與交流因而促成了蘇祿東王[3]巴都葛巴塔剌（Paduka Pahala）帶領西王麻哈喇葛麻魯丁（Maharaja Kamalud Din）、峒王巴都葛叭督喇卜（Paduka Patulapo）及其親屬隨員等，於一四一七年前往中國晉見大明皇帝成祖朱棣，受到明朝廷的隆重接待與賞賜。

東王一行在北京停留近一月後，於八月二十七日啟程回國，九月三日東王不幸病逝於德州（今山東德州市）。成祖聞訃，派禮部郎中陳士啟等至德州賜祭，按王禮厚葬，謚「恭定」。除東王長子都馬含回國繼位外，命次子安都魯（Antulu）、三子溫哈喇（Wenhali）、王妃葛木寧及侍從十餘人，世代留居德州守墓。明朝廷賜祭田二頃三十八畝，又從歷城縣安排回族夏乃馬當、馬丑斯、陳咬住三戶人家，與東王次子安都魯等相兼守墳。東王遺族與守墳戶夏、馬、陳通婚，日後逐漸繁衍，遂在墳墓周圍發展成為一個以蘇祿穆斯林後裔和中國回族融合的小村落，清史上稱為「北回營」，就是現在該市的北郊長莊鄉北營村。這個融合兩國而成的回民村，成為山東回族來源之一。

3 伊斯蘭國家統治者稱為蘇丹（Sultan），明初尚未有此詞彙，故以王稱之。

上部

劉達人大使親訪蘇祿

一九九一年駐菲代表劉達人大使由陳杉林秘書及作者陪同訪問三寶顏。劉大使當年已年高七十仍不辭辛勞且無懼危險，堅持既然到了三寶顏一定要去蘇祿拜會市長及探視華僑。我們一行三人從三寶顏搭乘小飛機抵達蘇祿省首府和樂（Jolo）市，拜會華裔陳市長（Abdusakur Mahail Tan，後歷任國會眾議員及省長）。陳市長向我們講述華人在蘇祿的歷史，以及當地武裝叛亂及派系鬥爭治安不靖等情形。中午我們與當地僑領餐敘，之後由僑領陪同參觀一些華人遺跡。我們在當地停留數小時後飛返三寶顏。

有關蘇祿電影

知名影星巴特勒（Gerald Butler）二〇二三年所主演的電影《迫降危機》（*Plane*），敘述巴特勒所駕駛的一架客機由新加坡飛往夏威夷途中，因故迫降和樂島後與島上叛軍周旋，最後獲救的故事。

山東德州蘇祿王墓（Wikipedia）

菲律賓早期貴族階級服飾圖（Wikipedia）

第三章

麥哲倫橫渡太平洋抵宿霧

麥哲倫首次橫渡太平洋，在地理學和航海史上產生了一場革命。證明地球表面大部分地區不是陸地，而是海洋，世界各地的海洋不是隔離的，而是一個互相連通的水域。

鄭和七下西洋之後半世紀，從十五世紀末至十六世紀時期，當時的歐洲國家積極找尋東南亞的香料和黃金等，可通往亞洲的陸路卻為鄂圖曼土耳其帝國所阻。於是歐洲各國興起一股派遣船隊至各處海洋探索未知的世界，尋找新的貿易路線和貿易夥伴的熱潮，史稱大航海時代或地理大發現（Age of Discovery）。

迪亞士（Bartolomeu Dias，一四五一～一五〇〇）是一名葡萄牙貴族和航海家，他於一四八七年帶領船隊航行至非洲大陸最南端，並發現大西洋轉折印度洋的海角，為葡萄牙開闢通往印度的新航線奠定了堅實的基礎。迪亞士的這次探險的偉大意義在於，歐洲人第一次打通了大西洋和印度洋之間的海上通道，標誌著歐洲可以繞過伊斯蘭世界直接與印度和亞洲其他地區展開貿易。迪亞士最初命名為「風暴角」的海角，後來被葡萄牙國王改名為「好望角」（Cape of Good Hope），因為這個海角代表著成功開闢東方航線的美好希望。

哥倫布（Cristoforo Colombo，一四五一～一五〇六）出生於今義大利西北部的熱內亞（Genoa）。熱愛航海的哥倫布在西班牙君主伊莎貝拉一世及費南多的贊助下，於一四九二年到一五〇二年間四度出海橫渡大西洋，希望找到向西航往印度洋的路線。哥倫布終究沒有抵達亞洲，但他卻意外地發現了一片新大陸——即美洲大陸。哥倫布的壯舉掀起歐洲各國探索新世界的熱潮。

達伽馬（Vasco da Gama，一四六九～一五二四）是葡萄牙著名航海家，亦是人類史上第一位從歐洲遠航到印度之人。他的海上之行始於一四九八年，其路線繞過非洲大陸沿岸及阿拉伯半島，乃當時全程最長的航程，為日後葡萄牙對海外的殖民擴張鋪平道路。

教宗劃分西班牙與葡萄牙勢力範圍

大航海時代開始，同處於伊比利半島的西班牙與葡萄牙因地利之便，對於遠航尋找新航路及占領新殖民地最為熱衷，因此兩國間有許多爭執。

通往「亞洲大陸」新航路的發現，讓西班牙與葡萄牙在勢力範圍的劃分上再起糾葛，最後在教宗亞歷山大六世的介入調停下，兩國於一四九四年簽訂了《托德西利雅斯條約》（Tratado de Tordesillas），為兩國劃定了歐洲之外已知世界上的勢力範圍。維德角群島（Cape Verde）以西三七〇里格（一里格約等於三海浬）的經線成為了兩國的勢力分界線。分界線以東歸葡萄牙，即非洲、亞洲與南美洲東部；分界線以西歸西班牙，即絕大部分的美洲大陸、太平洋的島嶼以及當時尚未發現的陸地。

儘管當時歐洲人對新大陸地理勘測還十分模糊，西、葡兩國大致履行條約的規定。然而，該條約漠視了其他歐洲強國的權利，在英格蘭與法國航海勢力崛起後，遭到抵制。

上部

麥哲倫

麥哲倫（Ferdinand Magellan，一四八〇～一五二一）出生於葡萄牙北部一個沒落的騎士家庭。十歲時進王宮服役，對航海就十分嚮往。十六歲進入國家航海事務廳。二十五歲那年，他參加了對摩洛哥的殖民戰爭。之後，又在印度及東南亞參與為爭奪貿易地盤而進行的戰爭。三十歲時離開印度回國後，因為作戰表現優異被擢升為船長，並繼續在軍隊裡服役。他在印度及東南亞參與戰爭時瞭解到，香料群島東面還是一片大海。他堅信「地圓說」，認定地球是圓的。於是，他便立下心志要做一次環球航行。

三十三歲時，麥哲倫向葡萄牙國王曼努埃爾一世（Manuel I de Portugal）提議組織船隊去探險，進行一次環球航行。國王沒有答應，因為他認為東方貿易已經得到有效的控制，沒有必要再去開闢新航道了。實際上葡萄牙國小民寡，剛占有的巴西及亞洲殖民地已夠他忙的了。

一五一七年，麥哲倫離開葡萄牙來到了西班牙的港口城市塞維亞（Seville），並又一次提出環球航行的請求。塞維亞的要塞司令非常欣賞他的才能和勇氣，答應了他的請求，而且把女兒也嫁給了他。

一五一八年三月，西班牙國王卡洛斯一世接見了麥哲倫，他再次提出了航海的計畫，並獻給了國王一個自製的精緻彩色地球儀。哥倫布發現新大陸之後二十幾年，歐洲人並沒有在新大陸上發現眾所渴望的香料，因此西班牙王室依然對東印度保持著極大的興趣，國王很快就答應了麥哲倫。不久，在國王的指令與支持下，麥哲倫組建了一支船隊準備出航。

人類首次環球航行

麥哲倫的船隊由五艘帆船共二六五名船員組成：旗艦為千里達號（Trinidad），其餘四艘分別為聖安東尼奧號（San Antonio）、康塞普西翁號（Concepción）、維多利亞號（Victoria）與聖地牙哥號（Santiago）。其中最大的船為一二〇噸的聖安東尼奧號，最小的為七十五噸的聖地牙哥號。每艘船都裝備了足夠的武器，並為交易和補給準備了豐富的物資。麥哲倫的整個艦隊共花費了八百餘萬西班牙金幣。一五一九年九月二十日，麥哲倫率領他的西班牙艦隊從桑盧卡爾（Sanlúcar）出發航向茫茫大海及未知的世界，開始了人類歷史上首次環球航行。

麥哲倫此行注定是困難重重極為艱辛的。他來自與西班牙互相競爭的葡萄牙，艦隊全程都遭到葡國的阻撓與破壞。西班牙國王指派一位船長卡塔赫納（Juan de Cartagena）與麥哲倫有平等的地位以牽制及監視麥哲倫，嗣後兩人果然發生許多爭執。全艦隊兩百餘人是由西班牙、葡萄牙、希臘及其他國家各色人等拼湊而成的雜牌軍，艦隊五艘船及成員溝通與向心力大有問題。

在穿過大西洋後，艦隊抵達巴西東北角，獲得補給後繼續沿南美大陸向南行。在到達南緯三十四度後，他們以為已經抵達了海峽，但那其實只是拉布拉他河（Río de la Plata）的河口。他們花費了十五天去探索這片巨大的河口但無所發現。三月三十日，他們在南緯四十九度發現了巴塔哥尼亞（Patagonia）海岸的一片巨大的海灣，由於當天是聖胡利安日（San Julián），所以命名為聖胡利安灣。麥哲倫決定將艦隊停泊在該地，直至冬季結束。

隨著冬季嚴寒的到來，在這一片荒蕪人煙的地域，不滿的情緒在船員裡迅速瀰漫開來，各船的資深船員們開始抱怨麥哲倫的緘默。另外，艦隊的食物配給也被縮減。四月一日夜裡，卡塔赫納及另兩艘船的船長採取了行動，他們的支持者乘小艇登上了聖安東尼奧號並控制了該船。

在旗艦千里達號上，麥哲倫直到第二天才知道發生了什麼事。他派出了一小支忠於他的精銳部隊，登上維多利亞號刺殺叛變首領並重新控制了維多利亞號。至此，維多利亞號上的叛亂已被鎮壓。另兩艘船也相繼投降。

之後，麥哲倫派聖地牙哥號朝南探索附近的地區，結果聖地牙哥號遭遇風暴而沉沒。八月二十四日，剩下的四艘船從聖胡利安灣出發，在航行兩天後抵達了一處河口，並在這裡停留了近兩個月，以等待夏天的來臨。

十月十八日，艦隊啟錨並繼續朝南航行。就在艦隊在海峽進行探索時，聖安東尼奧號的船長私自違背了麥哲倫的命令，在其餘人不知情的情況下率船返回了西班牙。於是，麥哲倫的艦隊裡便又少了一艘船。

麥哲倫繼續率領船隊沿海峽航行。峽道彎彎曲曲，時寬時窄，兩岸山峰聳立，海峽兩岸的土著居民，燃燒篝火，好像專門為麥哲倫的到來而安排的儀仗隊。麥哲倫甚為喜悅，便把海峽南岸的這塊陸地命名為「火地」，這就是今日智利火地島（Tierra del Fuego）。七年後這個全長五七〇公里的海峽被命名為麥哲倫海峽。經過二十多天艱苦迂迴的航行，終於到達海峽的西口，而航入一片風平浪靜、浩瀚無際的「南海」。

太平洋之命名

剩下三艘船的艦隊離開麥哲倫海峽之後又歷經一百多天向西北航行，一直沒有遭遇到狂風大浪，麥哲倫的心情從來沒有這樣輕鬆過，好像上帝幫了他大忙。他就給「南海」起了個吉祥的名字，叫「太平洋」（Mare Pacificum；Pacific Ocean）。

航行在這遼闊的太平洋上，遇不到陸地，食物及飲水成為難題。一百多個日子裡，他們吃不到新鮮食物，只有乾麵包充飢，最後連飲水也消耗殆盡。

一五二一年三月初，船隊越過赤道後終於到達三個有居民的海島，這些小島是現今馬里亞納群島（Mariana Islands）中的一些島嶼：關島、塞班島與天寧島。

這些島嶼的土著查莫洛人（Chamorro）熱心地給他們送來了糧食、水果和蔬菜。由於土人們從未見到過如此壯觀的船隊，對船上的任何東西都頗為好奇，於是從船上搬走了一些物品，船員們發覺後，把他們當做強盜，還把這個島嶼改名為「竊賊島」。當這些島民偷走繫在船尾的一隻小艇後，盛怒的麥哲倫帶領一隊武裝人員登上海岸，開槍打死了七個土著，並放火燒毀了幾十間茅屋和幾十條小船。於是在麥哲倫的航行日記上留下很不光彩的一頁。

船隊離開馬里亞納後續向西行，三月十六日來到薩馬爾島（Samar）以南的霍蒙洪島（Homonhon）。

麥哲倫一個叫恩里克（Enrique）的奴僕出生在蘇門答臘，是十二年前麥哲倫從馬六甲帶到歐洲去的。恩里克聽到圍觀者操馬來語，因此判斷他們來到了家鄉附近，由此證明穿越太平洋向西也可以抵達遠東地區，地球果然是圓的。此時，麥哲倫和他的同伴們才明白，他們終於完成人類首度橫渡太平洋的壯舉。

麥哲倫首次橫渡太平洋，在地理學和航海史上產生了一場革命。證明地球表面大部分地區不是陸地，而是海洋，世界各地的海洋不是隔離的，而是一個互相連通的水域。

麥哲倫抵宿霧及死亡

一五二一年三月探險隊在抵達霍蒙洪島並休息幾天之後，船隊向西南航行，在民答那峨島（Mindanao）北面的一座島嶼停泊。恩里克用馬來語與當地土著自由交談。島上的頭人來到麥哲倫的旗艦上，把船隊帶到宿霧（Cebu）。

麥哲倫向宿霧島的首領拉者胡馬邦（Rajah Humabon）表達友好，如果他們承認自己是西班牙國王的屬臣，就準備向他們提供軍事援助。為了使首領信服西班牙人，麥哲倫在附近進行了一次軍事演習。胡馬邦接受了這個建議，一星期後，他帶領全家大小和數百名臣民作了洗禮，在短時期內，宿霧島和附近島嶼的一些居民也都接受了洗禮。麥哲倫成了這些兩千餘名新天主教徒的靠山，他還樹立了巨大的十字架，成為天主教降臨太平洋的開端。

胡馬邦受洗後要求麥哲倫處理敵對勢力首領之間的紛爭。四月二十七日夜間，麥哲倫帶領六十多人乘三隻小船前往麥丹島（Mactan），麥哲倫和船員五十多人涉水登陸。不料，反抗的島民們早已嚴陣以待，他們在酋長拉普拉普（Lapulapu）指揮下向他們猛撲過來，船員們抵擋不住。麥哲倫急於解圍，下令燒毀這個村莊。島民們見到自己的房子被燒，更加憤怒地追擊他們，密集發射箭矢及投擲無數的標槍和石塊。麥哲倫等人寡不敵眾，就在這場戰鬥中被砍死。帶領艦隊完成人類史上首度穿越南美海峽及橫渡太平洋壯舉的麥哲倫就這樣殞命。

對歐洲人而言，拉普拉普是東方群島上一個不願接受教化且殺害麥哲倫的蠻族酋長；可是對菲律賓人而言，他可是抵抗歐洲侵略的英雄。為紀念拉普拉普，菲律賓政府把麥丹島上當年麥哲倫事蹟附近改名為拉普拉普市（Lapulapu City）。菲律賓前總統杜特蒂（Rodrigo Duterte）在任內把四月二十七日訂為拉普拉普日。菲律賓人最常吃的石斑魚被稱為 lapulapu。作者派駐菲國期間，代表處法律顧問事務所有一名律師就姓 Lapulapu。

返家路迢迢

麥哲倫死後，他的內弟巴爾鲍薩（Duarte Barbosa）和塞拉諾被推選為指揮者。當他們參加宿霧港首領為他們舉行的告別宴會時，埃斯皮諾沙（Gonzalo Gómez de Espinosa）和卡爾瓦柳（Lopes Carvalho）發動叛亂奪取船隊，並攻擊宿霧港，使得還留在島上的二十多名成員被殺害。五月一日，船隊離開宿霧港時已經只剩一百一十人，此時卡爾瓦柳為艦隊指揮，埃斯皮諾沙為維多利亞號船長。因為艦隊傷病者眾，人員不足，破舊的康塞普西翁號被遺棄並燒毀，艦隊僅有的兩艘船繼續尋找香料群島。艦隊在印尼巽他（Sunda）群島一帶盲目地尋找了幾個月都沒有找到香料群島，卡爾瓦柳因此被解職，埃斯皮諾沙繼任指揮，原康塞普西翁號的舵手艾爾卡諾（Juan Sebastián Elcano）成為維多利亞號的新船長。艾爾卡諾曾參加過在聖胡安灣的叛變，但得到了麥哲倫的寬恕。船隊在十月底找到一個當地人領航，終於在十一月六日抵達摩鹿加群島。十一月八日，他們在摩鹿加群島的一個香料市場拋錨停泊。在那裡他們以廉價的物品換取了大批香料，如丁香、荳蔻、肉桂等堆滿了船倉。在他們準備返航西班牙時，發現千里達號需要大修。埃斯皮諾沙帶領五十多人留下，計畫等船修好後重返太平洋，從東路回西班牙。十一月二十一日，艾爾卡諾帶領六十人左右駕維多利亞號經印度洋和大西洋從西路返回西班牙。

為了避開葡萄牙船隊，他們決定橫渡印度洋。在這段航程中，船員因壞血病陸續死亡減少到只剩三十五人。一五二二年五月二十日，維多利亞號繞過非洲南端的好望角。六月八日，他們再次跨越赤道。七月九日，因為船隻損壞和需要補給，不得不停靠到非洲西海岸外面的葡萄牙領地維德角群島。他們把一包丁香帶上岸去換取食物，被葡萄牙人發現，又被捉去十三人。七月十八日，艾爾卡諾帶領剩下的二十二人匆匆逃走。

一五二二年九月六日，維多利亞號返抵西班牙回到啟航點德巴拉梅達，終於完成了人類歷史上

上部

首次環球航行。這耗時三年的壯舉總共有二一六人在航行中喪生，只有包括艾爾卡諾在內的十八人倖存。

留在香料群島的千里達號完成修理後，在埃斯皮諾沙率領下於一五二二年四月六日離開香料群島。為了能利用北半球的西風，他們先向北行駛，於六月十一日到達日本北海道附近。七月中旬，他們遇到連續的暴風雨，再加上壞血病和食物變質，不得不返回，最後在十月二十日又回到香料群島。此時他們已經僅剩十九人了。不巧的是，當年五月，一隻葡萄牙艦隊來到了香料群島並建立了據點。千里達號回來後即被葡萄牙人得知並被俘虜。大多數千里達號的船員在關押中死去，四年後，埃斯皮諾沙等僅有的四人才獲釋放返回西班牙。

宿霧的麥哲倫十字架（Wikipedia）

維多利亞號，麥哲倫艦隊唯一完成環球之旅的船。荷蘭人 Ortelius 一五九〇年所繪。（Wikipedia）

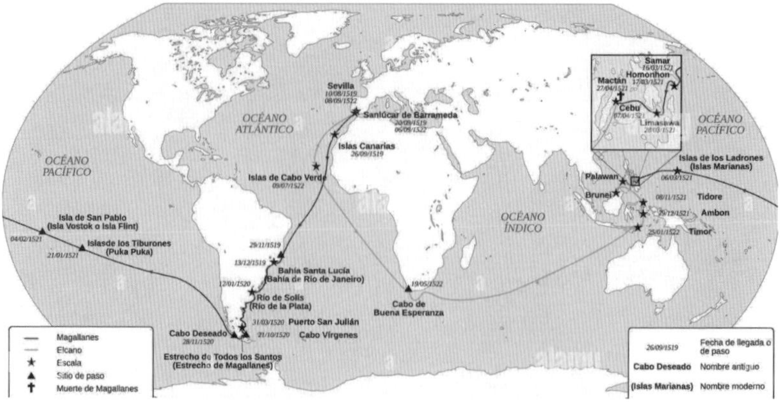

麥哲倫與艾爾卡諾的環球航行（Wikipedia）

麥丹市的 Lapulapu 雕像（Department of Tourism - Philippines）

第四章 西班牙殖民統治菲律賓

一五四三年羅佩茲將這些島嶼以當時西班牙王儲菲力二世（Felipe II）之名命名為 Filipinas 群島，後來擴及整個群島，也就是菲律賓名稱的由來。

大航海麥哲倫及艾爾卡諾接續完成環球之旅後，一五二五年起西班牙陸續派遣三支遠征船隊朝著菲律賓群島進發，不斷找尋新的航海路徑，但都失敗了。

第四次遠航是由路易羅佩茲（Ruy Lopez de Villalobos）指揮，一五四三年他率六艘船約四百名人力從墨西哥出發，橫越太平洋抵達麥哲倫最初登陸的薩馬爾島及雷伊泰島（Leyte）。羅佩茲將這些島嶼以當時西班牙王儲菲力二世（Felipe II）之名命名為Filipinas群島，後來擴及整個群島，也就是菲律賓名稱的由來。

羅佩茲無法經由交易、掠奪或耕作來養活他的士兵，而且船隊成員也因諸多問題而內鬨叛變，一籌莫展的他漂流在民答那峨、新幾內亞及摩鹿加一帶海域。一五四六年他抵達摩鹿加群島，被葡萄牙當局拘禁於安汶島（Ambon）後因熱帶疾病死於獄中。

西班牙第五度派船隊前往菲律賓終於成功

一五五六年菲力二世成為西班牙國王，他眼光遠大雄心勃勃，執政時期是西班牙歷史上最強盛的時代。一五六四年，菲力二世接受新西班牙總督的建議，決心在東方建立殖民地，指派黎牙實比（Miguel López de Legazpi）率領第五支遠征隊前往菲律賓。黎牙實比於一五六四年十一月二十一日率領這支五艘船的遠征船隊約五百人（半數是墨西哥人），從墨西哥太平洋岸的納維達港（La Navidad）啟程，最後於一五六五年二月十三日抵達宿霧島。遠道而來的西班牙遠征隊征服了島上敵對的酋長，在此建立西班牙在菲律賓群島的第一個殖民點。黎牙實比也成為首任菲律賓總督。

黎牙實比在宿霧站穩腳步後，繼續征服維沙亞（Visaya）一帶班奈（Panay）、保和（Bohol）及岷多洛（Mindoro）等島嶼。他認為如果要堅持當初遠航任務去攻占香料群島（摩鹿加群島），宿霧是一個絕佳的據點；然而葡萄牙占領香料群島多年，已有充足實力擊敗任何入侵企圖。實際上一五六八年葡萄牙艦隊曾包圍宿霧數個月，後無功而撤。如果要與中國進行貿易、傳教甚至要占領港口或島嶼，則要以距離中國較近且當時已有繁榮貿易的呂宋島馬尼拉（Maynila 或 Manila）為根據地。

占領馬尼拉成為首府

當時，馬尼拉一帶並未統一，若干酋長統治散落各處的部落稱為描籠涯，其中位於巴石河

（Pasig River）以北，一個由拉者[4]蘇利曼（Rajah Soliman）統治，名為東都或湯都（Tondo）的印度化政治實體較為富裕，與中國貿易頗為興盛。這個區域時至今日仍稱為Tondo。巴石河以南則是一個由汶萊蘇丹分衍而來的穆斯林政體瑟魯容（Seludong），又稱為梅尼拉（Maynila），也就是馬尼拉的前身。

一五七〇年黎牙實比先派部將馬丁高蒂（Martín de Goiti）前往馬尼拉一探虛實。高蒂在馬尼拉試圖與各部落結盟，也發生多次戰鬥，但他帶領的兵力不多，遂向黎牙實比求援。黎牙實比於是派他年僅二十一歲的孫子薩塞多（Juan de Salcedo），率領三百名西班牙及墨西哥士兵，以及六百名維沙亞士兵組成的聯軍前往馬尼拉增援。

薩塞多先征服位於巴石河南岸的瑟魯容，後來又擊敗位於北岸實力較強的東都。馬尼拉周遭的各個部落根本無法抵抗軍力強大的西班牙軍隊而紛紛投降。

馬尼拉局勢逐漸平穩後，黎牙實比離開宿霧前往馬尼拉，並決定以馬尼拉為西屬東印度群島菲律賓的首府，開始西班牙人三百多年的殖民統治。

西班牙人在巴石河口南岸先建立了聖地牙哥堡（Fort Santiago），再開始興建極為厚實堅固的Intramuros。Intramuros經過近三十年的興建於一六〇六年完工，其名意為牆內之城，華人稱之為「王城」，英文稱之The Walled City。城內有許多古蹟，其中最有名的就是聖奧古斯丁教堂。城內房舍都是西式建築，街道則都是石板路且維持至今，馬車經過發出蹄答蹄答聲音，古意盎然。

一五七二年八月黎牙實比因為斥責部屬過度激動而中風，不久便離開人世，後來葬在Intramuros內的聖奧古斯丁（San Augustin）教堂。一五七六年黎牙實比的孫子薩塞多病死也葬在同一教堂。後來，菲律賓呂宋島最南端的阿爾拜（Albay）省的首府Legazpi，便是以黎牙實比為名。

西班牙與菲律賓的愛情故事

「薩塞多抵達馬尼拉後，有一天在巴石河畔遇見一個東都的公主（Dayang-dayang）Kandarapa（拉者的姪女）在沐浴，被她的美貌所吸引而開始熱烈追求，兩人隨即陷入愛河。後來薩塞多欲與Kandarapa結婚，但她已被父親安排嫁給一個富豪，而這富豪已經依據伊斯蘭習俗娶了三個妻子，她只能當小四，所以極力反抗其父的安排。而這段羅曼史男主角的祖父黎牙實比聞知後極為震怒，他要薩塞多娶一個純西班牙血統的妻子，所以不同意這檔婚事。於是兩人只能私定終身祕密結婚。

為了拆散這對鴛鴦，黎牙實比於是派薩塞多帶兵出征北呂宋，之後又欺騙Kandarapa說薩塞多

4 拉者（Raja）是印度的王公或首領稱謂。

上部

已娶了西班牙一個名門之女。不久，傷心欲絕的女主角心碎而香消玉殞。在北呂宋征伐的男主角得知女主角死訊後也染上熱帶疾病，一五七六年死在他所征服的美岸（Vigan）。」

這段淒美的羅曼史由薩塞多的助手西貝達（Don Felipe Cepeda）回去墨西哥之後告知一位神父伊巴內斯（Jose Ibañez）而著書出版，成為西班牙家喻戶曉的愛情故事。

西班牙與菲律賓之間的諸多愛情故事可以說始於薩賽多與Kandarapa，整整四百年後到了二十世紀也有一段著名的故事，就是拉丁情歌王子胡立歐（Julio Iglesias）於一九七一年娶了菲律賓名模伊莎貝爾普雷斯勒（Isabel Preslyer）。他們八年的婚姻期間，伊莎貝爾生了一女二子，其中小兒子安立奎（Enrique Miguel Iglesias Preysler），後來也成為著名的西班牙歌手。伊莎貝爾於一九七八年和胡里歐離婚，之後又先後嫁給西班牙貴族法爾科（Carlos Falco）及前西班牙財政大臣博耶爾（Miguel Boyer Salvador）。

胡立歐一九九三年曾到台北，在來來飯店（現為喜來登飯店）演唱，接著到菲律賓的馬尼拉飯店（Manila Hotel，太平洋戰爭爆發前是麥克阿瑟的總部）演唱。作者邀請了三位菲國朋友一起用餐及欣賞他的表演。票價連餐費是一張二千五百披索，相當菲國人一個月的薪水，當時披索與台幣大約等值。後來我得知今年的台北喜來登飯店胡立歐演唱會票價二萬台幣，讓我大呼值得。

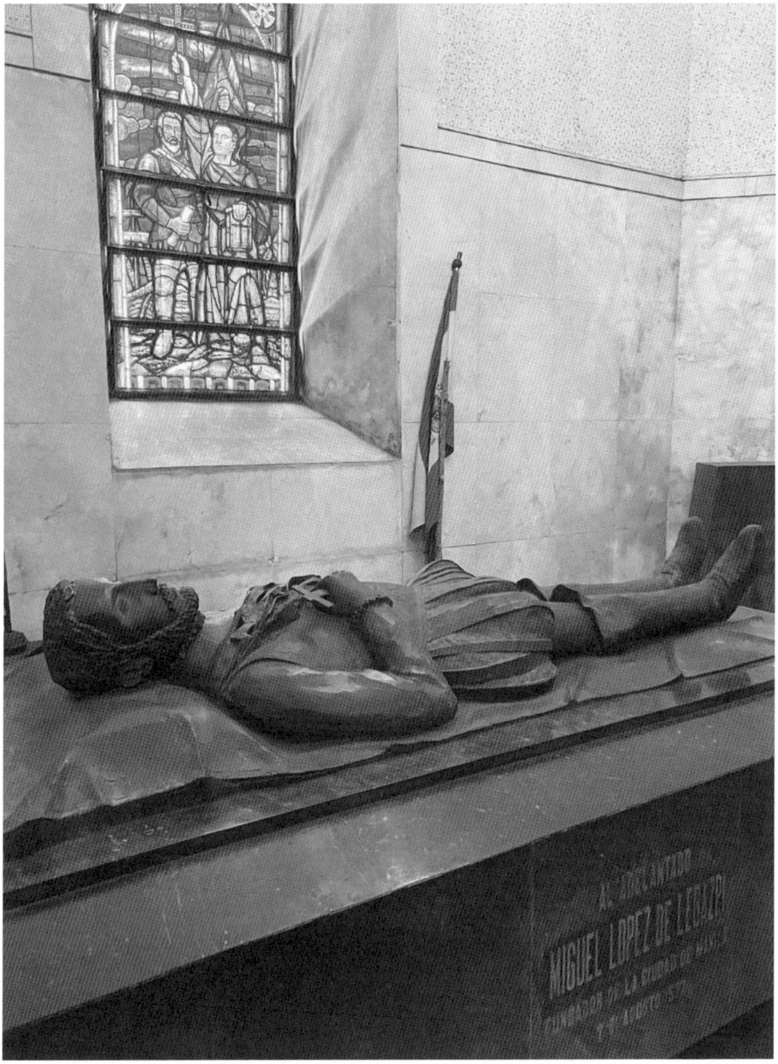

菲律賓首任總督黎牙實比死後葬在王城（Intramuros）的聖奧古斯丁教堂內（圖／作者）

馬尼拉王城 Intramuros 的入口（圖／作者）

第五章
天主教與菲律賓

船隊抵達之後不久，烏達內塔神父於四月在宿霧建立了聖維他勒斯教堂（St. Vitales Church）及聖嬰聖殿（Basilica del Santo Niño），成為天主教正式傳入菲律賓的開端。

葡萄牙籍的麥哲倫率領西班牙探險船隊歷盡千辛萬苦於一五二一年三月抵達宿霧島。不久，麥哲倫便開始宣揚天主教義，說服當地的酋長及屬民接受天主教的洗禮，並豎立一支巨大的十字架，成為天主教傳入這遙遠的東方島嶼的紀念碑。不料過沒幾天，麥哲倫便在宿霧島遭敵對土人酋長所殺害。

隔了四十幾年，西班牙國王菲力二世派黎牙實比率領一支五艘船的遠征船隊約五百人從墨西哥太平洋岸的納維達港（La Navidad）啟程，最後於一五六五年二月抵達宿霧島，而開始對這個東方群島的統治與殖民。

黎牙實比的探險隊中有一位天主教神父烏達內塔（Andrés de Urdaneta）隨行，他出生在西班牙西北部的巴斯克（Basque），不僅知識淵博，也是一位航海家，在航程中提供了許多意見。船隊抵達之後不久，烏達內塔神父於四月在宿霧建立了聖維他勒斯教堂（St. Vitales Church）及聖嬰聖殿（Basilica del Santo Niño），成為天主教正式傳入菲律賓的開端。

烏達內塔之後愈來愈多西班牙傳教士陸續來到這個新殖民地，他們隨著西班牙軍隊東征西討，在群島各地宣揚天主教義，於是天主教勢力逐漸擴大，最終成為菲律賓最主要的宗教信仰。從西班牙傳入四百餘年來，天主教一直對菲律賓的政治和社會產生巨大影響。二〇一四年，菲律賓人口達到一億，現今天主教徒占菲律賓人口約百分之八十，占有絕對優勢。

一九八六年馬可仕（Ferdinand Marcos）總統和二〇〇一年埃斯特拉達（Joseph Ejercito Estrada）總統被趕下台，以辛海梅（Jaime Sin）樞機為首的菲律賓主教聯會（CBCP）都發揮了重要作用。菲律賓天主教會之影響力之巨大可想而知。

早在西班牙殖民時，統治者就將天主教定為菲律賓國教，直至美國統治菲律賓才取消國教的規定。儘管如此，今天天主教堂仍遍及全菲各地，菲律賓人出生、結婚、死亡都要在天主教堂舉行儀式。全國城市鄉村各處遍布大小教堂，其中有四座巴洛克風格的天主教堂於一九九三年獲「世界遺產委員會」通過，列為世界文化遺產。不僅是當地人民的信仰中心，也是國內外遊客的熱門景點。

- **馬尼拉王城區的聖奧古斯丁聖母無染原罪教堂（Church of the Immaculate Conception of San Agustín）**，俗稱聖奧古斯丁教堂（San Agustín Church），建於西班牙人攻占馬尼拉之後，為菲律賓現存最古老的石造教堂建築，裡面還有菲律賓首任總督黎牙實比及其孫薩賽多的墳墓。經歷過七年戰爭英軍圍攻及二次大戰美軍反攻期間的猛烈砲火，仍保持完好，堪稱奇蹟。
- **南依洛戈省（Ilocos Sur）的聖母升天教堂（Santa Maria Church）**，建造於一七六五年。教堂與其修道院在一座被城牆包圍的小山上，像座城堡般居高臨下俯瞰全城。一八九六年菲律賓革命期間，聖瑪利亞教堂被作為要塞使用，為當地民眾反抗西班牙殖民統治的據點。
- **北伊羅戈省（Ilocos Norte）的聖奧古斯丁教堂（Church of San Agustín）**，因與馬尼拉的聖奧

古斯丁教堂同名，以所在地抱威（Paoay）之名俗稱抱威教堂。教堂於一七一〇年完成，融合了哥德式、巴洛克式和東方三種建築風格。當地多地震，所以有增強穩定性的建築結構設計。

➤ **伊洛伊洛省（Ilo-ilo）的聖托馬斯教堂（Church of Santo Tomás de Villanueva）**，因位於米亞高市（Miagao），俗稱米亞高教堂。教堂完成於一七九七年，也被稱作是米亞高堡壘，其位於米亞高市的最高點，為作戰時的防禦要塞，為菲律賓要塞巴洛克式建築的著名案例。

世界唯一禁止離婚的國家

因為天主教禁止墮胎，菲律賓人口急速增長成為僅次於巴西與墨西哥的世界第三大天主教國家。這與菲律賓鄰近的東北亞國家日本、南韓及台灣等低出生率，人口減少的情況有如天壤之別。

大家的印象中菲律賓是禁止離婚的。二〇一一年信奉天主教的馬爾他（Malta）解除了離婚禁令後，世界上就剩下梵諦岡及菲律賓兩個國家是僅有的不允許離婚的國家。但是梵諦岡居民都是神職人員，所以菲律賓就成為世界唯一禁止離婚的國家。

實際上離婚在菲律賓是相當複雜的。在西班牙殖民時期，絕對離婚（absolute divorce）可以說是想都不要想的，但可以向法庭申請合法分居（legal separation; relative divorce）。

在美國這個盛行離婚的國家統治菲律賓期間，其所制定的離婚法律果然比較寬鬆。一九一七年美國殖民政府為菲律賓制定的二七一〇法案（離婚法）允許絕對離婚：夫妻任一方遭刑事定罪，對方就可以訴請離婚。

菲律賓於一九四六年獨立後在離婚方面的規定大致還是蕭規曹隨。但一九五〇年共和國第三八六法案生效後，就不准絕對離婚，只能同意合法分居（legal separation; relative divorce）。其後經過馬可仕總統時代稍作無關宏旨的修法，之後歷任總統直至今日之小馬可仕（Bongbong Marcos），雖然國會曾經過多次辯論，都未曾有過變動。

因為不能離婚，夫妻即使要合法分居也要大費周章，所以菲律賓的怨偶非常多。就如同我們熟悉的俗諺，只能奉勸菲律賓的男男女女不要被愛情沖昏了頭，在說 I do 之前一定要睜大眼睛，婚後就要睜一隻眼閉一隻眼。

我派駐菲律賓期間的一個菲國好朋友與老婆感情不睦，經常吵架，有好幾次在晚上拎著一個提包敲我的門，要我收容他借住一宿。

在菲律賓，穆斯林想要離婚無疑地會比天主教徒容易。穆斯林結婚是按照伊斯蘭儀式，其後在某些條件下是可以離婚的。一九七七年菲國會通過《穆斯林個人法》，把穆斯林的婚姻與離婚法制化。

菲律賓非常重視宗教節日

在篤信天主教的菲律賓，耶誕節是非常重要的節日，到了十二月十五日就進入節慶，可以說是每一個人、家庭及社區、城鎮都要大肆慶祝的日子。記得我是於七月底抵達馬尼拉，隔了一個多月走在街頭居然聽到有人喊耶誕快樂（Merry Christmas），我當時一頭霧水。回到辦公室，同事告訴我菲律賓人非常重視耶誕節，到了九月就已經迫不及待開始有過節的氣氛，英文月份字尾有 -ber 的，也就是 September、October、November 及 December 都可以說耶誕快樂！

菲律賓一年一度的「聖週」（Holy Week），也是非常重要的節日，聖週期間星期四開始連續四天公共假日，各地的各種宗教及慶祝活動也都非常隆重盛大，堪比耶誕和新年。

聖週的日期每年不相同，傳說耶穌被釘死在十字架上，死後第三天復活。而復活節指的是春分月圓後的第一個星期日，從復活節前那個週日開始，直到復活節的七天時間被稱為「聖週」。這一週，通常是在四月上旬，教徒們聚集在教堂做禱告，然後手持棕櫚枝葉遊行，紀念耶穌最後一次進入耶路撒冷過逾越節期間，在最後晚餐中建立了聖體聖事，受難而死，又復活起來的經過。

在菲律賓聖週也是天主教徒洗滌心靈、反省思過的時候，這個習俗的高潮從聖週四「濯足節」開始，聖週四在天主教會叫做最後的晚餐，信徒走訪七所或十四所教堂做「巡拜」，以紀念耶穌走過的十四段「聖十字苦路」；聖週五則是耶穌受難日，當天活動以救贖為主題，自認罪孽深重的信徒重演耶穌殉難過程，裸身遊街鞭笞自己後背，有人自願被釘上十字架，這些信徒通過肉身的痛苦尋求贖罪，以獲得心靈的「復活」；聖週六叫「望復活」（耶穌安眠墓中），當天晚上會舉行「聖葬」，當夜幕來臨之後，民眾開始歡慶耶穌的復活，並在這一晚舉行洗禮儀式；而週日是「復活主日」，也是復活節的正日子，這一天，大人們給兒童分發彩蛋，舉行遊行以紀念耶穌和聖母重新會面。為期一週的聖週慶祝活動也在這一天的高潮中結束。

近數十年來每年聖週期間，在馬尼拉北方的邦板牙省（Pmpanga）聖費南多市（San Fernando）都會進行裸身遊街鞭笞己背，有人甚至自願被釘上十字架等兩千餘年前耶穌受難的景象，令人印象非常深刻，國際媒體也經常加以報導。但是菲律賓各地都會有不同的方式過復活節，不見得都是血淋淋的。馬尼拉南方的八打雁（Batangas）省伊班市（Ibaan）著名的「白色新娘」以輕快節奏跳舞過街的活動也是非常有名。

上部

馬尼拉王城（Intramiros）內的聖奧古斯丁教堂（圖／作者）

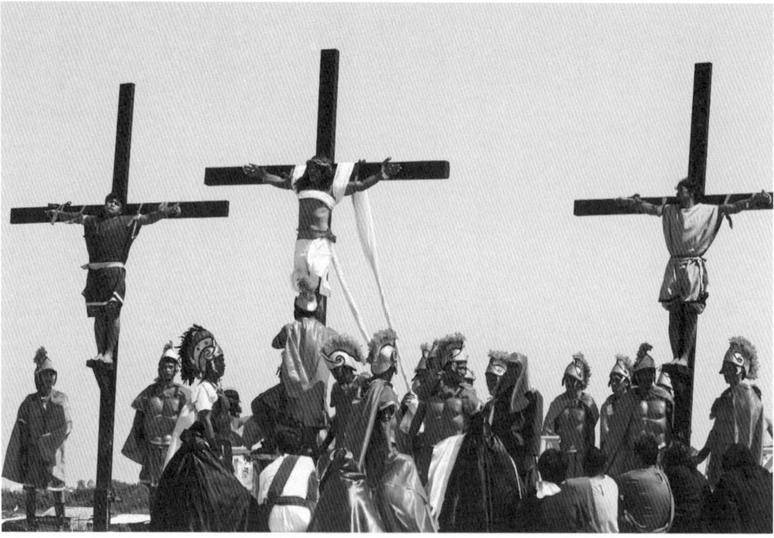

邦板牙省聖費南多市每年在聖週期間都會重演耶穌被羅馬士兵釘上十字架示眾的場面（Wikipedia）

奎松市天主教信徒在聖週期間繞行教堂自我鞭笞（Wikipedia）

復活節期間菲律賓各城鎮都有各有特色的活動。圖為八打雁省伊班市著名的「白色新娘」舞者跳舞過街的活動。（Wikipedia）

第六章
烏達內塔與東向航路

熱衷航海的烏達內塔其實心中掛念的是向東返回墨西哥的航路，因為麥哲倫於一五二一年抵宿霧之後四十餘年間，從來沒有人成功向東航行橫越太平洋。

一五二一年四月麥哲倫在宿霧被殺之後，船隊中僅有維多利亞號及千里達號逃離宿霧，幾個月的盲目漂流後抵達摩鹿加群島。經過一個多月的休息與整補，在他們準備返航西班牙時，發現千里達號需要大修。船長埃斯皮諾沙帶領五十多人留下，計畫等船修好後重返太平洋，從東路回西班牙。十一月，艾爾卡諾帶領六十人左右乘維多利亞號經印度洋和大西洋從西路返回西班牙。維多利亞號與千里達號分手之後，遲遲未見千里達號返航。

西班牙於一五二五年派出第二支探險隊，由勞艾沙（Garcia Jofre de Loaisa）率領七艘船共四百五十人前往香料群島。這隻船隊還負有尋找及營救千里達號的任務。艾爾卡諾擔任首席領航官及其中一艘船的船長，而他也把一名巴斯克（Basque，西班牙西北部地區）小同鄉烏達內塔也帶上船當實習水手。這個當時年僅十七歲的年輕人酷愛航海，十分好學，也熱衷於繪製海圖，航程間努力觀察學習各種航海知識。

勞艾沙船隊大致沿著麥哲倫的路線航行，在巴塔哥尼亞附近海域遭遇暴風雨導致三艘沉沒。剩餘的四艘船隻繞過合恩角之後進入太平洋卻又遭逢暴雨，四艘船失散，互相看不見無法聯繫。其中一艘聖地牙哥號（Santiago）沿著陸地向北航行一萬公里，到達新西班牙（墨西哥）西岸，成為第一艘抵達北美洲西岸的船隻。第二艘船聖磊斯梅斯號（San Lesmes）擱淺在一處島礁。第三艘船帕拉爾號（Santa María del Parral）航行跨越太平洋到達印尼蘇拉威西島（Sulawesi），靠陸後船員遭當地土人殺害。第四艘維多利亞號（Santa Maria de la Victoria）則平安橫渡太平洋先到達宿霧、民答那峨，但船隊司令勞艾沙及艾爾卡諾等許多人因熱帶疾病及食物中毒等原因先後死亡。

維多利亞號最後於一五二六年九月抵達香料群島時僅剩烏達內塔在內的二十五人，在香料群島受到葡萄牙人拘禁。一五二九年西、葡兩國簽訂《薩拉戈薩和約》（Treaty of Zaragoza），西班牙承認葡萄牙對香料群島的控制權，兩國關係緩解，這批倖存者也就可以在島上自由行動。經過雙方多次談判與協商，一五三四年葡萄牙同意遣返維多利亞號的倖存者。他們於一五三六年被葡萄牙人輾轉送回西班牙，成為世界第二批完成環球旅行者。但是烏達內塔他在航行期間及在香料群島所繪製的許多海圖及日記等都被葡萄牙人沒收。

返國後烏達內塔向印度委員會（Council of Indies）報告勞艾沙探險隊的經過，獲得讚賞。烏達內塔得到六十個金幣，但他不滿意受難吃苦長達十一年僅得到微薄的回報。

停留在國內期間，烏達內塔遇見瓜地馬拉總督阿爾瓦拉多（Pedro de Alvarado）。阿爾瓦拉多是極富盛名的征服者（conquistador），曾參與古巴及猶加敦（Yucatan）的探險，並擊敗阿茲提克（Aztec）帝國，征服了中美洲瓜地馬拉、宏都拉斯及薩爾瓦多等地。

阿爾瓦拉多邀請烏達內塔參與他的橫越太平洋探險計畫並出任首席領航員，他欣然同意。

一五三八年十月，烏達內塔抵達了新西班牙[5]（墨西哥）。一五四〇年，阿爾瓦拉多的探險船隊已經安排準備妥當，可以啟程航向太平洋彼岸。此時傳來新加里西亞（Nueva Galicia）發生嚴重的土著叛亂，阿爾瓦拉多停止他的遠航計畫，率大軍前往勘亂，並任命烏達內塔擔任隊長指揮一百五十名步騎兵同往。最後叛亂被弭平，但是阿爾瓦拉多在戰鬥時被殺。

新西班牙總督把原來的艦隊一分為二，一支船隊由路易・羅佩茲指揮，照原定計畫航向東印度群島（見第四章）；另一支則向北航行探索北美洲西岸。烏達內塔則因戰後疲憊都沒有參與，他留在墨西哥為總督擔任監察官一類的職務。

一五四七年，秘魯發生土著叛亂，烏達內塔被任命為指揮官率艦隊前往平亂，但還沒出發就傳來叛亂已被弭平的消息。

一五五二年烏達內塔的人生有了重大轉變，他加入天主教奧古斯丁會（Augustinians），充滿智慧、學問淵博的他做得有聲有色，歷任教會各項要職。

一五五八年新西班牙總督維拉斯哥（Luis de Velasco）寫信給西班牙國王菲力二世，建議再組一個探險隊從墨西哥出發前往將會成為帝國無價資產的「西方島嶼」，並推薦熟悉航海且曾航抵香料群島的烏達內塔擔任指揮官。菲力二世同意維拉斯哥的提議，並直接寫信給烏達內塔，請他以豐富的知識與經驗擔任探險船隊指揮官。

烏達內塔同意參與此次探險，但婉拒擔任指揮官，只願意擔任顧問職務。之後他向總督推薦黎牙實比擔任指揮官，他則帶領一小批奧古斯丁會修士同行，以在新殖民地宣揚傳播天主教義。經過幾年的準備之後，一五六四年十一月黎牙實比探險隊終於啟程航向「西方島嶼」。

黎牙實比船隊於一五六五年二月十三日抵達宿霧之後不久，烏達內塔立即偕同他帶來的修士們在宿霧建立了兩座教堂，成為天主教正式傳入菲律賓的開端（前章）。所以菲律賓成為天主教國家，烏達內塔實在功不可沒。

東向返航路線

熱衷航海的烏達內塔其實心中掛念的是向東返回墨西哥的航路，因為麥哲倫於一五二一年抵宿霧之後四十餘年間，從來沒有人成功向東航行橫越太平洋。

在宿霧成功建立殖民之後，黎牙實比決定應該要盡早去探索回到新西班牙的航線。他選了船隊中最大且狀況最好的聖彼得號（San Pedro）擔當重任，並指派另一個孫子菲利貝（Felipe de

5 新西班牙是西班牙管理北美洲和菲律賓的殖民地總督轄地，首府位於墨西哥城。

上部

Salcedo）擔任船長，而由烏達內塔擔任顧問。聖彼得號裝載二百名船員及充足的食物飲水，以及當地的各種香料。

烏達內塔決定於一五六五年六月一日離開停留一百餘天的宿霧，以便利用西南季風並避開危險的颱風季節。他們先穿越菲律賓崎嶇多彎的內海，到了大洋後便一路朝東北航行至北緯三十八度日本以東海域，之後就持續往東航行。這條路線緩慢但是平安無事，日子一天一天過去始終只見無盡的汪洋大海而不見陸地，船員之間就起了爭論，但烏達內塔不為所動持續向東航行。

同年九月十八日，也就是航行一百一十天後，聖彼得號終於抵達北美太平洋西岸（今日洛杉磯市外海）的卡他利納島（Catalina Island）。從那裡他們順著洋流沿著下加利福尼亞海岸繼續向南航行，終於在十月八日抵達新西班牙的阿卡普科（Acapulco）。烏達內塔率領的這趟人類首度東向航越太平洋之旅，共耗時四個月又八天。

烏達內塔抵達阿卡普科之後很驚訝地知道，一艘同船隊的船隻在阿隆索（Alonso de Arellano）的率領下，採取比較偏南的航線，早在八月間就已回到新西班牙的哈利斯柯（Jalisco）。但阿隆索未獲得黎牙實比的許可，所以後來以反叛的罪名受審。

烏達內塔以他鉅細靡遺的航海紀錄以及在地理及航海方面的豐富知識，最終被承認是開闢這條航線的先鋒。這條自菲律賓返回阿卡普科的航路後來就被稱為「烏達內塔航路」，在世界航海史上豎立了一個里程碑。

烏達內塔的壯舉及對菲律賓群島的知識在新西班牙造成轟動，他回到墨西哥城的修道院休養。畢竟一年之內跨越太平洋兩次是極為困難且辛苦的，實際上聖彼得號返抵阿卡普科時，僅剩十八人堪稱健康，其餘都罹患壞血病及各種與航海相關的疾病。休息不到三個月，一五六六年一月烏達內塔又動身返回西班牙。四月他抵達馬德里，向國王菲力二世及貴族院報告並分享他的經歷與所見所聞。

一五六七年，烏達內塔回到新西班牙，他請求總督准許他回去菲律賓以繼續傳教志業。總督考量他年歲已大於是拒絕他的請求。次（一五六八）年六月，一生充滿傳奇的烏達內塔於墨西哥城的修道院內去世。

上部

聖奧古斯丁教堂博物館內的烏達內塔神父像（圖／作者攝）

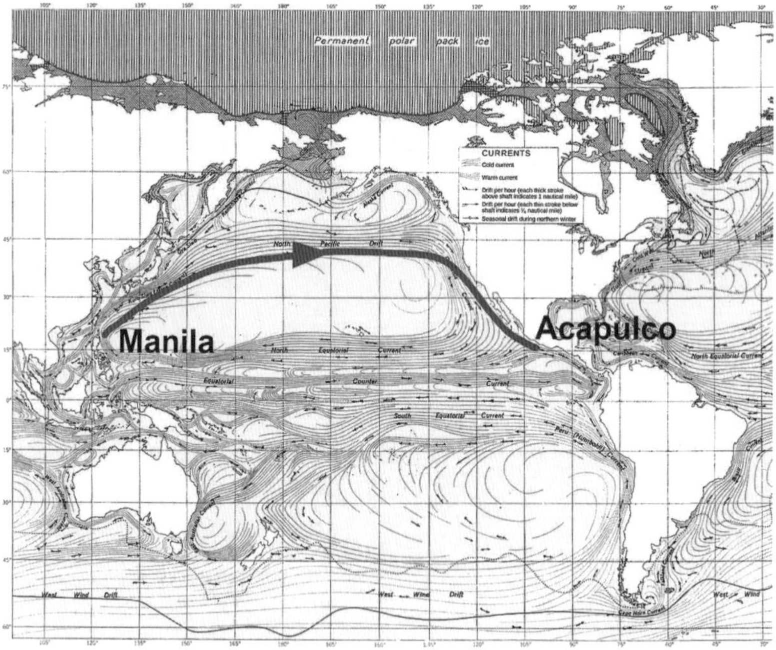

烏達內塔神父開闢的東向返航路線（Wikipedia）

第七章

馬尼拉大帆船與白銀貿易

從阿卡普科出發的大帆船裝載墨西哥或秘魯生產的白銀，到了馬尼拉之後運回歐洲人渴望的中國絲綢、瓷器與茶葉等等，一般稱之為馬尼拉大帆船（Galeón de Manila）貿易。

烏達內塔航路實際上是利用了北太平洋環流系統（North Pacific Gyre）。在北半球，因東北信風的推動，約在北緯十五度附近形成一股由東向西的洋流，稱為北赤道洋流，從美國加州及墨西哥流向太平洋彼岸的菲律賓群島。北赤道洋流流到菲律賓之後有一部分轉向北去，形成黑潮（Kuro Shio）；黑潮經過台灣島在日本東邊開始轉往美洲方向移動。北太平洋洋流碰到了北美陸塊後，就往北和往南各形成一個洋流，向南的洋流叫做加利福尼亞洋流，流向墨西哥。恰好形成一個迴路。

烏達內塔成功地利用北太平洋環流系統自太平洋彼岸的島嶼返回，而且還帶回珍貴的香料，立刻傳遍新西班牙，而且引發前往西屬東印度群島（即菲律賓）的熱潮。

從阿卡普科出發的大帆船裝載墨西哥或秘魯生產的白銀，到了馬尼拉之後運回歐洲人渴望的中國絲綢瓷器與茶葉等等，一般稱之為馬尼拉大帆船（Galeón de Manila）貿易。因為主要都是中國的貨物，所以馬尼拉大帆船也被稱為中國船（Nao de China）。

馬尼拉大帆船載回的珍貴貨物如果要直接送回西班牙，必須繞行美洲最南端，航程遙遠且危險；西班牙人雖然於一五一三年發現巴拿馬地峽，但巴拿馬運河要到十九世紀才開通。所以馬尼拉大帆船抵達阿卡普科後，越洋而來的中國貨物還要以騾子送到墨西哥城，再送到墨西哥灣的維拉克魯斯（Veracruz）港，再次裝上大帆船（西班牙珍寶船）轉送到西班牙及歐洲其他國家。絲綢從中國源源流向美洲，而白銀則從美洲源源流向中國，因此也被稱之為「絲銀貿易」。

用白銀換取絲綢、瓷器、茶葉等是利潤極高的交易，但是橫越太平洋航行風險極高，除了遭遇颱風或觸礁等災害外，船員或乘客也容易罹患壞血病、黃熱病及食物中毒等，而且也有可能受到其他國家或海盜的劫掠。

馬尼拉大帆船每年航行一或兩次，單趟航程需時約四個月，不論是去程或返程，大帆船可能會接近夏威夷群島，但是歷史沒有明確的記載。去程則他們跟隨麥哲倫的腳步，會在麥哲倫所稱的「竊賊之島」馬里亞納停留及補充食物飲水等。返程則西班牙人於十七世紀在加利福尼亞的蒙特瑞（Monterey）建立了一個港口，俾使剛越過太平洋的大帆船得以休息補給後，再往南航行返抵阿卡普科。

馬尼拉大帆船自一五六五年開始，至一八一五年墨西哥獨立戰爭後才停止運行，歷時兩百五十年。在此期間，共有一〇八艘大帆船陸續營運太平洋兩岸貿易，其中有二十六艘遭敵方擊沉或俘虜。除初期的八艘是出自墨西哥外，這些大帆船主要是利用菲律賓的柚木及帆布在馬尼拉附近的甲美地（Cavite）建造。而建造大帆船需要許多各種工匠，這也就是華人源源不斷前仆後繼來到馬尼拉的原因之一。

除了珍貴的貨物之外，馬尼拉大帆船也運送乘客。從阿卡普科啟程時，有不少的西班牙或墨西哥官員、商人、教師、傳教士或各行各業的殖民者也搭乘大帆船前往遙遠的太平洋彼岸。從馬尼拉返程，大帆船可能載有中國商人、勞工、廚師以及東南亞甚至非洲的奴隸。馬尼拉大帆船常態運行之後，除資深船員由西班牙人擔任之外，船員多是墨西哥人、菲律賓人、華人、馬來人、暹羅人甚至日本人、朝鮮人。今日墨西哥人口中有「亞裔墨西哥人（Asian Mexicans）」族群，他們的祖先可能就是搭乘馬尼拉大帆船抵達墨西哥。

一六一四年之前，由於考量船隻航行安全，西班牙明令禁止使用超過三百噸位的船隻。但是商人為追求貿易利益而逐漸使用上千噸位的船隻，甚至有超過兩千噸位者。這些巨大的船隻被用來對抗西班牙的競爭對手荷蘭和葡萄牙；但也因船體增大而降低大帆船的速度，這個問題讓荷蘭及英國船隻有機會襲擊西班牙船隊，劫掠大筆財富。

馬尼拉在一五七一年成為西班牙新殖民地之首府，之後愈加繁榮，成為十六世紀遠東的最大港市，甚至有「東方明珠」之稱，主要歸功於馬尼拉大帆船帶動的跨太平洋貿易。甚至有學者主張馬尼拉大帆船貿易是所謂地球村（global village）觀念的開端。

馬尼拉大帆船貿易及菲律賓天主教的傳播，烏達內塔神父功不可沒，因此菲律賓與西班牙都曾經為這位航海家神父發行郵票。

一九九八年菲律賓政府在馬尼拉王城（Intramuros）內的墨西哥廣場豎立馬尼拉大帆船紀念碑，以彰顯這持續二百五十年的跨洋貿易對菲律賓的重要性。

二〇〇八年烏達內塔誕生五百週年，菲律賓發行郵票以紀念他對菲律賓的豐功偉業。

菲律賓與墨西哥及西班牙也於二〇一五年向聯合國教科文組織（UNESCO）申請「烏達內塔航路」馬尼拉－阿卡普科大帆船貿易路線（Manila-Acapulco Galleon Trade Route）為世界文化遺產。

白銀大量流入中國

銀是一種貴金屬，色澤呈白色，故也稱白銀。銀圓自古即有，但銀圓之所以風行於全世界，是十五世紀西班牙鑄造之西班牙銀圓（Peso）所致。十六世紀西班牙在美洲殖民地發現銀礦，並從美洲原住民手中奪得大量白銀。位於墨西哥及秘魯的西班牙皇家造幣廠在之後的數個世紀內鑄造了數以百萬計的西班牙銀圓，運送到歐洲以至亞洲各地，四處貿易的結果，成為當地流行的通貨。

馬尼拉大帆船於一五六五年開始之後，西班牙人就是以美洲生產的銀圓換取中國的絲綢、瓷器與茶葉。所以明朝神宗萬曆年間（一五七三年～一六二〇年），銀圓開始大量由馬尼拉流入中國，就成為馬尼拉大帆船貿易的主流。

阿卡普科與馬尼拉之間的航線貿易活動起初並沒有受到任何的規範，但西班牙在歐洲及海外連年征戰耗費巨大，國庫空虛，在十六世紀末經歷嚴重的通貨膨脹。一五九三年西班牙才正式設立海

上部

洋貿易的特許，其目的除為了增加稅收外，也在限制墨西哥白銀流向中國，因此規定馬尼拉每年交易量最高二十五萬披索。實際上西班牙人從未乖乖地遵守他們自己的法規，因此之後逐年增加額度，直到一八一五年貿易活動終止。

馬尼拉大帆船貿易的結果就是大量美洲白銀（主要是墨西哥、秘魯）流向中國，明朝及其後的清朝都是白銀貿易順差國。

白銀大量流入中國，除了被當成通貨外，也是財富的象徵。白銀展延性極佳，因此也被作為餐具、茶具及首飾等。明、清兩朝以白銀製成的許多首飾、茶具、古玩等，流傳至今成為珍貴的藝術品。

苗族是貴州少數民族之一，他們對銀飾特別喜愛，一是美觀，另一是炫富以及具有避邪的功用。銀飾鍛製因此成為苗族獨有的技藝。每逢節慶苗族姑娘都要穿戴白銀頭飾，隨著身體擺動而閃閃發亮，甚為美麗炫目，令人印象深刻。

貴州是中國比較貧窮的省分，何以苗族擁有如此大量白銀？據說是明清時期，苗族以盛產的優質茶葉換取大帆船貿易進口的白銀所致。

清末賠款皆以白銀計算

民間擁有大量白銀，顯示中國的財富藏於民間。但是朝廷的銀兩是民間無可匹敵的，舉凡官員薪餉、基礎建設、維持軍隊、購買軍艦與軍事行動等等都是以白銀支付。

十八世紀，英國商人發現鴉片在中國大有銷路，遂處心積慮輸出鴉片至中國。一七七三年英國東印度公司獲得印度鴉片的專賣權後，鼓勵栽種並管轄鴉片的運輸和銷售；當時中國每年進口鴉片四千餘箱，逐漸增至六千餘箱，每箱售價自一四〇銀兩上漲至三五〇銀兩。鴉片貿易的豐厚利潤吸引了幾乎所有的外國商人，當中英國幾家商號是最主要的鴉片貿易商。一八〇〇年至一八二〇年英國向中國輸出平均每年四千餘箱，到一八三八年間猛增至近四萬箱。中國累積千百年的財富像水庫潰堤一般，大量流出中國。

十九世紀中葉，滿清國力漸衰且昧於外情，導致歐洲列強的欺凌。接連戰敗的清廷除割讓土地、開放港口、給予領事裁判權、內河航行權及最惠國待遇等之外，最主要的就是以白銀支付的鉅額賠款。

- 一八四〇年因清廷拒絕輸入鴉片而與英國發生戰爭，清朝戰敗，中英雙方於一八四二年簽訂《南京條約》，清政府向英國賠償煙價六百萬兩銀圓、商欠三百萬兩銀圓，以及軍費一千二百

上部

萬兩銀圓，共二千一百萬兩銀圓。

- 一八五六至一八六〇年發生第二次鴉片戰爭，又稱英法聯軍，結果清政府賠償英、法的軍費各八百萬兩。
- 一八九四年爆發中日甲午戰爭，清朝大敗，雙方於一八九五年四月簽訂《馬關條約》，中國除割讓台灣、退出朝鮮等以外，還向日本賠款白銀兩億兩。
- 一八九五年俄、德、法三國不滿日本占領遼東半島而聯合向日本施壓，結果清廷付出三千萬兩白銀予日本，以贖回遼東半島。
- 一九〇〇年因義和團拳亂引起庚子事變，導致八國聯軍出兵；根據《辛丑條約》，清政府被迫向相關國家賠款高達四億五千萬兩。

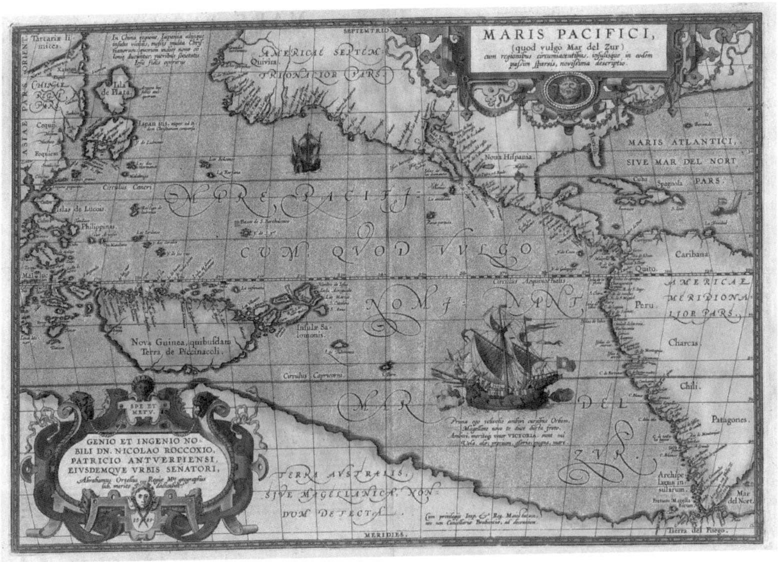

十六世紀著名的荷蘭地圖繪製家歐特利厄斯（Abraham Ortelius）於一五八九年首張印刷的太平洋地圖 Maris Pacific。（Wikipedia）

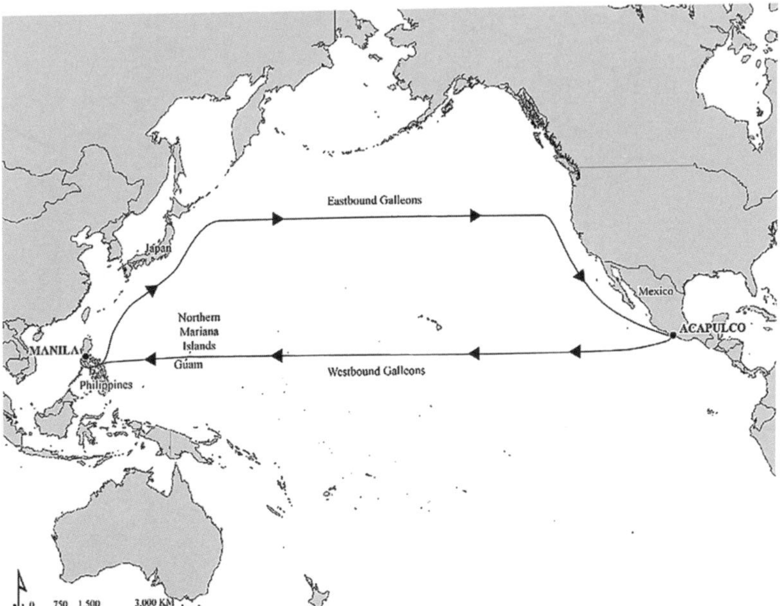

馬尼拉大帆船航線（Alec Tan）

THE MANILA-ACAPULCO GALLEON
IN THE SPAN OF 250 YEARS, FROM 1565 TO 1815, THE MANILA-ACAPULCO GALLEON MAINTAINED THE LONGEST-RUNNING TRANSPACIFIC TRADE ROUTE IN HISTORY. IT INITIATED NOT ONLY TRADE BETWEEN MEXICO AND THE PHILIPPINES, BUT IT ALSO LINKED THE AMERICAS WITH ASIA AS WELL AS THE PHILIPPINES WITH SPAIN. OVER 300 VOYAGES WERE UNDERTAKEN BY THESE GALLEONS WHICH WERE CONSTRUCTED IN BOTH MEXICO AND THE PHILIPPINES.
THE MANILA-ACAPULCO GALLEON SYMBOLIZES THE CLOSE CULTURAL LINKS BETWEEN THE PHILIPPINES AND MEXICO.
MANILA, 1998, CENTENNIAL YEAR

馬尼拉王城內的馬尼拉大帆船紀念碑（Wikipedia）

第八章

海盜林鳳自台灣攻打馬尼拉及殖民呂宋

一般人對林鳳所知不多，但眾多菲律賓人對 Limahong 於十六世紀攻擊馬尼拉及在邦加西楠殖民的事蹟則津津樂道。菲律賓第十任總統斐迪南・馬可仕曾表示自己是林鳳的後裔。

十六世紀西班牙人開始殖民菲律賓群島也正是明朝中末葉東南沿海海盜最猖獗時期。

林鳳，或稱林阿鳳（Lim Ahon, Li-ma-hong, Limahong），是廣東潮州沿海的一個海盜集團首領。一五七三年，經明軍多年追剿為禍廣東沿海的海盜林道乾逃往南洋海外（馬來半島北大年）後，林鳳勢力逐漸坐大，併吞其殘餘部眾與船隻。其船隊經常騷擾福建、廣東海面，官兵乃全力會剿。

一五七四年六月林鳳海盜集團遭明軍福建總兵胡守仁追擊，林鳳率幫眾及日本海盜（倭寇）約一萬人往東逃竄至澎湖，幾天後再逃往台灣。明軍會合新港社原住民將海盜擊退。十一月，林鳳再轉往劫掠麻豆社，遭到麻豆聯絡附近等社圍攻，海盜被擊殺五百餘人，死傷慘重。

林鳳轉進呂宋

林鳳在澎湖時，曾自馬尼拉返航福建的水手口中，得知呂宋馬尼拉當時只有少數西班牙兵力守衛，於是在麻豆慘敗之後揚帆往南改逃往菲律賓馬尼拉。林鳳的船隊有六十二艘中式戎克船（junk），載有原本係農民工匠各行各業的二千名戰士、二千名水手及數百名婦女兒童殖民者。

林鳳船隊十一月中離開台灣後，首先到達了呂宋西北的伊洛戈（Illocos），西班牙人當時剛在此建立了一個據點聖費南多（San Fernando，今 La Union 省首府）。十一月二十三日，一艘西班牙運糧船被林鳳截獲，船上共有二十五名西班牙士兵，林鳳除了留下一個活口外，其餘全部殺掉。林鳳船隊繼續浩浩蕩蕩地駛向馬尼拉，駐守在美岸（Vigan）的薩塞多則在獲報上情後率船追趕。

林鳳船隊進入馬尼拉灣在尚格利海岬（Sangley Point）登陸後即朝馬尼拉前進，在行軍經過帕拉納克（Parañaque）時，當地居民在一個名為加洛（Galo）的壯丁組織下起來抵抗，延緩了海盜的攻勢。隨著林鳳海盜集團的進逼，尚未建妥城牆的馬尼拉居民陷入混亂，海盜集團中的一名日本海盜頭目庄公（Sioko，シオコ）在亂中殺死西班牙守將馬丁高蒂。不久薩塞多率援軍抵達內外夾擊，經過交戰，人多勢眾但缺乏組織且情報不靈的林鳳集團被擊敗，最終被迫撤退。

放棄了入侵馬尼拉的企圖之後，一心想找個安身立命處所的林鳳率眾向北在中呂宋的仁牙因灣（Lingayan Gulf）登陸，在今日的邦加西楠（Pangasinan）省建立了一個殖民地稱馮嘉施蘭國（Fonchiahilan），自立為王。

林鳳不僅帶來各種農具，也教當地土人耕稼知識及各種技藝。中國南方商人也逐漸前來貿易，其商品以棉花、鐵器、紙料為主。林鳳從眾原本就是攜家帶眷，在此落地生根也與土人通婚，於是逐漸繁衍。

馮嘉施蘭國僅維持了約幾個月，一五七五年三月薩塞多率大軍包圍林鳳在邦加西楠殖民地長達四個月。八月，林鳳率部分從眾自挖掘的祕密水道逃離，大部分有眷者留在當地。林鳳離開呂宋後流浪南洋各地，一五七九年曾出沒在海南島，之後就不知所終。

菲人眼中的林鳳

一般人對林鳳所知不多，但眾多菲律賓人對 Limahong 於十六世紀攻擊馬尼拉及在邦加西楠殖民的事蹟則津津樂道。菲律賓第十任總統斐迪南馬可仕（Ferdinand Marcos）出生在呂宋北伊洛戈省（Ilocos Norte Province），曾表示自己是林鳳的後裔；此一說法頗為可信。林鳳在菲律賓的事蹟在菲國有諸多遺跡及記載可尋。

林鳳在馬尼拉灣登陸後路過帕拉納克（今馬尼拉機場附近），曾遭到當地一名壯士加洛的阻撓與挑戰，因此引以為榮的帕拉納克還在該地點設立兩人決鬥的雕像。雕像位於馬尼拉至甲美地的海岸道路旁，附近還有一座道教的宮廟。因該雕像周遭十分凌亂，所以帕拉納克市準備於找到適當處所後遷移。

林鳳的殖民地邦加西楠首府仁牙因市為發展觀光，也於近年在林鳳集團挖掘的水道旁建立一座林鳳中心（Limahong Center），於二〇二四年啟用。裡面展示的雕像則與華人熟悉的關公像神似。

林鳳 Limahong 進軍馬尼拉圖（La Illustración Filipina, 1894）

帕拉納克市林鳳與加洛決鬥雕像（圖／作者）

仁牙因市林鳳中心 Limahong Center（Municipality of Lingayen）

第九章 早期的旅菲華人與呂宋大屠殺

由於華人在林鳳來襲時與之合作，又加上華人操槳手膽敢叛變且殺害總督，所以西班牙殖民政府對華人的疑心與防範可想而知。一六〇〇年之後，大概每二十年就會爆發一起帶有陰謀論色彩的暴動，接續發生的就是殘酷的大規模屠殺與驅逐。

西班牙占領馬尼拉並開始殖民後，這個在東亞地理位置絕佳的港市每年都迎來中國、日本、暹羅、越南、爪哇及馬六甲等地的商船。西班牙之所以征服菲律賓，正是看中她在海洋貿易的重要位置及與中國貿易的便利。而且在馬尼拉，西班牙人可以和華商方便地以墨西哥白銀交易換取到他們所需的中國商品絲綢、瓷器及茶葉等。一五八六年，一位西班牙官員呈報給國王菲力二世的信中說：「許多白銀和銀幣都運到馬尼拉去交換中國貨物。這些銀子雖然有一些仍留在菲島，但其餘大部分都為中國大陸運貨到那裡出售的華商所運走。」

中國商人對於當時候西班牙的貿易活動如此重要，當時普遍被稱為「Sangley」——這個詞過去經常被譯為「常來」，近幾年則較常被音譯為「生理」，實際上比較接近我們平常說的「生意人。一五七五年，有一位神父是這麼解釋的：「馬尼拉的人們稱呼這些華人為『Sangley』，意為稱這些來到這裡的商人」。不過，這個詞後來也廣泛地用來稱呼所有在馬尼拉活動的華人。

尚格利岬

中國商人自福建或廣東搭船進入馬尼拉灣後，大多在馬尼拉西南的一個海岬碼頭登陸，這個地方後來被稱為尚格利岬（Sangley Point）。

尚格利岬現屬於甲美地（Cavite）省，離馬尼拉市僅有約二十幾公里之遙，美國統治時期建有跑道供海軍飛機起降。

二〇一三年起菲國華裔首富施志成（Henry Sy）在該地進行一個龐大的填海造地開發計畫。尚格利岬原有的跑道也被改建成國內機場，於二〇二〇年開始營運，目前僅有包機業務，未來還計畫擴建成國際機場，以減輕早已飽和的馬尼拉國際機場的負擔。

呂宋大屠殺

西班牙人占領馬尼拉並開始實施殖民統治後，並非所有馬尼拉居民都準備接受招安。為數上萬且組織緊密的傳統華人貿易聚落對於西班牙人的貿易限制相當不滿，於是反抗新的統治者。一五七四年十一月，當海盜林鳳集團攻擊馬尼拉時，華人與其合作，但遭到西班牙殖民當局鎮壓，最終華人社區被迫從馬尼拉城遷到八連市場（Parian de Alcaceria）區集中管理，西班牙人還在此區設有防禦工事鎮守監視。

一五九三年菲律賓第七任總督達斯麻雷那斯（Gómez Pérez Dasmariñas）率船前往摩鹿加去弭平一場叛亂，而當時摩鹿加還是明朝的屬國。行前他招募了二百五十名華人操槳手。船隊自甲美地尚

上部

格利岬出發，因逆風所以航行緩慢，西班牙士兵為求加速而鞭笞華人操槳手，其中一人死亡，引起這批華人操槳手不滿。船隊航行一天只抵達八打雁（Batangas）沿岸，定錨過夜。次日清晨，華人操槳手發動叛亂控制船隻，達斯麻雷那斯聽聞喧鬧聲，想知道究竟於是未持武器就離開艙房，被憤怒的叛變者刺殺而死。事後叛變者釋放西國船員士兵上岸，不懂航行及操作帆船的他們則讓船隻漂流，最後到了越南。這批華人登陸後各自逃生，有些後來被逮捕回馬尼拉判刑。事件發生後，西班牙軍隊驅逐馬尼拉所有華商、華人。不久之後，利之所趨，華人又在城外慢慢聚集。

由於華人在林鳳來襲時與之合作，又加上華人操槳手膽敢叛變且殺害總督，所以西班牙殖民政府對華人的疑心與防範可想而知。一六〇〇年之後，大概每二十年就會爆發一起暴動，接續發生的就是殘酷的大規模屠殺與驅逐。

第一次大屠殺

十六世紀末呂宋為西班牙人所占，明朝仍認為呂宋島為朝貢國，根本弄不清楚呂宋原住民、也無視在已統治呂宋全島三十年的西班牙人和之前的呂宋國王有何不同。

萬曆三十年（一六〇二年），明廷派遣一個訪問團抵呂宋後受到當地華人熱烈歡迎，引起西班牙殖民政府懷疑明朝可能會謀取菲律賓，呂宋華人則可能內應，於是預謀殺害。次（一六〇三）年馬尼拉當局誆騙華人將攻打鄰國，高價收購鐵器，華人貪利賣光所有自家的刀鐽鍋鑊鐮鋤等等，於是家家無寸鐵。西班牙總督乃下令登錄華人姓名，分三百人為一組，隨後展開大屠殺。華人無法進行抵抗，只好逃到大侖山。由於飢餓，只好下山攻城，遭遇西班牙人埋伏，前後死者高達二萬五千人。之後，西班牙誆騙大明朝廷說華人將謀亂，不得已才殺害華人。一六〇四年十二月萬曆帝下旨：呂宋酋擅殺商民，撫按官議罪以聞。福建巡撫乃移檄呂宋，數以擅殺罪，只是令呂宋方面把死者眷屬送返中國。明朝因所謂「萬曆三大征」國力衰落而最終沒有討伐呂宋。其後華人又陸續前往呂宋，而馬尼拉殖民政府因樂於與中國互市，於是不拒絕華人入境，久而久之又成一華人社區。

第二次呂宋大屠殺

華人與西班牙殖民者之間的疑心與芥蒂並不會因時間流逝而消失。一六〇九年，因為華商抗議稅收過重，又有兩萬多名華人被殺害。明朝當時仍處於內憂外患，國力逐漸衰退，因此未有處理。

第三次呂宋大屠殺

一六三九年（明崇禎十二年），西班牙殖民政府強迫華人繳納高價的身分證稅和租稅，遭到了反抗，西班牙人又再次集體屠殺華人。此時的明朝深陷戰火，明軍十三萬與滿洲八旗決戰松錦，結果全軍覆沒。中原陝西、河南、山東等地發生蝗害、旱災、大飢荒。李自成聚流寇五十萬流竄中原災區。張獻忠在湖北谷城聚集支持者反明，禍亂兩湖。因此明朝泥菩薩過江，無暇顧及海外事務。

第四次呂宋大屠殺

一六五四年，道明會義大利神父李科羅（Victorio Riccio）自馬尼拉航抵廈門，受鄭成功禮遇，建立教堂，舉行公開禮拜。鄭成功與清軍的戰事漸趨不利，欲在海外尋找據點，認為台灣與呂宋是「先人故地」、「我所固有」，又聽聞西班牙人在呂宋的多次屠殺暴行，對在呂宋的西班牙人不滿，計畫對呂宋通書遣使招降，如予拒絕，即派兵掠取。

一六六二年鄭成功打敗荷蘭人取得台灣後，四月派遣李科羅攜帶鄭成功對菲律賓（第二十四任）總督曼里奎（Sabiniano Manrique de Lara）的國書一份，威嚇西屬菲律賓當局，將要出兵占領呂宋以協助華人，並暗中聯絡當地華人以為內應。李科羅呈交國書後，西班牙人大驚，為避免成為荷蘭人在福爾摩沙遭鄭成功擊敗的翻版，於是立即再次集體屠殺在呂宋的華人，數以萬計，以免成為鄭氏攻打呂宋的內應。事後西班牙人怕鄭成功攻擊，乃命使者隨李科羅來台灣乞和。

鄭成功知呂宋華人再次遭到集體屠殺後，勃然大怒即時決定遣兵南征呂宋，但竟一病而歿（一六六二年六月），年僅三十七歲。再來就是鄭氏王朝內的王位爭奪，無力攻打呂宋。此時清朝入主中原，與明鄭交兵，在福建廣東施行遷界禁海政策。雙邊對呂宋華人的遭遇都不加理會。因此無人繼承鄭成功保護呂宋華人的心願。

旅菲華人的辛酸血淚史

中國在宋朝元朝時期對外貿易即已頗為發達，其中福建泉州經濟興盛、造船技術精良，能造出遠洋大海船，海外貿易發達，被十三世紀義大利旅行家馬可波羅（Marco Polo，一二五四～一三二四）稱為「世界上最大的兩個商業天堂之一」和「東方的的亞歷山大港」。中世紀最偉大的旅行家，摩洛哥的伊本白圖泰（Ibn Batutah，一三〇四～一三六九）來到泉州之後，則稱之為「世界上最大的港口」。

上部

當時的華人前往呂宋島進行貿易應該已是家常便飯，他們或短期或長久居留在這個熱帶異國，甚少有攜家帶眷者，有些則是事業稍有基礎則返鄉娶妻再同來僑居地，另有些人與當地人結婚生子。他們以做生意居多，少數是「呷頭路」，這些人就成為菲律賓華僑的起源者。

這些華人來到異國，文化、語言、飲食、各種習慣及價值觀等等都與母國迥然不同，其艱辛絕非僅「胼手胝足、篳路藍縷」足以形容。南洋其他國家地區的華僑情況大同小異。

西班牙人開始殖民統治之後，因為與新西班牙（墨西哥）之間有馬尼拉大帆船（Galleon）運行，以白銀換取中國的絲綢、瓷器、茶葉等貨物，對貿易雙方都是利潤極高的生意。儘管有數次大屠殺事件，平息之後大批華人仍然前仆後繼湧入馬尼拉。真驗證了所謂「賠錢生意無人做，殺頭生意有人做」的諺語。但是菲律賓華人的辛酸血淚奮鬥史並非到此就罷。

馬尼拉華僑義山（Wikipedia）

馬尼拉中國城入口（圖／作者）

上部

第十章 西班牙自菲律賓占領北台灣

一六四二年八月，荷軍大舉進攻雞籠，並奪取了島上的制高點。西班牙守軍無力抵抗，八月二十八日向荷軍投降，從此退出台灣。西班牙人在北台灣的統治僅十六年。

西班牙人占領馬尼拉並陸續在呂宋各地建立據點站穩腳步後，就開始垂涎呂宋島以北的台灣（西語稱 Isla Hermosa，葡萄牙語稱 Ilha Formosa）。但是當時西班牙財力與兵力不足，再加上與屬地荷蘭間的八十年戰爭（一五六八年至一六四八年），所以遲遲沒有動手。荷蘭則於一六〇二年成立荷蘭東印度公司（Vereenigde Oost-Indische Compagnie; VOC），加入歐洲各國對亞洲的競逐。

一六一八年馬尼拉灣出現了六艘荷蘭船，令當時的菲律賓總督阿隆索（Alonso Fajardo de Tenza）頗為憂慮，次年便派遣道明會神父馬地涅斯（Bartolmé Martinez）前往廣東及漳州一帶的港口，請求中國官員禁止荷蘭商船離港貿易。隔年，馬地涅斯神父返回馬尼拉後，寫了一份報告給馬尼拉總督，力陳台灣島是「這一帶最富裕、最主要乃至於最安全的貿易點之一，是重要的接近中國的富裕地區」。馬地涅斯在旅途中曾兩次躲避荷蘭人而到台灣西南平原避難，並根據此一經驗指出西班牙應將此島併入帝國中，返菲後他在一六一九年的備忘錄中建議當局占領福爾摩沙島一個叫北港（Pacan）的港口。

一六一九年荷蘭東印度公司（VOC）在爪哇的巴達維亞（雅加達）成立東印度地區的總部，對東亞的活動愈加積極。

一六〇四年 VOC 曾在澎湖建立城堡作為貿易據點，明朝派水軍包圍，迫使荷蘭人撤退。一六二二年，VOC 的艦隊（包括七艘軍艦、戰士九百人）再次占領澎湖為據點，並奴役當地的居民建設碉堡，使得一千三百人死亡，又封鎖了漳州出海口，明朝海軍無法出動。一六二三年十一月，福建巡撫南居益在廈門藉談判設局囚禁荷蘭代表團，並燒毀了入侵的荷蘭戰艦。次（一六二四）年二月，發兵萬人、船二百艘，圍攻風櫃仔紅毛城七個月，迫使荷蘭人投降，毀城撤離占領了兩年的澎湖。荷蘭人於一六二四年轉而到當時未有實質政府統治的台灣大員（今台南安平）設立新據點。

西班牙人雖覬覦台灣島已久，卻一直沒有行動，荷蘭搶在西班牙行動以前，就已在台灣台南建造了堡壘（今安平古堡）。馬尼拉當局認為，荷蘭人的目的就是要阻斷菲律賓群島與中國之間的商業貿易。而英國也選擇和荷蘭東印度公司合作，破壞中國與馬尼拉的貿易關係，讓馬尼拉當局頗為緊張。直到一六二六年，西班牙為了突破荷蘭人對馬尼拉的貿易封鎖，決心在台灣建立據點。

西班牙進攻並占領北台灣

一六二六年五月五日，西班牙將領瓦德斯（Antonio Carreño de Valdes）率領艦隊自馬尼拉出發。

由於荷蘭已占領台灣南部。西班牙軍沿著台灣東海岸北上。五月十一日先到三貂角

（Santiago），五月十二日進入雞籠港，命名為「Santisima Trinidad」（意為「至聖三位一體」）。西班牙人於雞籠灣內的小島（今和平島）登陸。五月十六日在社寮島舉行占領典禮，並建立聖薩爾瓦多城（San Salvadoe）作為台灣占領地之統治中心。可是據點才建立不久，馬上就陷入困境。因為雞籠的金包里社（Taparri）、大雞籠社（Kimaurri）的原住民村落遭到西班牙軍奪取，因此拒絕出售食物。馬尼拉的補給船又無法適時抵達，不少西班牙人因此生病或餓死，倖存的人只得吃狗、鼠來充飢。直到有華商來雞籠販賣糧食，情況才好轉。

到了一六二七年，苦於糧食短缺的瓦德斯，派了二十名士兵前往淡水河口，準備與圭柔社（Senar）原住民收購糧食。西班牙軍停留了一個多月後，遭附近部落聯合反抗，隊長及七名士兵被殺，其餘人則逃回雞籠。一六二八年，瓦德斯派一百名士兵進攻淡水，原住民不敵而逃亡，西班牙軍便進入村內搶奪糧食，滿載而歸。原住民只得割讓土地以談和，西班牙人便在此地建造了聖多明哥城（Santo Domingo）（今淡水紅毛城）作為據點，圭柔社則改遷往他處。

一六二九年七月，荷蘭曾派軍北上淡水，攻打西班牙軍要塞。但因西班牙防禦工事堅固，荷軍未攻下而潰敗。至此西班牙已占領從雞籠西方至淡水一帶。

西班牙人擁有雞籠、淡水後，由於來往兩地的海岸線過於崎嶇，加上海路受限於季風以及洋流的時節，因此希望能找到一條更便捷的路線。一六三二年，西班牙駐雞籠長官阿爾卡拉索（Juan de

Alcarazo）派八十名士兵，進入台北盆地探索。這支部隊沿著淡水河逆流而上，再沿基隆河前進，終於找到一條可以來往兩地的路線。這次探索，也讓西班牙人接觸許多淡水河、基隆河流域的部落，後來西班牙人陸續征服這些部落。

一六三二年四月，一艘西班牙船漂流至蘭陽平原，全船皆遭當地的噶瑪蘭族殺害。西班牙人早已覬覦宜蘭的戰略地位，打算搶先荷蘭人占領此地，只是都沒有付諸行動。這次噶瑪蘭人殺害西班牙人的事件，讓阿爾卡拉索以此為由攻入宜蘭，派兵摧毀了噶瑪蘭族七座村落，並殺死了十餘名原住民。然而噶瑪蘭人選擇退往山區，繼續與西班牙人對抗，直到一六三五年，當時擔任長官的羅美洛（Alonso Garcia Romero），才再次派兵擊敗噶瑪蘭人。

原本西班牙人盤算占領北台灣後，就可免去荷蘭人的威脅，可是局勢並不如意。就算占領了北台灣，荷蘭人只要在中國沿岸阻止商人，照樣可以威脅馬尼拉的經濟。而且從雞籠運來商品，物價沒有比華商直接運到馬尼拉更便宜；反而維持駐軍要花大量經費，又無法打開中國和日本的貿易。再加上從一六三〇年起，美洲的白銀產量逐年遞減，馬尼拉就因流入白銀的減少，而陷入經濟衰退。北台灣的經營幾乎都要仰賴菲律賓的補助，可是菲律賓本身也要資金應付民答那峨穆斯林的戰事，西班牙人愈來愈難撐下去。

上部

荷蘭趕走西班牙人

一六三七年，菲律賓總督柯奎拉（Sebastián Hurtado de Corcuera）為了減少開支，決定削減派駐北台灣的軍力。他下令毀掉淡水的聖多明哥城以免為敵所用，僅駐軍於聖薩爾瓦多城。雞籠防備空虛，終究引來荷蘭人的覬覦，一六四一年荷蘭人前來雞籠一探虛實，並伺機進攻。這時西班牙人的實力已大不如前，許多原住民轉而加入荷蘭人，不過荷軍認為火砲數量不足以攻破城堡，勸降西班牙守軍失敗後，就返回大員。

一六四二年八月，荷蘭軍大舉進攻雞籠，並奪取了島上的制高點。西班牙守軍無力抵抗，八月二十八日向荷軍投降，從此退出台灣。西班牙人在北台灣的統治僅十六年。

一六二六年西班牙船隊自馬尼拉啟程前往台灣時，被西班牙人視為「台灣通」的馬地涅斯及幾位道明會神父也隨行，他們在雞籠及淡水一帶對原住民宣教，被視為天主教在台灣的濫觴。一六三一年，續有道明會神父耶士基佛（Jacinto Esquivel，一五九二～一六三三）自馬尼拉來到雞籠，他利用羅馬拼音來拼寫「淡水語」，也深入北投一帶宣教。

一六二六年西班牙人所繪基隆港與淡水港（Wikipedia）

十七世紀台灣形勢圖（Wikipedia）

紅毛城是淡水著名的古蹟，其前有八幅旗幟飄揚，代表這個城堡的歷任主人，第一幅就是西班牙國旗。最早建城是在一六二八年統治台灣北部的西班牙人所興建的「聖多明哥城」，但後來被摧毀，一六四四年荷蘭人在原址附近重建，並命名為「安東尼堡」。而由於當時漢人稱呼荷蘭人為紅毛，因此這個城就被稱作「紅毛城」。（圖／作者）

第十一章

七年戰爭英國占領馬尼拉

西班牙在事後檢討此次戰役，殖民近兩百年且築有堅固防禦城牆的馬尼拉，何以交戰十天之內就落入英國遠征軍之手？他們認為部分是由於戰鬥中忽視該市的軍事準備和糟糕的軍事領導。

七年戰爭（Seven Years' War）發生於一七五六年至一七六三年，主要是英國與法國爭奪美洲、亞洲、非洲海外殖民地所致，當時歐洲主要國家均捲入這場極為混亂的戰爭。英國與西班牙之間原本就存在許多新仇舊恨，復垂涎馬尼拉在亞洲戰略及貿易上的重要地位，七年戰爭後期英國就揮軍攻打馬尼拉。

英國自印度遠征馬尼拉

一七六二年七月二十一日英國將領德雷柏（William Draper）率領一支由八艘戰艦、三艘護衛艦和四艘補給艦組成的英國艦隊，載有約六千八百餘名正規軍、水手和海軍陸戰隊員等，從印度馬德拉斯（Madras）航向馬尼拉，途中又有數艘軍艦加入遠征軍。九月二十三日英國艦隊進入馬尼拉灣，開始攔截檢查進出的船隻。在隨後的甲美地海戰中，英軍擄獲了載有來自墨西哥白銀的西班牙大帆船菲律賓號（Filipina），並擄獲了載有中國瓷器的特立尼達號（Trinidad）。

九月二十四日地面部隊在登陸後立即對「西太平洋最大的西班牙堡壘」進行包圍與進攻，軍艦也不斷對王城 Intramuros 發射艦砲。西班牙守軍連同菲律賓部隊約九千三百人，由代理總督羅荷（Manuel Rojo del Río y Vieyra）督軍。羅荷原本是出生在墨西哥的修士，一七五七年被派至馬尼拉擔任大主教，於一七六二年被任命為臨時總督。

經過英軍連續數日海上陸上的猛烈砲轟，西軍難以抵擋英軍的進攻。十月五日，馬尼拉城陷落前夕，臨時總督羅荷召開一次會議。羅荷多次表達想投降，但都被副總督安達（Simón de Anda y Salazar）及一些將領阻止。同一天，英軍繼續以猛烈砲火成功突破了聖地牙哥堡的城牆，他們還放火燒毀了一部分房舍，迫使西班牙軍隊撤離城牆。十月六日黎明，英軍進攻突破口並占領了要塞，幾乎沒有遇到抵抗。臨時總督羅荷遭到逮捕而投降。

英軍占領馬尼拉後，士兵們轉而進行持續三十多小時的大肆掠奪與破壞。事後羅荷不僅將責任歸咎於英軍士兵，還歸咎於馬尼拉的西班牙人、中國人和菲律賓居民。英軍指揮官德雷柏隨後向西班牙殖民當局索要贖金，以換取同意停止其部隊的進一步掠奪。羅荷同意價值四百萬西班牙元的贖金，但直到英國人離開時，只支付了四分之一的贖金，事情就悄悄平息了。

身兼大主教及臨時總督的羅荷與英國遠征軍之間的投降協定保障了羅馬天主教及其主教政府，保護了私有財產，作為西班牙殖民地和英國的臣民，享有和平旅行和貿易的權利。在英國管理下，菲律賓繼續由英國皇家法庭統治，其費用將由西班牙承擔。

不願意向英軍投降的副總督安達於十月五日陷落前夕逃離馬尼拉，他在馬尼拉以北的布拉坎（Bulacan）成立臨時政府繼續抵抗英軍。安達組建了一支超過一萬名戰士的軍隊，其中大多數是志願菲律賓人。因為缺乏足夠的火槍可供使用，抵抗軍在馬尼拉和甲美地受到英軍的壓制。

一七六三年一月十九日，英軍派遣一隻部隊前往布拉坎，安達下令處決四百名支持英軍的中國平民。英軍於一月二十二日占領了馬洛洛斯（Malolos），但向邦板牙（Pampanga）推進時則遭抵抗軍強力反擊，隨後於二月七日撤退。同年春天，英軍再次對安達領導的反抗軍發動遠征，最遠到達八打雁（Batangas）。但實際上英軍勢力只能控制馬尼拉及鄰近地區，大砲射程以外的範圍則非英軍能力所及。

七年戰爭交戰各方（主要是英國與法國）於一七六三年二月初在巴黎舉行談判，並於二月十日簽訂《巴黎和約》，標誌著七年戰爭的結束。七月二十四日，停止敵對行動的消息傳至馬尼拉，八月二十六日，《巴黎和約》條文抵達。該條約規定「所有在簽訂條約時未知的被征服土地應歸還其原主人」。然而，英國的撤軍令還未送達，因此馬尼拉的僵局仍在繼續。安達領導的抵抗軍則加緊了對馬尼拉的包圍。

一七六四年一月羅荷大主教去世後，英國最終承認率領抵抗軍的安達為菲律賓合法領導人，隨後與安達同意停戰，條件是英國軍隊在三月前從馬尼拉撤軍。英軍在三月初接到撤軍命令，到了三月中旬，西班牙新任駐菲律賓總督德拉托雷（Francisco Javier de la Torre）終於趕到馬尼拉。英軍最終將馬尼拉移交給遲到四年的西班牙新總督。

一七六四年四月的第一週，英國軍隊從馬尼拉和甲美地出發返回印度，結束了近二十個月的占領。

英軍占領期間領導抵抗軍的安達則於戰後返回西班牙，受到國王及國會的褒揚。他於一七六八年回到馬尼拉，並於一七七〇年至一七七六年擔任菲律賓總督。

堅固的王城何以十天就失守

西班牙在事後檢討此次戰役，殖民近兩百年且築有堅固防禦城牆的馬尼拉，何以交戰十天之內就落入英國遠征軍之手？他們認為部分是由於戰鬥中忽視該市的軍事準備和糟糕的軍事領導。這是因為菲律賓前總督曼努埃爾（Pedro Manuel de Arandia Santisteban）於一七五九年去世，他的繼任者德拉托雷因英國占領古巴哈瓦那而受困無法赴任。同時，西班牙國王任命馬尼拉大主教羅荷為臨時總督，他出生於墨西哥，幾乎沒有軍事經驗，結果在部署兵力及指揮作戰時犯了許多軍事錯誤。

贏家變輸家

一七六二年，法國為感謝盟友西班牙在七年戰爭中的支持，祕密約定將整個法屬路易斯安那送給西班牙。一七六三年，七年戰爭結束，英國戰勝法國及其同盟，參戰諸國簽訂《巴黎和約》，法屬路易斯安那的密西西比河以東部分被割讓給英國；西班牙實際得到的只有密西西比河以西的部分，其在和約中的名義是彌補西班牙割讓佛羅里達給英國的損失。

英國無庸置疑是七年戰爭中最大的贏家，其在海外殖民地的競逐鬥爭中徹底壓倒法國與西班牙等國，成為世界霸主，邁向日不落帝國的傳奇。但英國將這次大規模戰爭的軍費以稅務方式轉嫁在北美十三州身上，導致當地居民的不滿。七年戰爭結束後十二年引發了美國獨立戰爭（一七七五～一七八三年），北美十三州在法國的協助下，經過八年對宗主國慘烈的奮戰，終於打敗英國而獨立。一七八三年交戰各方又在巴黎簽訂《巴黎條約》，英國承認美國獨立。贏家變輸家，真是得不償失啊。

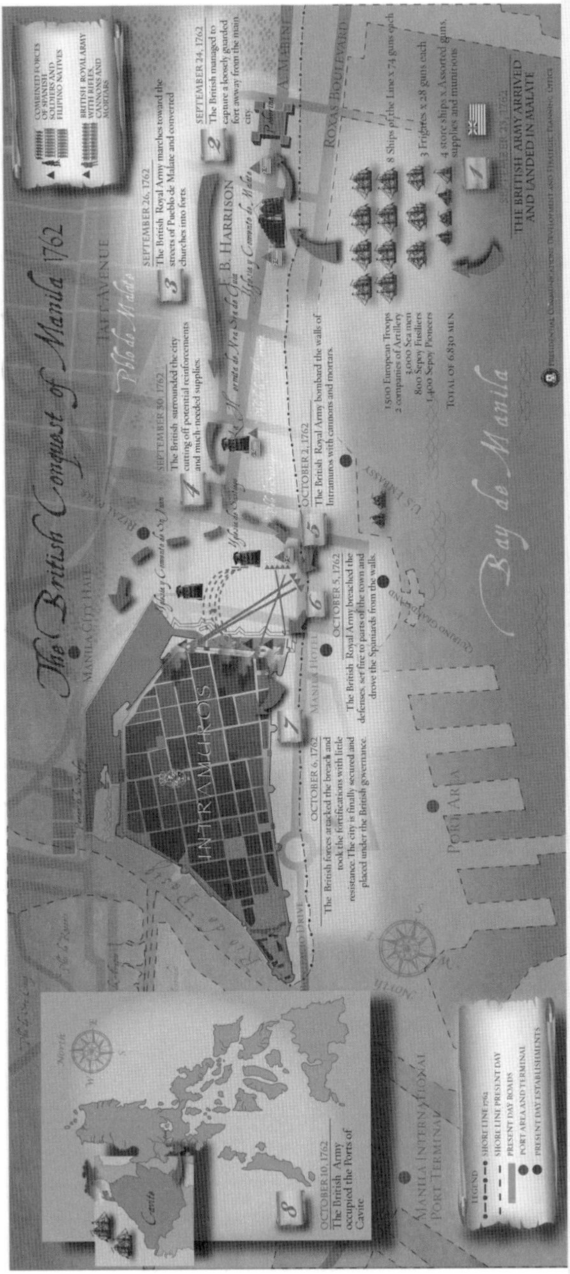

一七六二年英軍進攻馬尼拉地圖（Wikipedia）

第十二章

長達三百二十年的摩洛戰爭——人類歷史上最長的戰爭

一五七八年西班牙殖民政府開始進攻南部民答那峨及蘇祿群島的穆斯林地區，因此爆發了長達三百二十年的摩洛戰爭，被稱為人類歷史上最長的戰爭。

黎牙實比奉西班牙國王菲力二世之命，率領五艘大船及五百餘人於一五六五年抵達宿霧，開始對這個「東印度群島」實施殖民統治。當時的菲律賓群島南部地區都信仰伊斯蘭教。伊斯蘭教於十四世紀傳入蘇祿群島後，逐漸向民答那峨、維沙亞、巴拉望及呂宋島傳播與擴張，建立了許多伊斯蘭政治實體：其中實力最強的是蘇祿蘇丹，最北的則是梅尼拉（Maynila）或稱瑟魯容（Seludong）。

西班牙人稱當地穆斯林為摩洛人（Moro），他們居住的地方叫作摩洛蘭（Moroland），他們的信仰是遜尼派伊斯蘭教（Sunni Islam）。以天主教保護者自居的西班牙人大力宣揚天主教和驅逐伊斯蘭教，使伊斯蘭教徒也就是穆斯林逐漸只留在民答那峨及蘇祿（Moroland）。

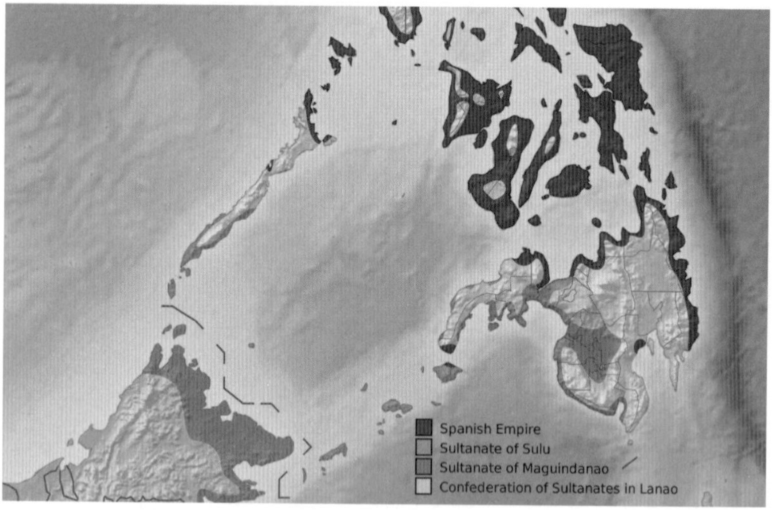

西班牙殖民政府直至十九世紀仍能完全控制摩洛蘭。本圖顯示十九世紀末西班牙帝國勢力僅及於民答那峨東部、北部海岸及三寶顏地區（深色）；其餘地區則分由蘇祿蘇丹、馬京達瑙蘇丹及拉瑙蘇丹同盟控制。（Wikipedia）

西班牙人於一五七〇年占領馬尼拉並定為新殖民地菲律賓首府之後，就開始把擴張的目標朝向南部的摩洛蘭。一五七八年殖民政府開始進攻南部民答那峨及蘇祿群島的穆斯林地區，因此爆發了長達三百二十年的摩洛戰爭或摩洛衝突，被稱為人類歷史上最長的戰爭。

西班牙最終以武力征服了民答那峨的部分地區，不過一般說來西班牙人控制的是各個島嶼的沿海地區，不願接受西班牙統治的人躲在各個島嶼的深山，過著「帝力於我何有哉！」的生活。截至一八九八年美西戰爭爆發，仍舊有摩洛人繼續反抗西班牙。

蘇祿蘇丹

蘇祿群島（Sulu Archipelago）是菲律賓自民答那峨三寶顏半島向西延伸至婆羅洲（Borneo）東岸的島群，與馬來西亞沙巴州相望。

一三九〇年，蘇門答臘島米南加保人來到蘇祿建立了菲律賓歷史上第一個國家——蘇祿蘇丹國。國境位於今菲律賓南部民答那峨穆斯林自治區西端的蘇祿群島，還有巴西蘭（Basilan）省、塔維塔維（Tawi-Tawi）省中間，巴拉望（Palawan）島、婆羅洲北部及其他環蘇祿海周圍的群島。首都位於和樂（Jolo）。

上部

蘇祿蘇丹國建立於十五世紀，與中國、馬來亞及印尼有貿易往來。明朝初年，蘇祿蘇丹巴都葛叭哈喇率團訪問中國，歸國途中病逝，安葬於中國山東德州。其長子返回蘇祿繼承蘇丹，繼續朝貢明朝（見第二章）。一四五七年，蘇祿蘇丹正式將國名更改為「環蘇祿海伊斯蘭蘇丹王國」。

一五七八年西班牙殖民政府大舉向南侵略摩洛蘭，在船堅砲利的威逼之下，蘇祿蘇丹被迫成為西班牙的保護國。

十七世紀，清朝取代明朝統治中國，此時的蘇祿蘇丹國仍奉中國為宗主國，其蘇丹冀望依靠中國抵禦西班牙人的入侵。

一七二六年（雍正四年）蘇祿蘇丹遣使者到北京向清廷朝貢；一七三一年蘇祿蘇丹親自前往中國晉見雍正皇帝，並轉往山東德州拜謁其先祖東王之墓；一七三三年蘇丹應在德州守墓的東王後裔請求，上書雍正，希望給予這些人中國國籍，獲得批准。這批蘇祿後裔在等了兩百年之後，經過明、清兩朝，終於歸化成中國子民。

一七五三年（乾隆十八年），飽受西班牙欺凌需索已久的蘇祿蘇丹國，希望依託中國尋求庇護，於是向清廷上〈請奉納版圖表文〉，自請將本國土地、丁戶納入中國版圖，有點想要狐假虎威的味道。然而此時清廷正採行閉關鎖國政策，禁止人民出海，也不歡迎外人來中，以現代眼光來看是一種典型的孤立主義。乾隆皇帝對遠在南洋的事務並無興趣，於是蘇祿希望成為「中國固有領土」的請求因此被婉言謝絕，不過雙方仍然維持「宗藩」關係。

沙巴領土糾紛

一六五八年，汶萊蘇丹將婆羅洲北部（沙巴）和東部的一部分割讓予蘇祿蘇丹，以答謝協助弭平汶萊蘇丹國的一場內戰。於是除呂宋島之外，蘇祿蘇丹勢力幾乎涵蓋整個菲律賓群島環蘇祿海的周遭範圍。這塊得自汶萊蘇丹的土地在十九世紀上半葉被加里曼丹（Kalimantan）蘇丹蠶食，只剩婆羅洲東北角，也就是沙巴一隅。

十八世紀末，英國東印度公司開始覬覦婆羅洲及蘇祿蘇丹。蘇祿同意英國東印度公司承租一個島嶼作為貿易站。在英國長期的布局、軟硬兼施之下，一八四八年汶萊蘇丹淪為英國殖民地。

一八八五年，英國與西班牙簽訂了一八八五年《馬德里議定書》（*Madrid Protocol of 1885*），承認西班牙在蘇祿群島的主權，以交換西班牙放棄對北婆羅洲的主張。一八八八年，北婆羅洲成為英國的保護國。

上部

摩洛蘭　菲律賓難以融合的土地

一八九八年美國與西班牙爆發戰爭，西班牙戰敗，被迫與美國在巴黎簽署停戰協約。根據《巴黎和約》，古巴成為美國的占領地，西班牙割讓波多黎各及關島予美國，西班牙以二千萬美元將菲律賓群島主權售予美國。西班牙從經營三百餘年的菲律賓撤離，蘇祿群島因而被劃給美國。但美國並不是就順順當當地接收菲律賓及蘇祿。

美國人開始統治菲律賓之後，經過多次戰役，仍未能占領南部的摩洛蘭。美國遂與南部的穆斯林進行政治談判，先後與摩洛蘇丹及馬京達瑙的蘇丹簽訂一項協定。按照該協定，美國人不進入菲律賓的南方，區內事務由摩洛人自治管理。

一九〇三年，也就是美國統治菲律賓之後五年，美國宣布《菲律賓土地法》。該法宣稱，菲律賓南方未被美軍占領的土地屬於非法土地。《土地法》還規定，菲律賓北方的天主教徒遷移進入南部者，政府允許其占有土地十六公頃，而南部原有穆斯林每戶土地最多也不得超過八公頃。次年（一九〇四年），美國政府推翻與穆斯林達成的條約。

一九一五年，蘇祿蘇丹與美國簽署協定放棄世俗統治權，蘇祿蘇丹王朝正式滅亡。

一九一九年，《菲律賓土地法》進一步規定，北方天主教徒可以在南部獲得免費的二十四公頃土地。

美國這種剝奪南方穆斯林權益卻厚待北方的天主教徒的治理方式，埋下民答那峨及蘇祿群島穆斯林對統治者及後來菲律賓獨立之後中央政府的不滿與怨恨。直至今日，各種紛爭甚至叛亂都未停歇。

一八八七年西班牙陸軍下的天主教菲律賓人部隊在民答那峨島與摩洛叛軍作戰情形（Wikipedia）

美國統治菲律賓後與摩洛叛軍作戰（Library of Congress）

一九一三年美軍在民答那峨與摩洛戰士激戰繪圖（US Army Center of Military History）

第十三章 西班牙殖民帝國的崩壞

西班牙的黃金時期（Siglo de Oro）始於一五二一年麥哲倫遠航宿霧，而一六四二年退出台灣標誌著其輝煌時期的結束。

遠離歐陸中心偏居伊比利半島一隅的西班牙在十五世紀崛起，成為歐洲大國。西班牙於一四九二年派出哥倫布船隊，發現美洲新大陸之後就陸續占領美洲的大部分土地，殖民地源源不絕地支援經濟使西班牙在歐洲的霸權得到進一步確立。一五六五年占領菲律賓群島為殖民地之後，西班牙成為第一個「日不落帝國」。

但是西班牙海上霸權及最大殖民國的地位持續受到英國、法國、荷蘭及伊比利半島鄰居葡萄牙等國的挑戰。由於擁有世界最多的殖民地支援，西班牙在十六世紀仍主宰歐洲海陸戰場，自命為歐洲天主之矛、天主教的保護者，在陸權、海權、教權上在歐洲都居優勢地位。西班牙的無敵艦隊於一五八八年被英國擊敗，不過這場失敗並未立即讓西班牙的地位有所撼動。

西班牙本土面積不大，在一六〇〇年時連同屬地的人口約一千四百萬，約與俄羅斯相當，但少於鄂圖曼帝國及與其長期競爭的法國。連年不斷與強敵在歐陸戰爭及在海外爭奪開拓殖民地，西班牙漸感人力不足且國庫難以支應。菲力二世於一五五六年登基時，他的父親查爾斯五世（Charles V）留給他的是一個龐大的帝國以及一個空虛的國庫與大量的債務。所幸新殖民地的支援持續送回本國，新國王菲力二世尚可勉強度過數次財政危機，但已經是捉襟見肘無力再派遣新的探險隊去海外擴展帝國的領土了。此一情形簡單地說，就是一個中等國家把國力擴展到極限了。

菲力二世即位之後不久，雄心勃勃的他還是想要對外擴展，但苦於無錢無人。一五五八年新西班牙（墨西哥）總督維拉斯哥（Luis de Velasco）寫信給菲力二世，建議再組派一個探險隊從墨西哥出發前往將會成為帝國無價資產的「西方島嶼」。菲力二世欣然同意這個不需要國庫出錢的主意。經過新西班牙幾年的準備與延誤，黎牙實比探險隊於一五六五年自墨西哥西岸出發前往太平洋對岸的「西方島嶼」。黎牙實比率隊占領宿霧，並於一五七一年占領馬尼拉，其人力與軍費其實是新西班牙自給自足的。菲律賓這個新殖民地及其後的馬尼拉大帆船貿易，無疑地對西班牙的資產是極大的挹注，果然成為西班牙帝國的無價資產。

西班牙人開始殖民統治菲律賓之後就垂涎台灣島，卻一直沒有行動，主要就是因為缺錢缺人。直到一六二六年，西班牙為了突破荷蘭人對馬尼拉的貿易封鎖，決心在台灣建立據點，攻占了北台灣的雞籠與淡水。海外駐軍是極為耗費人力與金錢的，經過十餘年的經營，馬尼拉當局難以為繼。一六四二年八月，荷蘭軍自台灣南部大舉進攻淡水與雞籠，西班牙守軍無力抵抗遂向荷軍投降，從此退出台灣，西班牙人在北台灣的統治僅十六年。西班牙的黃金時期（Siglo de Oro）始於一五二一年麥哲倫遠航宿霧，而一六四二年退出台灣標誌著其輝煌時期的結束。

西班牙淪為二流國家

在歐陸，一六一八年至一六四八年發生一場由神聖羅馬帝國的內戰演變而成的一場大規模混戰，稱之為三十年戰爭。西班牙－奧地利－哈布斯堡－天主教的霸權在宗教戰爭中被新教聯盟徹底瓦解，西班牙從歐洲最大強國的神壇上掉落，陸軍第一強國的位置交給了法國，而海軍則是被英國和荷蘭雙雙超過，西班牙此後成為歐洲二流國家，惟其殖民地面積依然是世界第一。一七五六年至一七六三年的七年戰爭期間，馬尼拉被英國占領兩年，顯示出西班牙國力衰弱，已非英國的敵手。

到了十八世紀末期因為美國成功脫離英國殖民統治而獨立，接著宣揚民主自由思想的法國大革命的衝擊，西班牙動亂不止。進入十九世紀，迅速崛起的法國拿破崙幾乎統治了全歐陸，對英國進行貿易封鎖。半島戰爭（一八〇八～一八一四年）因葡萄牙繼續與英國貿易而爆發，反對拿破崙兄長繼任西班牙王位的愛國主義者與教士也在西班牙本土引發暴亂。戰爭從一八〇八年由法國軍隊占領西班牙開始，至一八一四年反法同盟打敗拿破崙軍隊終告結束。

十八世紀末葉的民主主義思想也傳播至殖民地中產生了連鎖反應，在宗主國西班牙被拿破崙占領後，幾乎全部拉丁美洲的殖民地開始引爆拉美獨立戰爭。因為整整三百年的同化教育與經濟發展，使拉美各國早已不是昔日原住民的原始國家，而進步成為與歐洲相同的已開發國家。這場拉丁美洲殖民地對西班牙宗主國的集體叛變，導致幾乎所有美洲殖民地在一八〇八年起陸續宣布獨立。阿根廷、智利、委內瑞拉及墨西哥等西班牙殖民地紛紛發動革命獨立建國，至一八三三年，西班牙的美洲殖民地只剩下古巴和波多黎各仍在西班牙統治之下。西班牙數百年來的大部分殖民成果毀於一旦。

西班牙人如何管理殖民地

西班牙人占領美洲殖民地之後，因為幅員遼闊，所以西班牙先後設立新西班牙總督轄區（Virreinato de Nueva España）及秘魯總督轄區（Virreinato del Perú）管理，之後又在南美增設兩個總督轄區始符合實際所需。西班牙以一個不大的國家要管理如此龐大的殖民地，真只有「貪心不足蛇吞象」足以形容。

新西班牙總督轄區首府是墨西哥城，轄下包括墨西哥、中美洲（巴拿馬以外），以及現今美國西部的加利福尼亞、德克薩斯等州，範圍之大令人咋舌。後來還要加上菲律賓群島及馬里亞納群島等較晚占領的殖民地。

西班牙人開始殖民統治菲律賓之後，在當地實施類似封建制度的政策，征服者、修士和本地貴族被授予莊園，以換取他們對國王的服務和忠誠，他們被賦予特權可向他們的居民收取貢品。作為回報也有人獲得賜封，被稱為受封君，受命提供居民司法和治理軍事保護。在戰爭時期，受封君要為國王提供士兵，特別是如荷蘭、英國對殖民地的侵略。

賜封系統因被濫用，在一七〇〇年代被行政省分取代。國家層面上，西班牙國王通過他的印度議會，由總督（其實應該稱為提督）管轄。總督被賦予幾個職務：最高法院皇家馬尼拉法院首長、陸軍和海軍指揮官，以及負責殖民地的經濟規劃，並監督教會任命的權力。他的年薪是四萬披索。總督通常是一個西班牙出身的半島人[6]，以確保對王室忠誠度。

西班牙殖民時代的菲律賓人（Wikipedia）

6 半島人，是指在十六、十七世紀的西班牙原居民。在西班牙帝國中，他們地位最高，通常情況下擔任殖民地總督、行政官員、教會首長，也擁有大量地產。但在拿破崙戰爭與母國關係斷絕後，各地半島人和克里奧人也開始獨立運動。

十九世紀菲律賓都市裡典型的菲律賓人住屋（Wikipedia）

第十四章
荷西・黎薩——菲律賓民族主義之父

黎薩的壯烈犧牲使菲律賓人意識到除了脫離西班牙獨立外別無選擇，隨後爆發了菲律賓革命。

菲律律賓群島在西班牙統治前期，知識是奢侈的，一般人所聽聞的外界種種都是馬尼拉大帆船一年一或兩次從墨西哥傳來的過時資訊。原住民中只有少數富有人家等上層階級的子女才有可能上學接受教育，芸芸眾生只能上教堂聆聽傳教士的福音宣傳。一般百姓多半是文盲，對菲律賓以外的世界所知有限。

菲律賓人對十八世紀的民主思潮、美國獨立以及法國大革命可能略有所聞。十九世紀初拿破崙占領西班牙導致美洲殖民地紛紛革命爭取獨立的消息應該會逐漸傳開，因為墨西哥爆發獨立戰爭（一八一〇～一八二一年），所以馬尼拉大帆船於一八一五年停止營運，直接或間接影響到眾多靠此種貿易維生的人們。

在十九世紀中葉，西班牙在教育上加大投資。一八六三年西班牙女王伊莎貝拉二世（Isabel II de Borbón）下令建立免費的公共教育系統，這使得受過教育的菲律賓人數量大幅提高。此外，一八六九年蘇伊士運河的開通，大幅縮短了航行至西班牙的時間，也使得前往西班牙和歐洲學習並且擴寬視野的菲律賓人增加。前往西班牙與歐洲留學遊歷的菲律賓人當中，最傑出的就是有「菲律賓民族主義之父」之稱的荷西・黎薩（Jose Rizal）。

才華洋溢的荷西・黎薩

黎薩一八六一年出生於馬尼拉東南的內湖省（Laguna）華人家庭。黎薩從小就聰穎過人，才華洋溢，有「神童」之稱，年僅十四歲就獲得文學士學位，隨後進入菲律賓聖湯瑪斯大學（University of Santo Tomas），主修哲學，兼修美術。聖湯瑪斯大學成立於一六一一年，是亞洲第一所大學，也是菲律賓最高學府。黎薩後來因其母罹患眼疾而改讀醫科。

一八八二年，黎薩前往歐洲，先後在西班牙馬德里康普頓斯大學（Universidad Complutense de Madrid）、法國巴黎大學（Université de Paris）以及德國海德堡大學（Ruprecht-Karls-Universität Heidelberg）等著名學府深造。一八八五年，他取得醫學博士學位，並留校執教。在歐深造及教學期間，他與各國的菁英往來，深受歐洲各種民主思潮的烙印。

鼓吹革命

一八八七年，黎薩以西班牙文創作了《不許犯我》（*Noli Me Tángere*）一書，揭露西班牙殖民統治的種種弊端與殘酷真相。該書的續篇《起義者》（*El Filibusterismo*）也於一八九一年出版。這兩本書被認為是喚醒菲律賓人的民族自決與民主意識的最主要因素。但是他的著作引起了殖民當局的關注，最後變成了禁書，而他本人的安全也受到威脅。

一八九一年十二月至一八九二年六月，黎薩的摯友為他在香港開了一家眼科診所。黎薩的家人前去香港與他團聚，他也為母親手術恢復視力。之後，黎薩返回菲律賓並建立一個非暴力的改革社團「菲律賓同盟會」（La Liga Filipina）。

黎薩寫了兩本鼓吹民主改革的書及成立相關社團，自然引起西班牙殖民當局的關切，七月間他被逮捕並流放到民答那峨北部的達必丹（Dapitan）。他在這個小城居住四年，為當地設立小學及醫院等設施。期間，與他在香港認識的愛爾蘭裔未婚妻約瑟芬（Josephine Brackon）也來同聚。之後約瑟芬難產，孩子未能存活。

一八九六年黎薩在歐洲的朋友建議他去流行黃熱病的古巴擔任軍醫，經他向總督請求獲得同意。黎薩於是離開流放四年的達必丹，經由馬尼拉啟程前往西班牙，準備轉往古巴。十月三日船抵巴塞隆納，黎薩馬上變成階下囚，逮捕他的人正是讓他流亡四年的前菲律賓總督歐洛西奧（Eulogio Despujol y Dusay）將軍，當時擔任巴塞隆納的軍區司令。

黎薩被押回馬尼拉囚禁在聖地牙哥堡，十二月二十八日遭軍事法庭以「非法結社與煽動叛亂」的罪名將黎薩判處死刑。十二月二十九日黎薩寫下〈我最後的訣別〉（*Mi Ultimo Adios*）這首撼動菲律賓人心的詩。臨刑前，應未婚妻約瑟芬請求，黎薩與她舉行了刑場上的婚禮。十二月三十日凌晨，有「菲律賓第一人」及「菲律賓民族主義之父」之稱的黎薩被槍決，享年僅三十五歲。黎薩的壯烈犧牲使菲律賓人意識到除了脫離西班牙獨立外別無選擇，隨後爆發了菲律賓革命。

黎薩的思想與作品，激起了菲律賓民族主義的浪潮，引起極大的迴響，為菲律賓獨立革命的勝利打下了基礎。他的一生證明了：「筆比刀劍更有力量」。這位多才多藝的天才、作家、醫生、科學家和政治烈士，成為菲律賓獨立建國史上永恆的英雄人物。

菲律賓首任總統阿奎納多（Emilio Aguinaldo）於一八九九年為紀念黎薩，把十二月三十日訂為「黎薩日」國定假日。黎薩被處決地點馬尼拉灣岸邊公園，改名為黎薩公園（Rizal Park），建有紀念碑，並有衛兵站崗，該公園常作為菲律賓重要國家慶典的舉辦地點。

菲律賓於一九〇一年把馬尼拉正東方的省分命名為黎薩省（Rizal Province）。

一九三六年美國統治下的菲律賓發行黎薩紀念郵票。

菲律賓政府也多次發行不同版本的黎薩頭像硬幣、鈔票以及郵票。

二〇二〇年，菲律賓購自南韓的一艘巡防艦被命名為「荷西黎薩艦」（*BRP Jose Rizal*）。該艦三千噸，具有巡邏、防空及獨立作戰功能，是菲律賓海軍最大型軍艦，同時也是旗艦。

無疑地，黎薩是最受尊崇的菲律賓人。

菲律賓民族主義之父

荷西．黎薩在菲律賓被尊稱為「菲律賓民族主義之父」（Father of Philippine Nationalism），因其有華裔血統，所以華人喜稱其為「菲律賓國父」，並與領導中國革命的孫中山相提並論，實則菲律賓政府從未如此稱之。另，領導獨立革命的波尼法秀（Andrés Bonifacio）則被譽為「菲律賓革命之父」（Father of the Philippine Revolution），下章有詳盡的敘述。

位於馬尼拉的黎薩公園
（圖／作者）

菲律賓紀念黎薩的二披索鈔票（圖／ David Lih）

菲律發行過許多版本的黎薩硬幣（圖／ David Lih）

第十五章

菲律賓獨立革命與美西戰爭

二〇一六年孫中山誕辰一百五十週年，菲律賓發行孫中山與彭西（Mariano Ponce）兩人合影的紀念郵票，可見孫中山在菲律賓獨立革命史當中的分量。

西班牙於一五六五年占領宿霧之後，開始對菲律賓展開長達三百餘年的殖民統治，期間西班牙無法完全控制南部的摩洛蘭（蘇祿與民答那峨），而外敵如葡萄牙、荷蘭及英國等歐洲國家則不斷地騷擾、封鎖，甚至曾攻占馬尼拉。此外，菲律賓內部偶爾也發生人民抗議高額稅收或官員、傳教士虐待、貪汙等所引起的一些零星騷亂，但是無損於西班牙的掌控。

西班牙對菲律賓的殖民統治最重要的轉折點，應該就是十九世紀初拿破崙占領西班牙導致美洲殖民地的集體叛亂。在此之前，就比較不嚴謹的觀點而言，太平洋簡直就是西班牙的「內海」。美洲殖民地紛紛獨立之後，西班牙在太平洋就僅剩下菲律賓群島與馬里亞納群島，以及加羅林群島（Caroline Islands，今密克羅尼西亞）等島嶼。

菲律賓原本屬於「新西班牙總督轄區」，墨西哥獨立之後，菲律賓總督就直接聽命於遠在歐洲的西班牙直接管轄。而維持菲律賓經濟的最大命脈，長達二百五十年的馬尼拉大帆船貿易也就戛然而止。失去美洲殖民地以及馬尼拉大帆船貿易的收入，西班牙遂提高對菲律賓的壓榨以維持本國的經濟與財政。於是菲律賓人的負擔大幅加重，對殖民者也就更加怨恨。忍受各種苛稅、貪汙與虐待，當了數百年順民的菲律賓人逐漸想要有所轉變。

十九世紀初蒸汽機動力輪船問世，此後加速了世界各角落間的交流。長期受西班牙人統治與天主教催眠的菲律賓人逐漸接收了更多的知識與訊息，再加上黎薩的啟蒙鼓舞抵抗暴政，菲律賓人於是有了民族自覺，要爭取獨立。

菲律賓革命運動

一八九二年六月，黎薩成立了非暴力反殖民社團「菲律賓同盟會」（La Liga Filipina），但一個月後即被逮捕，並於同月七日被流放到民答那峨島。當天夜裡，菲律賓革命之父波尼法秀（Andrés Bonifacio）在馬尼拉祕密成立以「民族兒女最尊貴的協會」（Kagalang-galangang Katipunan ng̃ mg̃á Anak ng̃ Bayan）為名，簡稱為「卡蒂普南」（Katipunan）或「K.K.K」的革命社團。被視為菲律賓革命運動之開端。

一八九五年二月，與菲律賓同屬西班牙最後一批殖民地的古巴爆發革命，刺激了菲律賓的革命團體加速行動。

一八九五年底，卡蒂普南在民答那峨武端市（Butuan）的一個山洞裡召開會議，決定著手準備武裝起義，並提出「菲律賓萬歲」的口號。在其後幾個月裡，這個革命團體收到民眾捐款達到二十萬披索。

但是卡蒂普南武裝革命的計畫事跡敗露，所以他們不得已提前於一八九六年八月二十六日在馬尼拉北邊的卡隆坎（Calooncan）成立菲律賓臨時政府，波尼法秀自己擔任主席。卡蒂普南的起義直接導致黎薩在十二月三十日遭到西班牙當局處決。

波尼法秀隨即率領卡蒂普南革命軍與西班牙軍隊展開對抗，其策略是包圍馬尼拉，雙方發生許多次大大小小的戰鬥。然而革命軍最初僅是各行各業臨時拼湊而成的部隊，人員缺乏訓練、武器簡陋，並非訓練有素、武器精良的西班牙正規軍的對手。

在卡蒂普南的號召下，菲律賓各地紛紛揭竿而起，西班牙軍則對各地展開殘酷的軍事鎮壓。西班牙後來自本土及古巴抽調八千名部隊前往菲律賓支援。

阿奎納多崛起

甲美地省的阿奎納多（Emilio Aguinaldo）在家鄉響應獨立革命運動發動起義，伊姆斯（Imus）戰役一戰成名，接著在省內數次戰役都有斬獲，占領了甲美地全境，擁有相當的實力。

一八九六年十月，支持者日眾的阿奎納多發布文告，將建立革命政府，卻隻字不提卡蒂普南。十二月，革命大本營遷往甲美地，阿奎納多拒不接受卡蒂普南的命令。

所謂一山難容二虎，阿奎納多與波尼法秀之間發生了嚴重矛盾，導致卡蒂普南革命陣營分裂，不同派系各立山頭。一八九七年三月二十二日，革命勢力在甲美地的羅沙利歐（Rosario）舉行大會，阿奎納多擔任主席並部署眾多支持者。會中，阿奎納多及從眾決議解散卡蒂普南，成立共和國臨時革命政府，阿奎納多則當選為總統。然而波尼法秀拒不承認大會的決定，也不承認革命政府，宣稱要帶領卡蒂普南繼續革命。會後阿奎納多派一支部隊攻擊波尼法秀營地，擊斃多名士兵並逮捕波尼法秀。五月十日，波尼法秀及其弟被以「叛國」之罪名處決。

在一系列權力鬥爭後獲勝的阿奎納多取得革命軍的控制權。次（二十三）日，阿奎納多宣誓成為菲律賓大元帥（Generalissimo of the Philippine Islands）。然而派系間的鬥爭及波尼法秀之死令許多革命軍的士氣低落，並導致他們退出革命行列。

革命軍與殖民軍的對峙情勢至一八九七年下半年有了變化，雙方逐漸有停戰的意願。西班牙駐菲總督皮里莫（Fernando Primo de Rivera）開始勸告革命軍以和平方式解決戰爭狀態。經過多次折衝協調，最後於十二月十四日，菲律賓革命領袖阿奎納多與西班牙駐菲總督皮里莫在革命軍大本營所在見面。兩人簽署了《邊納巴多條約》（the Pact of Biak-na-Bato），主要內容為雙方同意暫時停止敵對狀態，革命黨人繳交武器獲得赦免及賠款，阿奎納多及主要幹部前往香港流亡等條款。

革命黨流亡香港

革命尚未成功的阿奎納多及二十五名主要幹部分批搭船前往香港，在香港期間阿奎納多重組他的革命政府，稱為「香港執政團」（Hong Kong Junta），後來擴大為「國家最高會議」（Supreme Council of the Nation）。

菲律賓革命黨人流亡香港期間夾雜著一個奇怪的人物，就是菲律賓總督的姪子米蓋皮里莫（Miguel Primo de Rivera），他也是總督的中校侍衛長。何以如此？因為《邊納巴多條約》規定西班牙殖民當局要賠款予革命黨，賠款分三期支付，這位中校侍衛長就只好隨同阿奎納多前往香港流亡當作人質，以確保款項如期支付。這可能是這位中校軍旅生涯中最窩囊的一次任務。

這群流亡的革命黨人在香港一方面繼續設法向菲律賓國內鼓吹革命獨立，同時也多方設法聯繫其他國家或團體以尋求支援。菲律賓革命黨的全權外交代表彭西（Mariano Ponce）於一八九九年初前往日本尋求援助，也在橫濱與當時中國革命黨領袖孫中山有所接觸，商量兩國革命大計。兩國的革命政權也因此有了緊密的革命情誼。之後孫中山曾安排兩批軍火運送至菲律賓協助革命，第一批軍火因船隻沉沒未能成功運達，而第二批軍火運抵前共和政府已經失敗。

二〇一六年孫中山誕辰一百五十週年，菲律賓發行孫中山與彭西兩人合影的紀念郵票，可見孫中山在菲律賓獨立革命史當中的分量。

美西戰爭爆發

一八九五年，西班牙僅剩的兩個主要殖民地古巴與菲律賓先後爆發獨立革命，開始反抗西班牙統治。在古巴，西班牙進行殘酷的軍事鎮壓，又株連不少民眾，而且波及美國僑民。消息傳來，美國人極為憤慨，又加上美國覬覦加勒比海已久，情勢緊張。

美國政府派軍艦緬因號至古巴保護僑民，卻於一八九八年二月十五日在哈瓦那近海爆炸沉沒，造成二百餘人死亡。此一事件引起美國朝野憤怒，要求進行調查。四月美國提出要求西班牙在古巴停火與取消集中營等條件。西班牙為了避免對美作戰，於四月九日宣布休戰。但美國會決議：「承認古巴獨立，要求西班牙軍隊撤出古巴。同時授予總統使用武力的權力。」四月二十二日，美國海軍封鎖古巴港口，美軍艦擄獲一艘西班牙商船。四月二十四日，西班牙向美國宣戰，美國於次日宣戰。

美國與西班牙之間的戰爭在古巴、波多黎各及菲律賓同時進行。雙方開戰後，駐泊在香港的美海軍亞洲支隊立即開赴菲律賓，五月一日在馬尼拉灣海戰中獲得重大勝利，馬尼拉港被封鎖，西班

上部

牙失去在太平洋的制海權。

美西戰爭爆發後，沉寂一時的菲律賓革命黨人又活躍起來。經由美國的協助，阿奎納多及其同志們搭乘美國軍艦離開香港，於五月十九日回到菲律賓，他立即接手革命軍的指揮權並包圍馬尼拉。六月十二日，阿奎納多在故鄉甲美地發表《菲律賓獨立宣言》，宣布菲律賓獨立。八月初，美軍在菲律賓革命黨人的配合下占領馬尼拉。

因為在古巴和菲律賓軍事失利，西班牙要求與美國開始談判。雙方於八月十二日簽訂停火協議後展開談判。

西班牙與美國停戰並進行談判後，九月十五日，革命者以為戰爭就要結束，革命即將成功，歡欣鼓舞地在馬洛洛斯（Malolos，位於馬尼拉北方的布拉坎省）召開大會，公布了《共和國憲法》，史稱《馬洛洛斯憲法》。該憲法標誌著菲律賓第一共和國的建立，阿奎納多任總統。憲法規定菲律賓共和國的立法權屬於由一院制選舉產生的國民議會，行政權屬於議會選出的總統，司法權屬於首都的高級法院以及依法建立的各級地方法院。憲法宣布保護私有財產，規定政教分離，國民享有基本人權。

美國與西班牙經過四個月的冗長談判，雙方於一八九八年十二月十日在法國巴黎簽訂正式和約。美西《巴黎和約》主要內容為：西班牙放棄對古巴的主權，但是沒有指定「接受國」；西班牙割讓關島和波多黎各給予美國；西班牙以二千萬美元將菲律賓群島主權售予美國。

消息傳至菲律賓舉國譁然，因為好不容易才要脫離西班牙的殖民統治，卻又要落入美國手中，等於只是換了個主子。反抗西班牙殖民的革命奮鬥立即轉變成抵抗美國侵略的戰爭。

上部

菲律賓革命軍戰士（US Army）

菲律賓流亡香港的執政團合照。中坐者為阿奎納多，其右著淺色西服者為人質米蓋皮里莫。（Wikipedia）

一八九八年美西戰爭馬尼拉灣海戰圖（Manila American Cemetery）

二〇一六年是孫中山一百五十週年誕辰，在十一月十二日孫中山誕辰當天，菲律賓發行的一套孫中山與彭西（Mariano Ponce）合影的郵票。（PHLPOST）

中部

第十六章

殘酷的美菲戰爭

反抗西班牙殖民的革命奮鬥一夕之間轉變成抵抗美國侵略的戰爭。這種三角關係的變化頗為荒謬，菲律賓爭取獨立的過程相當坎坷。

脫離英國殖民統治而獨立的美利堅合眾國於十九世紀逐漸向西部發展，除了人民的自主西進，政府也積極向密西西比河以西擴張，用購買和戰爭手段兼併了法國、西班牙、英國的殖民地以及墨西哥的大片國土。一八五〇年加利福尼亞正式成為聯邦的第三十一州，美國對太平洋及亞洲的興趣與接觸大增。

一八五三年美國海軍准將培里（Matthew Calbraith Perry）率艦隊駛入日本江戶灣，培里帶著美國總統的國書向江戶幕府致意遭到拒絕，經美國艦隊砲轟示威，最後雙方於次年簽定不平等條約《神奈川條約》，日本被迫開放門戶通商。

南北戰爭結束後，美國於一八六七年以七百二十萬美元的代價向俄羅斯帝國購得冰天雪地杳無人煙的阿拉斯加，成為世界歷史上最划算的一筆土地買賣。

一八七一年美國為商船「舍門將軍號」遭朝鮮燒毀事件派艦隊攻擊朝鮮江華島，擊斃島上七百餘名守軍，但未能進入漢城。軍事成功、外交失敗。[7]

距離加州三千七百公里的夏威夷群島由一三七個島嶼組成，十九世紀時是一個獨立王國，但是英國與法國相互爭奪此一具有重要戰略地位且豐饒的太平洋島嶼。一八九三年起經由美國的多方巧妙安排，夏威夷於一八九八年被美國惡意併入，後來於一九五九年正式成為美國第五十州。

一八九八年美國與西班牙戰爭，依據當年十二月的《巴黎和約》，西班牙以二千萬美元的代價將菲律賓群島割讓予美國；美國另從西班牙手中取得關島。

十九世紀末葉，德國、英國與美國為爭奪薩摩亞群島發生了嚴重的國際對抗。最後，根據一八九九年在華盛頓簽署的三方條約（Tripartite Convention）規定，德國和美國分食薩摩亞群島，英國退出薩摩亞，但取得德國在東加及北索羅門群島的權益。美國勢力因此進入南太平洋。

至此，美國在半世紀之內迅速崛起，成為環太平洋最具實力的國家，甚至也可以說太平洋成為美國的內海，這對後來的國際局勢發展有極重大影響。

美國從盟友變臉為統治者

一八九八年四月美西戰爭爆發後，美軍在海戰與陸戰皆大有斬獲。美軍於八月占領馬尼拉並成立軍事政府，美國總統授權軍事總督掌握行政、立法、司法大權，美菲雙方關係開始有了變化。共和軍由於被美軍拒絕在獲得勝利後進入自己的首都而被激怒，雙方關係持續惡化。然而，對於菲律賓人來說，美國人將占領他們國家的意圖已經變得清晰了起來。

7 請參閱作者二〇二三年所著《朝鮮半島事件簿》，時報出版。

中部

美西戰爭爆發後，菲律賓第一共和國與美國原本是盟友關係，共和軍協助美軍進攻馬尼拉。但是美軍和共和軍之間的關係相當微妙，因為美軍在攻擊前夕將共和軍驅逐出馬尼拉周圍的戰略位置。美國人坦率地告訴阿奎納多他的軍隊不能參與戰鬥，而且如果他們進入城裡會被攻擊。

簽訂《巴黎和約》後的西班牙與美國成為夥伴關係，共同壓制驅逐菲律賓叛亂分子，以順利完成這樁「買賣」。於是反抗西班牙殖民的革命奮鬥一夕之間轉變成抵抗美國侵略的戰爭。這種三角關係的變化頗為荒謬，菲律賓爭取獨立的過程相當坎坷。

美菲戰爭爆發

準備多時的美國當時已占領馬尼拉，與菲律賓共和軍開始發生了一些衝突。新共和國總統阿奎納多宣布「菲律賓與美國的友好關係已經破裂，美國將成為戰爭法規定範圍內的敵人」。

一八九九年二月四日，在馬尼拉市郊聖胡安（San Juan），兩名美國士兵殺害三名菲律賓士兵之後，雙方在馬尼拉爆發衝突，情勢愈演愈烈，在多處開始武裝戰鬥。當時共和軍有一萬五千名兵力參戰；駐守馬尼拉的美國第八軍團在城內有八千名，外圍有一萬一千名。經過兩天的戰役，共和軍二三八名戰死，三〇六名遭俘；美軍有五十五名陣亡，兩百名受傷。這場馬尼拉戰役成為美菲戰爭中的最嚴重戰役。其後也陸續發生多起小衝突。

一八九九年三月三十一日，美軍攻陷馬洛洛斯——菲律賓第一共和國最初的首都，但共和軍撤退前已將馬洛洛斯城燒成廢墟。阿奎納多和共和國政府的核心成員搬到了新艾詩夏（Nueva Ecija）省的聖伊西德羅（San Isidro），繼續抵抗美國的入侵。

一八九九年六月二日，菲律賓第一共和國正式對美宣戰。美國曾試圖與共和政府進行談判。談判破裂後，美軍立即進占了聖伊西德羅，菲律賓共和國政府又被迫把首都輾轉搬遷，最後到了塔拉克（Tarlac）。而菲律賓共和國內的主戰派成員皆被解職，由多名主和派官員替代。十一月十三日，美軍占領塔拉克，此時阿奎納多等人已經出逃。當日，阿奎納多決定重組部隊進行游擊戰，但阿奎納多逐漸失去軍隊掌控權，無法再發動大規模的軍事行動。他意識到他逃脫的道路已被美軍封鎖，十一月十五日，阿奎納多等人擺脫了美軍的追兵，轉而潛入北呂宋的山區，繼續領導共和軍抵抗美國。

一九〇一年三月下旬，阿奎納多在呂宋東部伊莎貝拉省的巴拉南（Palanan）被美軍俘獲。四月一日，他在馬尼拉的馬拉坎南宮（Malacañang Palace）宣布效忠美國政府，廢除第一共和國，並承認了美國對菲律賓的主權。但是共和軍殘餘部隊仍繼續對抗美國。

美菲戰爭雙方策略

菲律賓共和軍在人員及武器方面質量皆不如美國，於是共和軍在戰略上把利用菲律賓的熱帶叢林進行游擊戰視為苟延殘喘的最後法寶。這使得菲律賓群島上的所有美軍占領區的統治在接下來幾年中變得更加艱難。事實上，僅僅在游擊戰發動的前四個月中，美軍已接近五百名傷亡。菲方展開血腥的偷襲突擊，在各地的游擊戰役接二連三獲得勝利。起初甚至看起來菲律賓人有可能擊敗美軍迫使他們撤退。

美國在菲律賓的軍事行動從常規的對抗西班牙改為對起義的鎮壓。為因應共和軍的游擊戰略，美方於是有了「整體戰」的戰略以扭轉不利的情勢。平民經過身分認證後被強迫在官方規定日期前進入集中營，從此之後，所有沒有身分證明且在集中營之外被看見的人將被立即射殺。數以千計的平民由於不良的環境而死於集中營內。

共和軍繼續抵抗

阿奎納多的被俘與投降，對共和軍而言當然是極重大的打擊，馬爾瓦（Miguel Malvar）將軍隨即接手，領導共和軍繼續對美作戰。起初馬爾瓦採取防禦立場對抗美軍，但是之後在八打雁（Batangas）地區對美軍占領城鎮發動了全面攻勢。薩馬爾島的路克班（Vincente Lukban）將軍，以及其他共和軍將領也在各自地區繼續戰鬥。

菲、美雙方的憤怒與仇恨日益加劇，雙方所使用的激烈手段也如螺旋般升高。美軍的傷亡數字日漸攀高，於是在鄉村採取「焦土策略」，不讓共和軍獲得食物、武器及醫療等支援。村民受到各種殘酷的折磨之後被押送進「保護區」或集中營。美軍對菲律賓人民的殘酷對待甚至遠遠超過之前的西班牙人。

一九〇一年九月，美軍在薩馬爾

一九〇二年五月五日《紐約新聞報》以「殺掉每一個十歲以上的人」（KILL EVERY ONE OVER TEN）為題的漫畫

（Samar）島巴朗基加（Balangiga）的營地遭到共和軍與當地村民攻擊，暴怒的指揮官史密斯（Jacob H. Smith）將軍因此下令對當地居民格殺勿論以作為報復。他的命令——「殺掉每一個十歲以上的人」——成為了一九〇二年五月五日《紐約新聞報》的漫畫標題。星條旗展開在美國國徽上，而禿鷹替代了白頭鷹。文字標題是「殺掉每一個超過十歲者」，副標題則寫道：「他們是罪犯，因為比我們占領菲律賓早十年出生」。史密斯最終被美國軍方送上軍事法庭而勒令退休。

美國人的反省

美軍在菲律賓群島諸多殘忍不人道的行為經過美國媒體的報導，舉國譁然，一些有良知者如知名作家馬克．吐溫、鋼鐵大王卡內基等紛紛嚴加譴責，強烈反對吞併菲律賓。這些反帝國主義者宣稱，美國已經取代西班牙成為在菲律賓的殖民勢力。隨著鎮壓菲律賓人民的暴行廣為人知，美國人也開始不再支持戰爭了。

馬克．吐溫稱美國軍隊為「穿著制服的殺手」，他表示：「這是菲律賓的情況。我已經盡力了，然而我一生都無法理解我們為何陷入那個麻煩之中。也許我們不能迴避，但是我不能理解，也從未能找到我們與他們敵對的根源。我認為我們應該充當他們的保護人，而不是把他們踩在腳下。

我們本打算將他們從西班牙暴政中解救出來，使其建立自己的政府，我們本打算支持他們使其獲得公平審判。那不是一個我們按照我們的意志行動的政府，而是一個代表大多數菲律賓人民的政府，一個遵從菲律賓人民意志的政府。對於美國來說那原本是個有價值的使命。可是現在，為什麼，我們陷入了麻煩，陷入了每走一步都將更難以抽身而出的沼澤。我確信自己希望的是看到我們正在擺脫它，作為國家民族層面，這對我們很重要。」

馬克．吐溫等人對美國政府的批評及對美軍在菲律賓陷入困境的描述，引起美國民眾的迴響，甚至也影響了美國政府對這塊新屬地未來命運的安排。

一九〇二年七月一日，美國通過「菲律賓組織法案」，規定立法機構將由選舉出的下議院（菲律賓國會）以及上議院組成建立。這個法案對菲律賓釋出善意，也為美國人權法案的延伸提供了基礎。

七月二日，由於抵抗美國的共和軍勢力的終結以及地方政府的建立，美國結束在馬尼拉的軍事統治機構。七月四日，西奧多．羅斯福（Theodore Roosevelt Jr.）總統對曾在菲律賓群島上參與衝突的所有人宣布赦免罪責。

中部

共和軍主力投降

經過與美軍三年餘的慘烈交戰，共和軍難以為繼。一九〇一年四月十三日，馬爾瓦和他的手下、官員以及家人一起向美軍投降，過十餘日，約三千名他的部下也跟著投降。共和軍戰力因此更進一步地被削弱，只剩下一些殘餘部隊在負隅頑抗。

美國與共和軍的戰爭雖然在一九〇二年七月四日正式結束，但美國並非就此順利地統治菲律賓群島。

菲律賓最老牌的獨立運動組織卡蒂普南的成員繼續在偏遠地區與美軍戰鬥。西班牙殖民期間交戰三百餘年的摩洛蘭穆斯林也未向美國降伏。此外，還有信徒穿著紅衣的宗教團體「普拉漢」（Pulahan）在中部地區也拒不接受美國統治。

美國與這些團體間的戰鬥，直到一九一三年六月間才全部結束。

雙方死傷慘重

美國與菲律賓之間的戰爭極其慘烈，在兩國關係及人民間留下無法療癒的傷痕。

菲律賓的死亡人數估計至少三萬四千名菲律賓軍人被殺，另外有將近二十萬平民死亡，大部分肇因於霍亂等熱帶疫情。也有菲律賓歷史學家主張有一百四十萬菲律賓人在戰爭中死亡，構成了美國方面的種族滅絕行為。

美國方面則有四一六五人死亡（約七成是病死），約三千人受傷，另有二千名菲律賓保安隊人員傷亡。這是美國立國以來在海外戰爭中傷亡最大的一場戰爭。由於戰事多半是在叢林中進行且傷亡慘重，有美國學者稱「這是美國經歷過的第一場越戰式的戰爭」。

三口鐘的故事

前述一九〇一年美軍在薩馬爾島巴朗基加進行屠殺時，也搶奪了當地聖羅倫佐（San Lorenzo de Matir）教堂的三口鐘，因為叛軍是以教堂鐘響作為攻擊信號。後來這三口鐘就被當作戰利品，隨著部隊調動被帶到美國甚至南韓。菲方在一九五〇年代就開始向美方要求送回菲律賓，但是經過數十年都沒有結果。經過多次協調談判，美方終於在二〇一八年同意把掠奪一一七年的三口鐘送回菲方。載運這曾見證悲慘歷史的三口鐘的運輸機抵達馬尼拉維拉摩爾（Villamor）空軍機場時，在場及觀看電視轉播的菲律賓人全都欣喜若狂，有些則嚎啕大哭。

中部

一八九九年四月的布拉坎省金瓜（Quingua）戰役繪圖（Kurz and Allison）

一隊菲律賓共和軍士兵放下武器投降（Wikipedia）

阿奎納多在甲美地故居（圖／作者）

歷經一一七年終於回到原來教堂的三口鐘（LMP 2001）

第十七章

美國治理菲律賓並協助走上獨立之路

荒謬的是，備受尊崇的湯瑪斯教師與惡名昭彰的薩馬爾屠殺幾乎是在一九〇一年同時發生，兩者形成強烈的對比。

菲律賓從帝國主義的殖民地變成民主國家的屬地，必然會有一些重大的變化。

一八九八年四月美西戰爭爆發後，美軍於八月占領馬尼拉並成立軍事政府，美國總統授權軍事總督掌握行政、立法、司法大權，也就是美國統治菲律賓的開端。

一九〇一年菲律賓第一共和國總統阿奎納多遭俘後在馬尼拉宣布效忠美國政府，並承認了美國對菲律賓的主權。對美國而言菲律賓情勢大致底定，於是就要開始「教化」這個新屬地，馬尼拉軍事政府因此開始招募大批美國教師前來執行這個任務。一九〇一年八月馬尼拉軍事政府招募的五百餘名美國男女教師抵達馬尼拉，被分派到偏遠地區教學，成為美國對菲律賓的主要貢獻之一。

菲律賓共和軍領導人阿奎納多與馬爾瓦先後投降之後，一九〇二年七月一日，美國通過「菲律賓組織法案」，規定立法機構將由選舉出的下議院（菲律賓國會）以及上議院組成建立。這個法案對菲律賓釋出善意，也為美國人權法案的延伸提供了基礎。

《菲律賓組織法》等同是美屬菲律賓的憲法。該法規定了由美國總統任命的總督和由選舉產生的下議院。《菲律賓組織法》還取消了天主教作為菲律賓國教的地位，也就是新菲律賓將是政教分離。美國政府為解決菲律賓神職人員的地位問題，與梵諦岡進行了談判。天主教會同意出售教會的莊園，並承諾逐步用菲律賓人和其他非西班牙籍神父代替修士們。

一九〇七年，由選舉產生的菲律賓議會作為兩院制立法機構的下議院召開，美菲戰爭時期成立的「菲律賓委員會」為上議院。菲律賓議會和後來的菲律賓立法機關每年都通過決議，表達菲律賓人對獨立的渴望。

一九一六年八月，美國國會通過瓊斯法案（Jones Act; the Philippine Autonomy Act），成為菲律賓的新組織法。瓊斯法案序言指出，菲律賓的最終獨立將是美國的政策，取決於建立一個穩定的政府。該法保留了由美國總統任命的菲律賓總督，但建立了兩院制的菲律賓立法機構，以取代民選的菲律賓議會（下議院）；它用選舉產生的參議院取代了官派的菲律賓委員會（上議院）。瓊斯法案建立了第一個完全民選的菲律賓立法機構，就等同於美國的眾議院與參議院的制度。

一九一六年十月三日菲律賓舉行選舉，建立了菲律賓參議院。一九一九年二月菲律賓獨立代表團赴美國首都華盛頓遊說請願，又前往美國國會表明菲律賓已經做好獨立準備。一九二〇年美國總統威爾遜（Woodrow Wilson）在美國國會進行告別演說，呼籲國會通過菲律賓獨立法案但未獲得美國國會同意。

一九三四年三月菲律賓參議院議長奎松（Manuel Luis Quezon）率團赴美國國會進行遊說。美國國會通過泰丁斯–麥克杜菲法案（Tydings-McDuffie Act），規範菲律賓獨立需要進行的程序。三月二十四日美國總統富蘭克林・羅斯福（Franklin Delano Roosevelt）簽署該法案成為正式法律。

接著，一九三四年五月菲律賓參議院通過泰丁斯–麥克杜菲法案，並於同年七月菲律賓選舉出

中部

制憲會議代表。七月三十日菲律賓制憲會議起草菲律賓憲法。次（一九三五）年二月，菲律賓制憲會議通過憲法草案。

一九三五年三月，美國總統羅斯福簽署菲律賓憲法草案。該年五月菲律賓舉行公民投票通過憲法草案。一九三五年九月菲律賓舉行正副總統大選，奎松當選菲律賓自治領（Commonwealth of the Philippines）首任總統。十一月十五日菲律賓自治領正式建立，但只是被規劃為邁向完全獨立前的過渡政府，美國總督還在繼續監管他們。至此，可以說菲律賓離完全獨立只差臨門一腳，菲律賓人對此有殷切的期待。

湯瑪斯教師（Thomasite）

美國於一九〇一年決定開始「教化」菲律賓群島這個新屬地，馬尼拉軍事政府於是招募美國教師前來執行這個任務。負責教育的官員巴羅斯（David Barrows）在美國各地徵求教師，結果報名相當熱烈，有約六百名男女教師來自美國各地，而且有不同的教育背景，願意前往剛成為美國殖民地的菲律賓群島教書。其中有一些只是要找份工作，也有不少是充滿教育熱忱者，包括幾位大學教授願意放棄原有的工作加入這個有點冒險的行列。有些甚至是夫妻檔，還帶著兒女同行。

一九〇一年七月下旬，這些美國教師（三六五名男性和一六五名女性）及三十名孩童從加州舊金山搭乘美國運輸船「湯瑪斯號」（USAT Thomas）出發，途經夏威夷短暫停留，越過太平洋之後於八月二十一日抵達馬尼拉。由於他們是搭乘湯瑪斯號，所以被稱為湯瑪斯教師。

湯瑪斯教師大部分被分派到呂宋南部美骨（Bicol）地區各省執教。在頭二十個月，這些分散在不同省分的教師中有二十七位死於熱帶疾病或為叛軍殺害。這些在異國去世的教師後來被埋葬在馬尼拉北方公墓裡的「美國教師紀念墓園」。

儘管艱辛且危險，這些湯瑪斯教師堅持教學和建設學習機構，讓菲律賓學生學習現代知識，以及為自己選擇的專業或行業作準備。有些留在馬尼拉的教師不久就建立菲律賓師範學院（現在的菲律賓師範大學）和菲律賓的藝術及貿易學院（PSAT），也重啟了菲律賓航海學校。到一九〇四年年底，菲律賓各地小學課程大多是在美國人的管理下，由當地人執教。後來有更多的美國教師陸續加入湯瑪斯教師的行列。二、三十年後，這些湯瑪斯教師因年紀或健康關係回到美國，也有少數留在菲律賓終老，但是他們都受到菲律賓人民的喜愛與尊敬。

美國從西班牙手中接下菲律賓群島後著手改革教育體制，讓英語文成為官方語文，在全球化的今天，通曉英語文使菲律賓人受益匪淺。

荒謬的是，備受尊崇的湯瑪斯教師與惡名昭彰的薩馬爾屠殺幾乎是在一九〇一年同時發生，兩

中部

者形成強烈的對比。

菲律賓是美國歷史最悠久的亞洲夥伴之一，也是戰略上重要的非北約盟友。美國一直被菲律賓列為最受歡迎的國家之一，歷年的調查都有八、九成的菲律賓人對美國有好感。對此，湯瑪斯教師功不可沒。

在湯瑪斯號運輸船上的湯瑪斯教師（Jennifer Hallock）

位在馬尼拉北方公墓內的「美國教師墓園」（By Sharlyne Ang and Karla Redor）

第十八章 麥克阿瑟與菲律賓

麥克阿瑟一生歷盡美國軍中要職、戰功彪炳，卻又是充滿爭議的人物。他數十年的軍旅生涯有五度在菲律賓任職，可以說是與菲律賓有不解之緣。

提到美國與菲律賓的關係以及太平洋戰爭，一定要提到道格拉斯．麥克阿瑟（Douglas MacArthur）。麥克阿瑟一生歷盡美國軍中要職、戰功彪炳，卻又是充滿爭議的人物。他數十年的軍旅生涯有五度在菲律賓任職，可以說是與菲律賓有不解之緣。

麥克阿瑟的父親亞瑟．麥克阿瑟（Arthur MacArthur Jr.）是一個歷經南北戰爭、印地安戰爭、美西戰爭及美菲戰爭的軍人，曾獲得多項勳章，並於一九〇〇年至一九〇一年擔任美國駐菲律賓軍事政府的第三任總督。

道格拉斯．麥克阿瑟一八八〇年一月出生在阿肯薩斯州小岩城（Little Rock）其父駐紮的軍營裡，似乎註定他一生脫離不了軍隊的命運。他隨父親的遷調而在華府及德州度過童年，之後以第一名之優異成績考上西點軍校。一九〇三年六月，麥克阿瑟以全班第一名從西點軍校畢業，被分發至工兵單位任少尉。

一九〇三年十一月，麥克阿瑟於菲律賓一處島嶼作業時遭遇兩名菲律賓游擊隊伏擊，他拔槍射殺對方，這也是他第一次親手殺人。一九〇四年四月，麥克阿瑟晉升中尉，並被任命為馬尼拉工程總指揮助理。十月，他在巴丹半島感染嚴重的瘧疾，因此被調回國治療。這是他第一次到菲律賓的經過。

一九〇五年十月，麥克阿瑟被任命擔任他父親的副官，轉分發到東京。這段時期裡，麥克阿瑟跟隨父親考察亞洲其他國家的軍事情況，先是日本各地，之後經過上海、香港、爪哇、新加坡，於一九〇六年一月抵達印度，走訪各重要城市及軍事基地，後由曼谷和西貢返回中國，參觀廣州、青島、北京、漢口和上海，七月時回到美國。九月，麥克阿瑟接獲命令，調派到華盛頓兵營，並被選派到工兵學校進修一年，同時還兼任老羅斯福總統的低階副官。

一九一一年二月，麥克阿瑟晉升上尉。其父則於一九一二年九月一次老兵集會的演說中猝然死亡。麥克阿瑟申請調職，在父親友人幫忙下被調至華盛頓特區的陸軍部，以就近照顧住在醫院的母親。由於在工作方面受到肯定，次年麥克阿瑟被任命為陸軍參謀部正式成員。

一九一四年四月由於墨西哥爆發革命，美國總統威爾遜命令軍隊介入，要求占領墨西哥東部大城市維拉克魯茲（Veracruz）。麥克阿瑟得以憑藉參謀部成員的身分被派往維拉克魯斯，負責向參謀長提出報告。他在一項任務中表現出色，獲得陸軍參謀長伍德讚賞，幫他申請美國軍人最高級榮譽動章。但獲審查委員會否決，理由是麥克阿瑟擅自行動，未獲任務指揮官同意。

參與一次大戰

麥克阿瑟於一九一五年十二月十一日晉升少校。美國於一九一七年四月六日加入已進行三年的

中部

第一次世界大戰。美軍成立了第四十二師，且在麥克阿瑟的建議下將該師命名為「彩虹師」，麥克阿瑟也以上校臨時軍階出任該師參謀長。

一九一八年初，「彩虹師」抵達法國。然而麥克阿瑟的一些主張得罪了遠征軍司令潘興（John Joseph Pershing）上將。潘興原本曾是麥克阿瑟父親的部下，對其印象還算好，但此事使其認為麥克阿瑟自大而目中無人，由此結怨。

麥克阿瑟在戰鬥中從來不戴防毒面具，因此曾被毒氣所傷險些失明。麥克阿瑟在法國的多次戰役中以師參謀長身分經常身先士卒出現在前線，因此數度獲得勳章。但是他在戰場上衣著奇特，被記者稱為「遠征軍中的花花公子」，他甚至有一次被友軍的巡邏隊誤認為德國將軍而遭俘虜。

十一月十日，麥克阿瑟接任「彩虹師」師長。次日，德國簽署停戰協定，一戰結束。麥克阿瑟在本次戰爭中迅速崛起，是大戰中授勳最多的軍官之一，也是最年輕的將軍之一。

西點軍校校長

一九一九年四月，麥克阿瑟返回美國紐約，六月，年僅三十九歲的麥克阿瑟出任西點軍校校長。西點軍校在一戰期間因為軍方需人孔急，所以此時的西點軍校已成了短期訓練所，美國僅參戰兩年就有五屆學員畢業，教學品質下降、學員素質低劣、秩序混亂。麥克阿瑟抵任後就大刀闊斧進行改革，他也前往華盛頓，透過說服國會領導人將西點軍校課程從三年制恢復為四年制。

麥克阿瑟在任期間也試圖消除高年級學員欺凌學弟的行為，成立反霸凌委員會、實施新準則禁止常見的侮辱行動。他還下令以軍官取代高年級學員負責入伍新生的訓練課程。

麥克阿瑟也非常重視體育活動，認為體育運動對現代軍官的培育和今後的發展有極為重要的作用，因而要求每個學員每學年要用六週時間進行各種球類和田徑訓練，他還大力推廣學院間的體育競賽，以增強學員們的競爭精神與凝聚力、振奮校內的士氣。

一九二一年八月，也從歐洲回來的遠征軍司令潘興成為新任陸軍參謀長，而三個月後即通知麥克阿瑟準備將其調離西點軍校校長職務（一般任期為四年），潘興此舉除了受麥克阿瑟「目中無人」的印象影響外，也對其在西點軍校的改制表示不滿。另有傳聞說，當時麥克阿瑟與潘興皆鍾情於被譽為「華盛頓最漂亮、最具吸引力的女性」的社交名流露易絲．布魯克斯（Louise Cromwell Brooks），潘興曾威脅露易絲若與麥克阿瑟結婚，將會把麥克阿瑟流放至菲律賓。之後麥克阿瑟與露易絲兩人果於一九二二年二月在佛羅里達的海邊別墅結婚。同年六月，麥克阿瑟離開了工作三年的西點軍校，十月，麥克阿瑟再度回到菲律賓，就任新設置的馬尼拉軍區司令，同行的還有妻子露易絲和她與前夫生的兩個孩子。

中部

一九二三年六月，麥克阿瑟被任命為新建的菲律賓師第二十三步兵旅旅長，自此項任命後，麥克阿瑟開始著重關注菲律賓的防禦問題。一九二四年七月，菲律賓偵查團士兵因不滿薪資待遇而譁變，超過二百人被捕，麥克阿瑟平息了局勢，但後續改善其待遇的要求因為財政緊縮和種族偏見而未果。

一九二五年，麥克阿瑟以四十四歲之齡晉升為少將，為陸軍中最年輕者，同時麥克阿瑟也受命回國接任國內軍區司令及後來軍事法庭的新職務。

一九二七年八月，由於美國奧會主席突然死亡，委員會推選麥克阿瑟為新任奧運委員會主席，主要任務是為一九二八年參加荷蘭阿姆斯特丹的夏季奧運會作準備。麥克阿瑟非常重視這項任務，他組織運動員訓練，並經常與教練交談、觀看訓練、激勵運動員，稱奧運比賽是「沒有武器的戰爭」。最終美國代表隊取得其有史來最好的成績，創下十七項奧運會紀錄和七項世界紀錄、贏得最多面獎牌，其金牌比其他任一個國家的兩倍還多，總獎牌數則為第二的德國與第三名的芬蘭之總和，有人稱麥克阿瑟為「美國現代奧運精神之父」。

美國陸軍史上最年輕參謀長

奧運會結束之後，麥克阿瑟受命第三度前往菲律賓，出任菲律賓美軍司令，繼續關注當地的防務問題。

麥克阿瑟夫婦間的裂痕日益加深，露易絲對軍旅生涯毫無興趣，力勸麥克阿瑟退出軍界轉往商場，最終兩人關係破裂，露易絲獨自搬到紐約，兩人最終於一九二九年離婚。

一九二九年三月，胡佛就任美國第三十一屆總統，與麥克阿瑟在一戰時有過交情。一九三〇年八月，麥克阿瑟獲胡佛任命為下一任陸軍參謀長。不久，麥克阿瑟離開菲律賓回到美國於十一月二十一日就任陸軍參謀長，是美國陸軍史上最年輕的參謀長（五十歲），也是全國唯一的陸軍上將。

麥克阿瑟上任陸軍參謀長時正值經濟「大蕭條」，美國失業率激增、社會動盪，主張裁減軍費和軍隊的呼聲不斷。麥克阿瑟為保留日後擴軍的根基，將主要經費用於人員的確保，不斷的遊說，成功阻止了減少軍官團數量的議案，此外還推動不少改革。

中部

撫恤金遊行事件

一九三二年七月，美國發生「撫恤金遊行事件」，這是麥克阿瑟軍旅生涯中最受爭議的一起事件，一萬多名退伍老兵與親屬因經濟困難而聚集於華盛頓請願，要求美國政府立即發放至一九四五年才給予的撫恤金。請願者聚集後，各種謠言充斥，部分激進人士亦利用本次機會鼓吹暴力革命。七月二十八日，由於請願者與警察爆發衝突，胡佛下令出動聯邦軍隊恢復秩序。事件最終共二人死亡、五十五人受傷、一三五人被捕。麥克阿瑟不顧助理艾森豪（Dwight David Eisenhower，後曾任二戰歐洲盟軍統帥及美國總統）的勸阻，執意參加記者會，把退伍軍人稱作「暴徒」、「叛亂者」，而且支持胡佛總統動用軍隊的決定。

一九三二年美國總統選舉，胡佛連任失敗，富蘭克林．羅斯福（Franklin Delano Roosevelt）當選第三十二任美國總統，「酬恤金遊行事件」被認為是胡佛敗選的主因之一。麥克阿瑟堅持維持軍隊規模，持續公開抨擊孤立主義，使他在羅斯福政府中不受歡迎。

重返菲律賓

一九三五年十月麥克阿瑟卸除陸軍參謀長一職，羅斯福總統安排麥克阿瑟轉往菲律賓擔任領導駐菲軍事顧問團的任務。此行是麥克阿瑟第五次被派往遠東。麥克阿瑟連同高齡八十三歲的母親、兄長亞瑟的遺孀瑪莉、助手艾森豪等人自舊金山搭乘「胡佛總統號」出發。航行中麥克阿瑟邂逅了三十七歲的未婚女子瓊妮．費爾克洛思（Jean Marie Faircloth），儘管雙方年齡差距十八歲，兩人一見鍾情，以至於瓊妮．費爾克洛思放棄上海遊玩的計畫，跟隨麥克阿瑟一同前往馬尼拉，關係也日益親密。然而麥克阿瑟之母在航行至香港時健康狀況惡化，至當年十二月去世。

麥克阿瑟抵任後全力協助菲律賓建立自己的軍隊，以防止日本可能的攻擊。麥克阿瑟計畫整編菲律賓軍，以徵兵方式確保兵源，每年將訓練四萬人，預計將會在一九四六年菲律賓完全獨立時擁有四十個師，另外也建立陸軍航空師與一支小型海軍。但這規模龐大的計畫遭菲國民反對，菲國會也刪減其經費。

一九三六年八月，菲律賓總統奎松在馬拉坎南宮代表菲國政府授予其陸軍元帥頭銜。一九三七年初，麥克阿瑟陪同奎松出訪日本、美國和墨西哥。在返回美國後，奎松要求羅斯福同意菲律賓較原計畫提早七年獨立，遭羅斯福拒絕，而麥克阿瑟也在同一時間竭力爭取陸軍部援助菲律賓的防

中部

務，也未被理睬。

四月三十日，麥克阿瑟與瓊妮・費爾克洛思於美國紐約結婚，後於一九三八年二月，他們的獨生子亞瑟・麥克阿瑟四世（Arthur MacArthur IV）在馬尼拉出生。幾年之後，麥克阿瑟為亞瑟寫過一篇〈為子祈禱文〉（*A Father's Prayer*），被譽為經典之作，甚至收錄至台灣某些版本的中學教科書。

一九三七年八月，美國陸軍參謀長通知麥克阿瑟其軍事顧問職務將於該年十月屆滿兩年，將會返國接受其他職務。然而麥克阿瑟選擇繼續留在菲律賓擔任奎松的顧問，於當年十二月三十一日正式從美國陸軍退役，結束其三十八年服役生涯，但他也告知參謀長，若戰爭爆發隨時可接受徵召。

一九四一年七月二十六日，因日美關係惡化，羅斯福宣布菲律賓軍納入美軍指揮體系，召回麥克阿瑟以少將軍階回歸現役，出任「美國遠東陸軍」司令，翌日晉升中將。此時戰爭的烏雲已壟罩太平洋及菲律賓群島。

麥克阿瑟將軍一九四五年八月於菲律賓馬尼拉，嘴裡叼著玉米芯煙斗是其著名形象。（Wikipedia）

一九五〇年麥克阿瑟自東京飛抵台北與蔣中正總統會晤（公有領域）

一九五〇年麥克阿瑟偕妻子與兒子亞瑟・麥克阿瑟四世重訪菲律賓（Wikipedia）

第十九章

太平洋戰爭爆發——日本自台灣侵略菲律賓

在中國戰場已作戰多年的日軍對菲律賓進攻時，美軍仍然在使用一次世界大戰的武器與裝備，雙方在作戰經驗及硬體方面有顯著差距。

日本於一八六八年開始實施明治維新後國力日強，於一八九四至九五年甲午戰爭擊敗中國並占據台灣；美國則於一八九八年打敗西班牙取得菲律賓，形成兩大強國領土，僅隔巴士海峽為界。

日本繼於一九〇五年日俄戰爭中擊敗俄國。這個亞洲新興強權在軍國主義的發酵之下，野心勃勃地積極對外擴張。一次大戰期間日本加入協約國陣營，輕易地擊敗德國在山東青島的駐軍，繼之在一九一九年巴黎和會上以戰勝國之姿取得德國在太平洋的馬里亞納群島（Mariana Islands）、加羅林群島（Caroline Islands）及馬紹爾群島（Marshall Island）。日本設立「南洋廳」以治理這些新增的國土，在太平洋堪稱已與美國勢均力敵。

美國曾積極參與第一次世界大戰，付出巨大代價卻未取得相應利益，這間接導致美國本土瀰漫著孤立主義，不希望美國牽涉在國際的鬥爭中，從而促成了美國於一九三〇年代通過一系列中立法案（Neutrality Acts）。

一九三七年七月七日盧溝橋事件爆發，日軍開始占領華北地區，中日全面開戰。美國對日本擴張的野心提高警覺。

一九三九年九月一日德國閃電式進攻波蘭，九月三日法國、英國和澳洲、紐西蘭、加拿大等國紛紛正式向德國宣戰，一般所稱的第二次世界大戰於焉爆發，然而美國並未參戰。日本趁法國被德國占領成立維琪（Vichy）傀儡政權後，於一九四〇年九月進攻法屬印度支那（今越柬寮），引起美國的強烈關注。

隔數日，一九四〇年九月二十七日，日本與德國及義大利在柏林簽署《德義日三國同盟條約》，成立所謂軸心（The Axis）軍事集團。三個野心勃勃的國家串連後，氣焰更加囂張。

日軍自台灣襲擊呂宋

一九四一年七月，因日美關係急遽惡化，羅斯福宣布菲律賓軍納入美軍指揮體系，召回麥克阿瑟以少將軍階回歸現役，任「美國遠東陸軍」司令，翌日晉升中將。至七月底，菲律賓共編列二萬二千名士兵，其中一萬二千名菲律賓偵查軍，大部分編入溫萊特（Jonathan Mayhew Wainwright）將軍指揮的「菲律賓師」。

美國計畫戰爭爆發後將部隊撤至巴丹半島堅守至援軍到來，但麥克阿瑟將計畫改為守住整座呂宋島、以 B-17 轟炸機擊沉入侵的日軍船艦，他也說服華盛頓稱此計畫足以對日方形成威懾、遏止後者開戰。其後，美國遠東陸軍獲八千五百名官兵補充，麥克阿瑟還計畫進一步動員菲律賓陸軍，預計將於一九四二年四月可動員二十萬人。然而日軍的南下進攻比預期的早，戰爭爆發時麥克阿瑟能掌握的部隊僅十三萬四千人，其中美軍一萬二千人、菲律賓軍一萬二千人、民兵十一萬人。

中部

早就磨刀霍霍準備多時的日本方面，則於一九四一年十一月為實施「南進計畫」成立了南方軍，由寺內壽一出任總司令官，本間雅晴被任命為第十四軍司令官，該軍下轄第十六師團、第四十八師團和第六十五師團，兵力共計五萬七千人。

一九四一年十二月八日，菲律賓當地時間三點三十分，麥克阿瑟獲悉日本偷襲珍珠港的消息。五點三十分，美國陸軍參謀長喬治・馬歇爾（George Catlett Marshall）命令麥克阿瑟啟用「彩虹五號」戰爭計畫，該計畫內容為以美國太平洋艦隊保衛海上交通線、地面部隊堅持四至六個月，再由太平洋艦隊運輸大批增援部隊與日軍決戰。

日軍於偷襲珍珠港之後，不到幾個小時就以海空武力自台灣對菲律賓發動攻擊。同日十二點三十分，停駐大量主力軍機的克拉克機場（Clark Airfield）與鄰近的戰鬥機基地伊巴機場（Iba Airfield）遭日軍來自台灣及第十一航空艦隊的轟炸機猛烈轟炸，美國遠東空軍損失了三十五架 B-17 轟炸機中的十八架、一〇七架 P-40 戰鬥機中的五十三架以及超過二十五架其他各式飛機，大多是毀於地面，機場也受到嚴重破壞，而日軍在首波行動中僅損失七架飛機。少了空中的掩護，駐泊在菲律賓的美國海軍亞洲艦隊只好撤退至爪哇。

麥克阿瑟在戰爭爆發後第一時間的作為或不作為，尤其是極富爭議的一項決定：「為何沒有先制攻擊台灣？」備受批評，對此麥克阿瑟有一番說詞。但是戰爭伊始，美國本土及菲律賓都有如大夢驚醒，兵荒馬亂沒有立即究責。不論如何，他身為菲律賓的最高軍事將領，應該無法逃避責任。

在對呂宋進行轟炸之後，日本海陸空武力繼之在北、中、南呂宋登陸向馬尼拉進攻，美軍及菲律賓部隊共同抵抗入侵之日軍。

在日軍對馬尼拉實施轟炸之後，麥克阿瑟率同家人及高級軍官，以及菲律賓總統奎松、議員等轉進至馬尼拉灣口的柯里希多（Corregidor）島上的馬林塔隧道（Malinta Tunnel）。這個隧道系統在戰前已被改建為可以承受轟炸的指揮部、醫院及彈藥、糧食儲藏地。

至一九四二年二月，日軍已逐漸縮緊包圍圈，麥克阿瑟於二月十一日給羅斯福的信件中表示自己將會與守軍「共存亡」。但是麥克阿瑟本人在長達三個月的戰事中僅到過前線視察一次，其餘時間都待在防空隧道閉門不出，加之其承諾即將到來的資源屢屢落空，麥克阿瑟成了麾下士兵怨恨和調侃的對象，稱其為「縮頭道格」（Dugout Doug）。

麥克阿瑟脫逃至澳洲

二月十五日，英國遠東重要的戰略據點新加坡宣布投降，華盛頓方面開始認真考慮柯里希多被攻陷、麥克阿瑟被俘的可能性。在當時日軍在太平洋勢如破竹的攻勢下，美國公眾輿論注意到麥克

中部

阿瑟的部隊仍在巴丹（Bataan）堅守抵抗，成為舉國矚目的焦點，麥克阿瑟本人的形象也逐漸轉為當時對日作戰的第一位英雄。同時也因為戰局情勢不變，原先協調遠東盟軍作戰的「美英澳荷司令部（ABDACOM）」即將崩解，盟軍不得不重新改組設置新的軍事單位統籌，而麥克阿瑟被認為是該單位統帥的不二人選。因此美國總統羅斯福命令麥克阿瑟撤退到澳大利亞，出任西南太平洋地區最高司令。

三月十二日夜間，麥克阿瑟帶著妻兒、參謀長薩瑟蘭（Richard Kerens Sutherland）等幕僚搭乘數艘魚雷快艇離開柯里希多。在躲過巡邏的日本軍艦和惡劣的海況後，麥克阿瑟等人成功抵達民答那峨島北部卡加延德奧羅（Cagayan de Oro）的德爾蒙特機場（Del Monte Airfield）[8]，再搭上B-17轟炸機飛往澳洲。

三月二十一日，麥克阿瑟乘火車前往墨爾本途中，他在途經特羅維（Terowie）車站停留時發表演說：「我脫險而來，但我將回去（I shall return）。」這句話頓時成為太平洋戰區美軍的名句，但是華府認為太過個人化，應該改成「我們將回去（We shall return）」。麥克阿瑟置之不理。

麥克阿瑟離開菲律賓後，留下臨危授命的溫萊特將軍繼續苦撐指揮美菲聯軍對日作戰。

巴丹死亡行軍

在中國戰場已作戰多年的日軍對菲律賓進攻時，美軍仍然在使用一次世界大戰的武器與裝備，雙方在作戰經驗及硬體方面有顯著差距。

在被日軍包圍數個月之後，巴丹半島的美菲聯軍彈藥糧食已耗盡。四月九日，愛德華・金（Edward P. King）將軍認為再繼續抵抗已經沒有意義，於是在與日軍第十四軍司令官本間雅晴談判數小時後，率七萬五千名美菲聯軍士兵投降。此役日軍也付出了陣亡七千人及傷病兩萬人的重大代價。

為了要進一步奪取柯里希多，本間雅晴中將下令將所有戰俘從巴丹清空轉移至塔拉克（Tarlac）的俘虜營。七萬餘名美國與菲律賓戰俘在連續數個月的戰鬥後疲憊不堪、營養不良和滿身傷病的情況下，被日軍強迫徒步前往一百多公里外的邦板牙（Pampanga）省聖費南多（San Fernando），再從當地以鐵路運輸及步行的方式抵達前美軍營地「歐唐納」（Camp O'Donnell）改成的俘虜營關

---

8 作者曾於一九九三年訪問卡加延德奧羅及參觀德爾蒙特鳳梨農場。德爾蒙特（Del Monte）是美國最大的熱帶水果公司，其在該農場的鳳梨種植極為廣闊，一望無際，令人印象深刻。

中部

押。

戰俘在酷熱高溫的天氣下行軍，一路上僅被給予極少的糧食和水，大多數傷員和病患皆未獲得妥善照護，許多戰俘還受到日軍士兵的虐待，而無法行軍的戰俘則遭日軍射殺或被刺刀刺死。此一「死亡行軍」估計約一千名美軍和高達一萬名菲軍死亡，另有數千人在抵達戰俘營後不久死亡。

「巴丹死亡行軍」是日軍於太平洋戰爭犯下最惡名昭彰的暴行之一。一九四五年八月十五日日本投降後，僅兩個星期，本間雅晴就被占領日本的美國第八軍團拘捕關押，不久被移交到菲律賓馬尼拉接受調查和起訴。十二月十九日馬尼拉軍事法庭審理了本間雅晴所犯戰爭罪行，應對巴丹死亡行軍承擔責任，因為巴丹死亡之旅曾導致四萬多盟軍戰俘陸續遭虐待而死。

一九四六年二月十一日本間雅晴遭馬尼拉軍事法庭判處死刑，同年四月三日被槍決。

美國新墨西哥州因許多巴丹戰役老兵曾服役於該州的國民兵，一九七〇年代，新墨西哥州政府於聖達菲建造「巴丹紀念博物館」（Bataan Memorial Museum）。而一九八九年起該州每年舉辦一次長跑活動「巴丹紀念死亡行軍」（Bataan Memorial Death March），以紀念當年受害者的苦難。

菲律賓獨立後也將巴丹戰役的守軍和「死亡行軍」的死難者供奉於菲律賓國家聖地「薩馬特山國家聖地」（Mount Samat National Shrine），自一九七〇年後對外開放。一九九一年，菲律賓政府於原「歐唐納」戰俘營舊址上建立「卡帕斯國家聖地」（Capas National Shrine）紀念在被日軍俘虜後受苦和死亡的美菲士兵。四月九日如今也成為菲律賓的國定假日，正式名稱為「勇士日」（Araw ng Kagitingan），又稱「巴丹日」（Bataan Day）。

美國三星將軍溫萊特遭俘虜

在巴丹半島的美菲聯軍部隊投降之後，溫萊特將軍繼續率領一萬餘名孤軍在柯里希多抵抗日軍，果真是「負嶼頑抗」。由於島上防空火砲甚為強烈，日軍轟炸機人員甚至被迫首度使用氧氣系統以在高空對該島進行轟炸。島上的美軍苦撐了將近半年，但是等不到作戰計畫中的援軍。人員傷亡日益增加，彈藥糧食補給等消耗殆盡。

五月六日，溫萊特將軍向日本投降。六月九日，菲律賓的盟軍全都投降。少數美軍藏匿深山或熱帶雨林中進行游擊戰。

溫萊特在柯里希多被俘時是三星中將，成為二戰期間被敵軍俘虜最高階的盟軍將領。他被關押在呂宋北部，後來被轉輾送到台灣花蓮港、屏東麟洛和滿州國的戰俘營，直到一九四五年八月被蘇聯紅軍解放。

溫萊特於九月二日美國海軍密蘇里號（USS Missouri）主力艦甲板上，站在麥克阿瑟後面見證了日本投降，麥克阿瑟把一支簽過字的筆送給他。之後，溫萊特返回菲律賓，在碧瑤接受日軍指揮官山下奉文的投降。這種安排總算是還他一個公道。

溫萊特也是美國最後一位實際戰鬥的將軍，在美國德州休斯頓的溫萊特小學（Wainwright Elementary）就是為了紀念這位二戰英雄。

台南美國學校設立於一九五三年，最初租借市區建築作為教室，校名為台南駐台美軍顧問團學校（Tainan MAAG school）。在一九五五年校方自行建好第一棟校舍後改稱台南美國小學（Tainan American Elementary School），於一九六〇年再改稱強納森溫萊特學校（Jonathan M. Wainwright High School; J.M.W. School），就是為了紀念曾在二戰期間擔任美軍菲律賓軍區司令的溫萊特。台南美國學校包含了國小、國中和高中，全校人數一度達四百人。學校於一九七五年隨美軍逐漸撤離台灣而廢校。

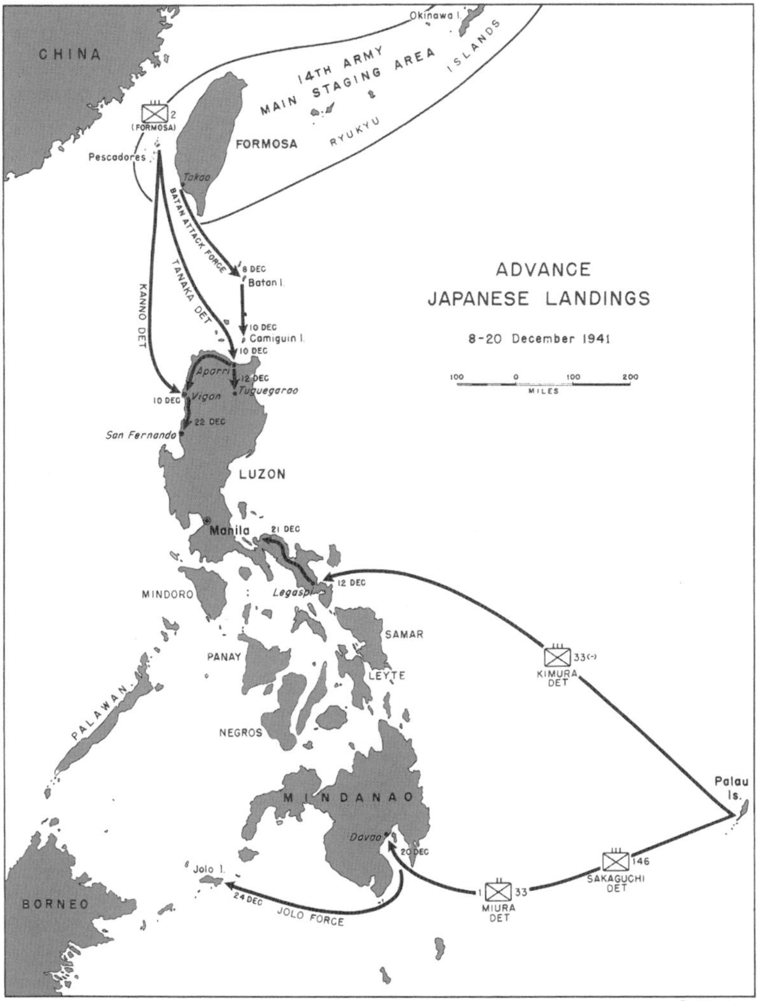

日軍入侵菲律賓示意圖（Wikipedia）

一九四二年五月巴丹死亡行軍，盟軍被俘士兵抬扛走不動的戰友。（US Army）

二〇二四年四月九日菲律賓總統小馬可仕在巴丹紀念日儀式上致詞（作者翻攝自菲電視）

一九四五年九月二日在東京灣美國戰艦密蘇里號舉行日本投降儀式，溫萊特將軍站在麥克阿瑟正後方。（US Navy）

一九九一年作者與友人同遊柯里希多島，在美軍戰時總部馬林塔隧道前合影。（圖／作者提供）

第二十章 日本統治菲律賓

日軍在太平洋戰爭爆發不到一個月，就於一九四二年一月二日以征服者之姿進入被麥克阿瑟宣布不設防的馬尼拉。而日本發動侵華戰爭已四年半，尚未令中國屈服，雙方還處在交戰狀態，所以對旅菲華人濫殺無辜，非常殘忍。

日軍於一九四一年十二月八日開始進攻菲律賓之後，麥克阿瑟為避免城市遭戰火摧毀及保護民眾的生命財產安全，於是仿效一九四〇年比利時布魯塞爾及法國巴黎的先例，於十二月二十六日宣布馬尼拉為「不設防城市」（open city）。但是美軍仍然使用馬尼拉進行後勤補給，因此日軍無視不設防的宣告繼續對馬尼拉實施空中轟炸。隔一週之後，迅速進逼的日本軍隊於一九四二年一月二日進入馬尼拉。一九四二年五月六日，在柯里希多的美軍放棄抵抗向日軍投降，日本占領菲律賓全境。菲律賓進入日本統治時期，日軍以殘暴手段治理菲律賓。

本間雅晴中將原本是日本「台灣軍司令官」，一九四一年十一月日軍參謀本部為準備南侵實施「南進計畫」成立了南方軍，本間被改調第十四軍司令官，後又改稱「大日本帝國派比島派遣軍司令官」。但是本間攻占菲律賓超過大本營計畫的期限，不如山下奉文六十幾天就攻占馬來半島及新加坡的表現。參謀本部高層認為本間雅晴作戰不夠積極，於是在一九四二年六月被撤職調回日本，八月底編入預備役，等於結束了其軍旅生涯。

菲律賓流亡政府

菲律賓在日本發動侵略前，也就是一九四一年十一月舉行總統選舉，奎松與其搭檔歐斯曼尼亞

（Sergio Osmeña）獲得壓倒性的勝利，當選下一任正、副總統。沒想到還沒宣誓就職日本就侵略菲律賓，奎松於是隨麥克阿瑟前往柯里希多，在馬林塔隧道內宣誓就任其第二個任期。

不久奎松離開這個馬尼拉灣口的島嶼轉往中部維沙亞及民答那峨，之後又接受美國之安排經由澳大利亞轉往美國。奎松及家人抵達華府時受到羅斯福總統的親自迎接。

他在華府知名的肖漢飯店（Shoreham Hotel）租下其中一翼的一層，以建立菲律賓流亡政府。他同時也是太平洋戰爭理事會（Pacific War Council）的成員，並且也簽署了對抗軸心集團的聯合國宣言。

一九四二年六月二日，奎松到美國眾議院演說，提請對菲律賓的幫助；接著到參議院促請美方使用「記得巴丹」（Remember Bataan）的口號。儘管他健康情況不佳，他仍前往美國各地旅行，提醒美國人民菲律賓戰爭的存在。他也經常向菲律賓發布短波廣播，以鼓舞菲律賓的民心士氣。

由於菲律賓流亡政府在美國繼續運作，日本占領軍解散菲律賓自治鎮，建立「菲律賓行政委員會」作為臨時政府。一九四二年十二月八日，菲律賓執行委員會通過法令解散一切現存政黨，建立「新比島建設奉仕團」（Kapisanan sa Paglilingkod sa Bagong Pilipinas, KALIBAPI）規劃執政方案。一九四三年五月六日，日本內閣總理大臣東條英機訪問菲律賓，同意給予菲律賓獨立，作為日本「大東亞共榮圈」的一部分。

一九四三年六月二十九日，新比島建設奉仕團組織建立菲律賓獨立準備委員會，起草憲法。當年九月，新憲法批准通過，成立菲律賓國民議會，選舉勞瑞爾（José Paciano Laurel）為總統。十月十四日，勞瑞爾宣誓就職，菲律賓第二共和國成立，正式名稱為菲律賓共和國（República ng Pilipinas）。政府設有外交、財政、司法、公共工程與交通、農業與自然資源、衛生與公共福利等部，均由日本顧問負責領導。

在第二共和國的成立典禮上，菲律賓前第一共和國總統阿奎納多升起了菲律賓第一共和國的旗幟，這面旗幟被沿用作為菲律賓第二共和國的國旗。同日，菲律賓與日本簽署《菲日同盟條約》。二次大戰期間軸心國扶植了不少傀儡政權，大戰結束也就都壽終正寢。一九四五年八月十七日，勞瑞爾在東京宣布第二共和國正式解散。

游擊隊繼續抗日

美菲聯軍於投降日軍後，也有少數人選擇轉進深山或叢林繼續打游擊戰。起初他們分散各地，缺乏武器與通信裝備，以小團體方式各自獨立作戰。麥克阿瑟到達澳大利亞並出任盟軍西南太平洋戰區（Southwest Pacific Theatre）統帥後，曾指派四艘潛艦不定期運送武器彈藥、醫療用品及通訊裝備等物資予菲律賓群島的游擊隊，使他們可以加強組織及火力以持續騷擾對付日軍。在日軍占領期間。約有六成的菲律賓土地是由游擊隊所控制。這些菲律賓游擊隊之所以如此賣命，主要是因為日軍以殘忍不人道手段對付菲律賓人以及美國承諾戰後讓菲律賓獨立。菲律賓群島各地的游擊隊積極活動使日本占領軍疲於奔命，牽制了大量日軍不能他調。

菲律賓共產黨也於一九四二年組織「虎克軍」（Hukbalahap，直譯為抗日人民軍），以游擊戰對抗日本軍與第二共和國軍隊。虎克軍最初是中呂宋農民為了與日本人作戰而成立的，但鬥爭延續到了反對菲律賓政府的叛亂中，這就是一九四六年虎克軍叛亂。經菲律賓政府的系列改革措施和軍事勝利，叛亂最終被鎮壓。將近二十年之後，一九六九年虎克軍死灰復燃，成立新人民軍（Bagong Hukbong Bayan），對菲律賓政府進行武裝鬥爭，迄今仍是菲律賓內部的重大叛亂勢力。

華僑抗日游擊隊

日軍於一九四二年元月二日攻陷馬尼拉，中華民國駐馬尼拉總領事楊光泩博士暨七位忠貞館員與僑社領袖多人遭拘捕殺害。日軍濫殺無辜暴行，激起旅菲僑民之憤慨，於是先後成立「血幹團」及「華僑義勇軍」等游擊組織進行抗日活動，其中不乏曾經返回福建接受軍事訓練者。

華僑抗日組織活躍於呂宋農村地區，與美、菲游擊隊建立聯繫並肩作戰。一九四四年美軍登陸雷伊泰灣後，華僑抗日游擊隊加強活動。一九四五年二月上旬配合仁牙因灣登陸美軍作戰收復馬尼拉市，血幹團及義勇軍部隊，復由美軍整編開往北呂宋山區戰地掃蕩殘敵，直至日軍無條件投降。血幹團及義勇軍自成立至日軍投降為止歷經三載，期間犧牲成員約二百人。

中華民國駐馬尼拉總領事楊光泩遭日軍殺害

由於菲律賓與中國鄰近且華人眾多，一八九九年美國占領之後，清朝在美屬菲律賓群島軍政府設立「駐小呂宋總領事館」。一九一二年，中華民國成立，在美屬菲律賓繼續設立總領事館。一九一四年，更名為「駐斐利濱總領事館」。一九三二年，復更名為「駐馬尼剌總領事館」。

日軍在太平洋戰爭爆發不到一個月，就於一九四二年一月二日以征服者之姿進入被麥克阿瑟宣布不設防的馬尼拉。而日本發動侵華戰爭已四年半，尚未令中國屈服，雙方還處在交戰狀態，所以對旅菲華人濫殺無辜，非常殘忍。

日軍於進入馬尼拉後立即逮捕中華民國駐馬尼拉總領事楊光泩博士，要求他投降轉而效忠南京汪精衛政權，並帶領菲律賓華僑支持「大東亞共榮圈」，但是楊總領事寧死不屈。四月十七日，日本占領軍罔顧國際公法，在馬尼拉華僑義山將楊光泩總領事處決，領事莫介恩、副領事朱少屏、隨習領事姚竹修、蕭東明、楊慶壽、主事盧秉樞以及學習生王恭瑋等七位外交官也同時遇害。這些寧死不降為國捐軀的外交官，後來被尊稱為「外交烈士」。

楊光泩一九〇〇年生於浙江，自幼聰穎過人，早年就讀於上海敬業中學，後進入清華學堂（清華大學前身），由於成績優異，被保送留學美國，先後就讀科羅拉多大學、普林斯頓大學，獲得國際公法博士學位。一九二四年畢業後在中華民國駐美使館任隨員、三等秘書，還曾任教於知名學府喬治城大學、華盛頓大學。一九二六年，楊光泩從美國留學歸來，在清華大學執教，不久進入北平政府外交部，後擔任駐上海特派員及派赴歐洲任職。

楊光泩於一九二九年派駐上海期間與名媛嚴幼韻結婚，但是嚴幼韻與楊光泩的頂頭上司顧維鈞[9]二人不久之後就有婚外情。在顧維鈞第三任妻子黃蕙蘭要求下，楊光泩一九三八年改調馬尼拉攜嚴幼韻同往。楊光泩遭日軍殺害後，嚴幼韻不僅要照顧自己三名幼小的女兒，還要照顧另七位殉職同仁的家屬，在當時日本占領且物資缺乏的年代，這些外交官遺眷的日子可以說是極為艱辛。

9　顧維鈞是外交泰斗，其經歷無人能及。曾任北洋政府外交總長、國務總理，國民政府外交部長、駐英國大使、駐美國大使、總統府資政、海牙國際法院法官等要職。一九八五年逝世於美國紐約，享壽九十七歲。

中部

一九四五年日本投降後，嚴幼韻攜三名幼女前往紐約。嚴幼韻在駐美大使兼駐聯合國代表團團長顧維鈞安排下到聯合國下屬機構擔任職員（禮賓官）。一九五六年顧維鈞與黃蕙蘭離婚，一九五九年與嚴幼韻結婚。

二〇一五年嚴幼韻為慶祝一百一十歲生日，特出版口述自傳《一百零九個春天：我的故事》。二〇一七年五月嚴幼韻病逝於美國紐約。

嚴幼韻的三名女兒均十分傑出，次女楊雪蘭（Shirley Young）於一九八八年進入通用汽車公司，擔任副總裁至一九九九年。離開通用汽車後，她建立了楊雪蘭事務所（Shirley Young Associates, LLC）並出任總裁。她一九九〇年與貝聿銘、馬友友等知名美籍華人一同創辦了美籍華人組織「百人會」，並擔任首任會長。此外，她還擔任清華大學等校名譽教授、上海交通大學名譽校董、衛斯理學院、菲利普斯學院、哈佛商學院董事會董事等職。二〇二〇年十二月楊雪蘭病逝於美國紐約，享壽八十五歲。

馬尼拉被宣布為不設防城市（Wikipedia）

中華民國駐馬尼拉總領事楊光泩（Wikipedia）

奎松總統及其家人抵達華府時受到羅斯福總統親自迎接（Wikipedia）

第二十一章

台灣抑或菲律賓——太平洋戰爭美軍反攻最重大的抉擇

一九四四年初美方就開始研究下一階段進攻目標的選擇，菲律賓或是台灣？何者為優先，成了美軍最重大的抉擇。

太平洋戰爭於一九四一年十二月爆發後，野心勃勃準備多時的日本發動猛烈攻勢，半年之間如秋風掃落葉般陸續占領香港、馬來亞、新加坡、菲律賓、荷屬東印度（印尼）、俾斯麥群島及索羅門群島等地，可以說日本帝國的版圖已經囊括整個東南亞及西太平洋。一九四二年五月日本與美國兩個太平洋海軍強國在珊瑚海戰役大致打成平手之後；六月上旬的中途島戰役日海軍慘敗，損失四艘航空母艦，日本的囂張氣焰暫挫。

日本於占領荷屬東印度之後又繼續攻打新幾內亞，企圖作為進攻澳大利亞的跳板。一九四二年三月奉命逃離菲律賓的麥克阿瑟抵達澳大利亞，被任命為盟軍西南太平洋戰區盟軍統帥，他指揮盟軍在新幾內亞抵抗日軍前進，雙方大致僵持。八月上旬盟軍登陸索羅門群島的瓜達康納爾島，發起盟軍對日本帝國的反攻[10]。經過半年的激烈交戰，日軍損失慘重撤離該島。瓜島戰役是盟軍第一次在陸上擊敗日軍，盟軍士氣為之大振。而麥克阿瑟為加速進逼日本本土、結束戰爭並減少損失，而採取策略性跳過某些日軍占領島嶼的戰略，稱之為「跳島戰略」（island hopping）。

盟軍於一九四三年二月在瓜島戰役取得勝利之後，接著在太平洋馬紹爾群島（Marshall Islands）、吉伯特群島（Gilbert Islands，今吉里巴斯）以及在新幾內亞及俾斯麥群島（Bismark Islands）一帶艱苦作戰，取得緩慢但穩定的進展，對日軍逐漸縮小包圍圈。

一九四四年六月美軍開始對馬里亞納群島發動攻擊。日本海軍在同時進行的菲律賓海海戰中，損失三艘航空母艦、多艘各型軍艦及高達三七八架各型戰機而慘敗，美軍取得關鍵性的勝利。八月美軍占領馬里亞納群島後，從天寧島起飛的 B-29 超級堡壘（Super fortress）轟炸機可以直接往返轟炸日本東京，對日戰爭於是進入一個新的階段。

台灣抑或菲律賓

一九四四年初美方就開始研究下一階段進攻目標的選擇，菲律賓或是台灣？何者為優先，成了美軍最重大的抉擇。

七月羅斯福總統召集海軍太平洋總司令尼米茲（Chester W. Nimitz）、麥克阿瑟及參謀首長聯席會議主席（Chairman of the Joint Chiefs of Staff；CJCS）等將領在夏威夷珍珠港舉行會議。這些將領大致可分成三種意見：一、以聯參會成員為主，繞過菲律賓群島直接進攻台灣；二、收復菲律賓中部與南部島嶼以建立空軍基地，再進攻台灣，此意見以尼米茲為代表；三、僅收復菲律賓群島，或收復菲島後再考慮進攻台灣，此以麥克阿瑟為首及戰區實際作戰的將領為主。

10 請參閱作者二〇二一年所著《我在索羅門群島》，燎原出版公司。

中部

會議中與會者各持己見爭論不休，但與菲律賓有深厚淵源且曾說出「我將回去」（I shall return）的麥克阿瑟力主直接攻擊菲律賓群島。他認為戰略上菲島為日軍南方交通線之樞紐，盟軍若予以繞過而直撲台灣和沖繩，其損失將會大大超過占領這些島嶼所帶來的利益。相形之下，盟軍收復菲律賓所需付出的代價小得多。麥克阿瑟另外還從政治面切入，稱一千七百萬菲律賓人仍忠於美國，進攻台灣則不會有強大的游擊隊支援，且「菲律賓人認為自己在一九四二年被出賣」，因此有必要率領大軍反攻，否則將損害美國的威望。若對菲島繞開不理，被封鎖於當地的日軍勢必將奪取島上人民的糧食，使平民大眾蒙受悲慘與飢餓等語。麥克阿瑟堅持他的主張，連羅斯福都有點不悅。

實際上該會議並未完全確定菲律賓還是台灣兩條進攻路線的選項，一直到同年十月三日聯參會在多方考慮之下始決定實施麥克阿瑟的方案，結束長達三個月的論戰。

雖然沒有在會議中作出定案，但是美方逐漸形成攻打菲律賓的共識。一九四四年九月十五日美軍攻打帛琉群島南邊的貝里琉（Peleliu）島，該島距離菲律賓東端僅有五百五十浬，且島上有一條現成的跑道，美軍計畫占領後可以作為攻擊菲律賓的跳板。島上有一萬二千名日軍駐守，美軍則派出海軍陸戰隊與陸軍部隊共四萬七千名兵力進攻。日軍不欲在海岸接敵而退守到山區利用地形掩護固守陣地。美軍行禮如儀在登陸前先進行三天猛烈砲轟，但日軍躲藏在早已挖掘好的陣地裡損傷不大。當美軍登陸及深入島內時，日軍則居高臨下予以痛擊。

美軍將領原以為一個星期就可以攻克這面積僅十三平方公里的小島，但日軍的頑抗使美軍苦戰七十天且陣亡人數高達兩千餘人、受傷八千餘人才完成任務。島上日軍則除數百名脫隊或投降者外，一萬二千名全數戰死。荒謬的是，之後的雷伊泰登陸及其他菲律賓群島戰役，美軍以極高的代價取得的這個小島完全沒有派上用場。

二〇一〇年由知名導演史蒂芬・史匹柏（Stephen Spielberg）及湯姆・漢克斯（Tom Hanks）共同製作的迷你電視影集《太平洋》（*The Pacific*）中，第六集及第七集對貝里琉戰役有深刻的描寫。這部影集耗資一億五千萬美元製作，超越其姊妹片《諾曼第大空降》（*Band of Brothers*），被稱為是世界上耗資最多的戰爭電視劇。頗值一看。

雷伊泰灣海戰——世界有史以來規模最大的海戰

一九四三年十一月二十五日，美軍駐華的第十四航空隊及中美空軍混合團出動十四架 B-25 轟炸機，在十六架戰鬥機掩護下，從中國江西遂川起飛，轟炸了日軍在台灣新竹的飛行基地，毀損日本軍機共五十二架；這是美軍第一次對台灣進行空襲。

中部

聯參會於一九四四年十月三日決定採取麥克阿瑟方案之後，十月十二日開始，美國海軍艦載機及陸軍航空隊的長程轟炸機開始對台灣進行轟炸。美軍對台灣的轟炸有多重目的，除了直接削弱日軍在台灣的軍力，牽制日軍的調動，也混淆日軍對美軍下一目標的判斷。

十月十五日起美國海軍艦載機空襲北呂宋及馬尼拉，為麥克阿瑟登陸雷伊泰（Leyte）進行先期攻擊。接著發生著名的雷伊泰灣（Gulf of Leyte）海戰，長達七天的雷伊泰灣海戰是世界有史以來規模最大的海戰。在察覺美軍大軍逼近後，日本也孤注一擲把殘餘的海軍主力全部派出，可說是傾巢而出。經過四場戰役，日本海軍遭到毀滅性打擊，喪失了遠洋作戰能力。美軍則奪取了西南太平洋的制海權和制空權，為太平洋戰場的全面大反攻鋪平了道路。

一九四四年十月二十一日，日軍栗田健男中將率領包括超級巨艦大和號[11]、武藏號及長門號等主力艦及十艘重巡洋艦、二艘輕巡洋艦及十五艘驅逐艦的中央艦隊自汶萊基地出發。二十二日半夜航經菲律賓巴拉望（Palawan）附近時被埋伏的美軍兩艘潛水艇襲擊，造成日軍愛宕號、摩耶號兩艘重巡洋艦沉沒，高雄號則嚴重損傷。以高雄號為旗艦的栗田還落水被救，轉以大和號為旗艦，真是出師不利。艦隊續前行穿越菲律賓中部的錫布延海（Sibuyan Sea）航向雷伊泰灣。日軍先派陸基飛機轟炸美軍艦隊，造成美軍幾艘艦隻重創。美軍隨即反攻，派遣三波飛機共二五九架次接續攻擊日軍中央艦隊，美航母企業號（USS Enterprise）艦載機的第三波轟炸擊沉了日本號稱永不沉沒的武藏號主力艦。

日軍南方艦隊由西村祥治中將率領從新加坡出發，途經蘇祿海時遭美軍機隊攻擊，數艘軍艦受創但仍可航行。西村艦隊企圖經由蘇立高海峽（Surigao Strait）進入雷伊泰灣，但埋伏在海峽另一端的美軍第七艦隊好整以暇布好陣勢，痛擊日軍南方艦隊，扶桑號、山城號兩艘主力艦及最上號重巡洋艦以及三艘驅逐艦沉沒，西村戰死，艦隊僅有一艘驅逐艦脫逃。

接著小澤治三郎中將率領自日本出發的包括航空母艦四艘、主力艦二艘、巡洋艦三艘、驅逐艦十艘等的北方艦隊經由呂宋島東方南下，主要任務是誘使美軍艦隊抽調主力離開雷伊泰灣。美艦隊指揮官海爾賽（William Frederick Halsey）派五艘航空母艦、五艘輕型航空母艦、六艘主力艦、八艘巡洋艦及四十餘艘驅逐艦北上迎敵。十月二十五日雙方在呂宋島最東北之恩加紐角（Cape Engano）外海遭遇，經過兩天的激戰，日軍瑞鶴號、瑞鳳號、千歲號、千代田號等四艘航空母艦以及一艘巡洋艦、二艘驅逐艦被美機擊沉或重創。其中瑞鶴號是日軍參與偷襲珍珠港六艘航空母艦中最後的一艘倖存者，在將近三年之後美軍終於完成報仇宿願。這也是海戰史上最後一次航空母艦對決。小澤後來率領殘餘的艦隊向北離開戰場。

11 大和級戰艦是日本海軍建造的主力艦。其排水量、搭載主砲口徑均是史上最大。

二十四日損失武藏號主力艦之後，中央艦隊向西撤退，但不久指揮官栗田又下令掉頭，趁夜按照日軍原定計畫穿過聖伯納迪諾海峽（St. Bernardino Strait）前往雷伊泰灣突襲美軍艦隊。而美軍在同日擊沉武藏號之後又偵查到北方艦隊向南而來，隨即調動主力部隊航向北方迎戰，甚至防守聖伯納迪諾海峽的分遣隊都被調離。栗田中央艦隊於半夜順利通過聖伯納迪諾海峽，二十五日天亮後在薩馬爾島以東海域發現掩護登陸的美軍第七艦隊一部，栗田艦隊開始進攻。美艦隊主力北上後，只剩下一些被戲稱為錫罐（tin can）的小型艦隻留守，其中一艘驅逐艦強斯頓號（USS Johnston）看見日艦隊來勢洶洶，於是奮不顧身勇敢向前迎戰，有如大衛與巨人歌利亞搏鬥。強斯頓號在艦長艾文斯（Ernest Evans）指揮下先使出渾身解數施放煙霧以掩護美軍留守的輕型航空母艦，再以五吋砲及魚雷不斷攻擊來犯的栗田艦隊，她的魚雷居然還重創了日軍的熊野號重巡洋艦。與強斯頓號屬同一支隊的另兩艘驅逐艦受到鼓舞，也奮勇攻擊來犯的栗田艦隊。當然，可想而知，他們都遭到日本艦隊猛烈轟擊而先後沉沒了。在此同時，由於戰局無望，日本開始啟用自殺式攻擊，其中一架陸基零式戰機成功擊沉美軍輕型航母聖羅號（USS Saint Lo）[12]，成為日本「神風特攻」（Kamikaze）戰術的首個犧牲者。

栗田艦隊遭到強斯頓號等驅逐艦的糾纏而陣形大亂，而且擔心遭美軍艦載機的襲擊，於是不敢戀戰，下令原路返回，撤出了戰鬥。事實上美軍主力已被小澤北方艦隊引走了，當時有八十艘運輸艦正在雷伊泰海灘卸載，有如活靶（sitting ducks），日軍錯過了翻轉戰局的最好時機。美艦隊指揮官海爾賽調遣主力前往北邊迎戰日軍的「誘餌」，差點釀成大禍，事後遭到嚴重的批評。

雷伊泰海戰美軍大勝，地面部隊順利登陸雷伊泰島。盟軍西南太平洋最高統帥麥克阿瑟從輕巡洋艦納什維爾號（USS Nashville）監督行動。當天下午，麥克阿瑟偕流亡的菲律賓總統歐斯曼尼亞（Sergio Osmeña，原為副總統，接替去世的奎松總統）涉水登陸，留下歷史性的鏡頭。此戰役為解放整個菲律賓群島、建立菲律賓之民主及結束日本在菲律賓三年多之統治拉開序幕。

二〇二一年三月，美國一艘研究船 Caladan Oceanic 宣布在薩馬爾島外海六千四百公尺的深度拍攝到強斯頓號主殘骸。美國海軍證實了該沉船為強斯頓號，這是有史以來被發現的最深沉船殘骸。此事引起軍事迷再度對強斯頓號英勇事蹟的熱烈討論。

麥克阿瑟登陸紀念國家公園

菲律賓政府於一九七七年把麥克阿瑟及歐斯曼尼亞等人當年涉水登陸的情景，在實際登陸地

12 聖羅（Saint Lo）是法國諾曼第地區的一個城市，一九四四年六月盟軍登陸諾曼第後，於七月間與德軍激戰後占領該城。不久，美海軍把一艘輕型航母改名為聖羅號以紀念該戰役，沒想到壽命不到三個月。

附近帕洛（Palo）成立「麥克阿瑟登陸紀念國家公園」（MacArthur Landing Memorial National Park），展示栩栩如生的雕像，成為非常熱門的景點。此後每逢五或十週年就會舉行盛大儀式紀念。二〇〇四年菲律賓政府再把這個紀念公園納入「國家歷史地標」（National Historical Landmark）。

作者曾於一九八九年十月下旬奉命前往雷伊泰省首府獨魯萬市（Tacloban City）及巴洛市（Palo City），參加雷伊泰灣海戰及美軍登陸四十五週年紀念活動，一九九三年再度訪問雷伊泰省以及薩馬爾島（Samar Island）。

一九八九年十月作者奉派前往雷伊泰參加盟軍登陸四十五週年紀念（圖／作者提供）

一九四四年七月羅斯福總統召集麥克阿瑟、尼米茲，在夏威夷討論下一階段攻擊目標是台灣抑或菲律賓。（Wikipedia）

中部

麥克阿瑟（中）涉水登陸雷伊泰島，左一是菲律賓總統歐斯曼尼亞。（US Army）

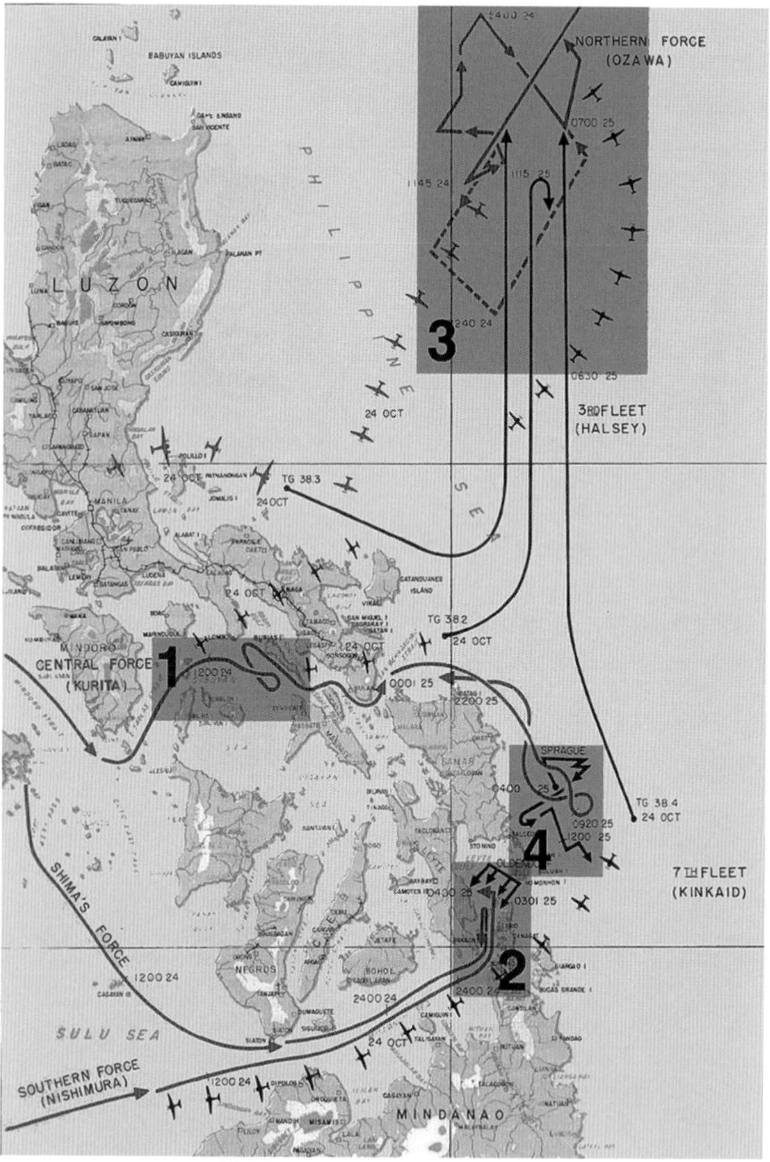

雷伊泰灣海戰圖（US Army）

第二十二章

美軍進攻呂宋

面對美軍猛烈的火力步步進逼，絕望的日軍把憤怒及挫折發洩在平民身上，導致諸多殘暴的行為，後來被稱為馬尼拉大屠殺（Manila Massacre）。

美軍在雷伊泰島登陸時，日軍在菲律賓的最高指揮官是山下奉文大將。他在太平洋戰爭爆發後率領三萬兵力攻打馬來亞及新加坡，他用「腳踏車」戰術快速行軍[13]，只花六十幾天就把英軍打敗，日本媒體於是稱他為「馬來之虎」。但是贏得重大勝利的山下奉文不為日本首相東條英機所喜，三個月後被調到滿州國冷凍，之後雖然晉升大將但並沒參與大型戰役。一九四四年日軍已呈現敗象，山下奉文於是在該年九月被重新啟用擔任第十四方面軍司令官，到菲律賓指揮作戰，麾下有高達四十三萬名兵力可供調度。

偵知美方大批各型軍艦向薩馬爾島及雷伊泰島海域集中之後，山下奉文立即調動部署約七萬名兵力在該二島及呂宋島南端一帶嚴陣以待。

美軍先於十月十七日開始在雷伊泰島東岸掃雷並占領鄰近的小島，十月二十日龐大艦隊進行四小時的密集轟炸之後，第六軍團在雷伊泰島東岸順利登陸。美軍隨即在游擊隊的協助之下開始向內陸推進，但是繼續深入後就遭遇日軍強烈的反擊。十一月中旬日軍派出大批軍艦運輸部隊及物資在雷伊泰島西端的歐莫克（Ormoc）登陸以支援守軍，美軍派艦隊及戰機攔截，雙方在歐莫克灣發生一系列海空激戰。

其後美軍渡過狹窄的海峽進攻薩馬爾島及呂宋南端美骨（Bicol）地區，日軍在各個重要隘口及戰略位置都布有重兵，美軍進展緩慢。

岷多洛島戰役

麥克阿瑟不願戰事膠著在雷伊泰島，他急欲直搗黃龍攻打呂宋及馬尼拉，盡早解放菲律賓。但是要進攻呂宋就要先占領一個比較接近呂宋的島嶼，麥克阿瑟認為岷多洛（Mindoro）是最佳的選擇，該島距離呂宋島南部大約只有幾十公里[14]，島上多山，只在海岸有少許平原，而島上日本守軍數量僅有一千二百名。但是優點也是缺點，該島容易受到呂宋島南部的日軍航空部隊攻擊，因此美軍選擇在西南面接近的聖荷西（San Jose）作為登陸地點，這裡也是岷多洛島最理想之深水港。

一九四四年十二月十三日，美軍約一萬人在岷多洛的聖荷西一帶登陸，地面抵抗被美軍火力壓制。但是日軍神風特攻隊大肆攻擊入侵之美軍艦隊，旗艦輕巡洋艦納什維爾號被擊中，造成三百餘人傷亡，登陸艦隊指揮官亦受傷。之前麥克阿瑟於一九四三至四四年在新幾內亞、摩洛泰

13 山下奉文判斷在叢林和崎嶇的地形中，腳踏車會是更適合的行動及運輸工具。他的判斷後來被證實是正確的，日軍的機動性讓他們能屢次繞到英軍的後方展開夾擊，最後只用了兩個月便拿下了馬來半島和新加坡。

14 作者曾兩度自八打雁（Batangas）港搭渡輪前往岷多洛北部的喀雷拉港（Puerto Galera）一帶潛水，渡輪航程約僅二十幾分鐘。

中部

（Morotai）島[15]及雷伊泰的多次行動中，均以納什維爾號為旗艦，此次戰役他沒有親自督戰幸運逃過一劫。另外，日本自殺飛機亦擊沉二艘戰車登陸艦及擊傷數艘其他艦隻。

美軍僅花三天就占領岷多洛島及鄰近的馬林都奎（Marinduque）島，接著就積極趕建機場跑道及港口設施以準備支援對呂宋島的進攻。

仁牙因灣登陸

仁牙因灣（Lingayen Gulf）位於呂宋島西北，地理條件適合兩棲登陸作戰，而且該地距離馬尼拉僅二三〇公里，沿路大都是平原，部隊可以快速向馬尼拉推進。所以日軍一九四一年十二月二十二日由本間雅晴中將指揮的日本侵略軍正是在仁牙因灣登陸，而美軍在三年後要反攻呂宋也選擇在此地登陸。實際上十六世紀中國海盜林鳳也曾率六十餘艘船隻在此登陸，真是所謂英雄所見略同。

一九四五年一月九日集結在仁牙因灣的美國及澳洲海軍先以艦砲猛烈轟擊預定登陸海岸，接著美軍中將克魯格（Walter Krueger）指揮第六軍團六萬八千名士兵在拉牛坂（Dagupan）及聖法邊（San Fabian）之間寬四十公里之海灘登陸，沒有遭到日軍抵抗。其後數天美軍又陸續登陸，數量高達二十萬三千人，高於盟軍諾曼第登陸時之人數。美軍登陸仁牙因灣後迅速占領鄰近的城市，變成一個大型供應基地，以支援美軍進攻馬尼拉。

仁牙因灣登陸雖然沒有遭到日本地面部隊的抵抗，但是盟軍還是付出極高的代價。日軍神風特攻隊持續不斷攻擊盟軍護航艦隊，從一月四日至十二日之間美、澳海軍共有二十四艘軍艦被擊沉，另有六十七艘受損。此役，日軍以零式機為主的神風特攻隊的「擊中率」高達三十%，展現了神風自殺戰術的威力。

一萬噸級的澳洲重巡洋艦澳大利亞號（HMAS Australia）從雷伊泰灣趕去仁牙因灣參與戰役進行岸轟任務，因目標明顯，被神風機擊中五次，造成嚴重損害且死傷數百人，但沒有沉沒，後來返回雪梨進行大修。這艘幸運的軍艦，或應該說是不幸的，創下同一艘軍艦被神風機攻擊最多次的紀錄。

一月六日英國陸軍中將倫斯登（Herbert Lumsden）在美國主力艦新墨西哥號（USS New Mexico）上遭到神風機攻擊後陣亡，成為英國在二戰期間因戰鬥死亡的最高階軍人。倫斯登是英國

15 摩羅泰島在民答那峨島以南，是印尼最北方的島嶼。一九四四年九月美軍收復該島，並以此作為盟軍反攻菲律賓及婆羅洲的中繼站。阿美族台籍日本兵中村輝夫（後改名李光輝）於一九七四年十二月在島內叢林中被發現，他在戰役中與部隊失去聯絡，便獨自在叢林中躲藏等待援軍，三十年後才被發現送回台灣，成為「二戰最後日本兵」。

首相邱吉爾所派，擔任麥克阿瑟的聯絡官。

美國第六軍團於一月九日在仁牙因灣登陸後迅速南下向馬尼拉推進。

一月二十九日，第六軍團屬下的第十一軍四萬人在呂宋島西岸三描禮士省（Zambales）的聖安東尼奧（San Antonio）登陸，該城可以扼守蘇比克灣（Subic Bay）的船隻進出，戰略位置重要。美軍接著攻占聖馬塞利諾（San Marcelino）飛機場、蘇比克灣海軍基地，而且封鎖巴丹半島，阻止日軍向巴丹半島撤退。這與一九四二年日軍攻擊菲律賓的情景頗為類似，只是美、日兩軍的角色互換而已。

一月三十一日美軍第十一空降師的兩個團在呂宋島西南端的那蘇格布（Nasugbu）登陸，隨即向馬尼拉推進。二月四日該師的第五一一旅在泰雅台（Tagaytay）空降及向北推進。

至此，美國大軍在菲律賓游擊隊協助下，全力從各方向馬尼拉快速推進，對馬尼拉形成包圍之勢。

營救美軍戰俘

一九四四年八月，美國國務院發表譴責日本虐待戰俘的聲明，日本軍部陸軍省被激怒，決定執行「殺光政策」將所有戰俘處死，以毀滅證據。

十二月十四日，在美軍占領岷多洛島之後，日軍在巴拉望處死了一百五十名美軍戰俘。戰俘們被趕進防空洞，日軍將出口封死並向洞中澆汽油，再將戰俘活活燒死。一名倖存的美軍一等兵尤金．尼爾森（Eugene Nelson）逃出並獲救之後，向美國軍方敘述了這段經歷。尼爾森的故事後來經人寫成《跟死一樣好》（*As Good As Dead*）並於二〇一六年出版，電視頻道 Discovery 也曾據此製作節目。

日軍在巴拉望集體處死戰俘顯示日軍極其殘忍的「殺光政策」不是說著玩的。於是美軍在仁牙因灣登陸之後，就開始積極規劃營救巴丹死亡行軍的美軍戰俘。這些戰俘幾經轉換營地，最後被關在卡巴納端（Cabanatuan）的俘虜營中，僅剩五百餘人。

一九四五年一月二十七日美軍派出一二七名特種部隊在菲律賓游擊隊的協助下成功接近俘虜營，途中還曾受菲律賓共產黨部隊的阻撓。美軍派出一架 P-61 黑寡婦戰機在空中盤旋以吸引看守俘虜營的日軍注意力，最後美菲部隊擊斃日軍，成功救出這些飽受苦難的俘虜。由於這些五一一名戰俘都非常虛弱，於是游擊隊找了許多牛車來運送。這些俘虜後來被輾轉送到雷伊泰島，準備搭船返回美國，日本的「東京玫瑰」還曾廣播揚言要擊沉搭載他們的軍艦。

卡巴納端俘虜營的營救行動非常成功，成為美軍行動的典範。一九四五年由約翰．韋恩主演的

中部

電影《重返巴丹》（*Back to Bataan*），以及二〇〇五年由約翰・戴爾（John Dahl）導演的電影《搶救前線》（*The Great Raid*），對當年營救的故事都有相當的刻畫。

美國陸軍空降部隊和菲律賓游擊隊組成的聯合特遣部隊，於二月二十三日對馬尼拉南方約七十公里的洛斯巴紐斯（Los Baños）進行突襲，從一所農業學校校園解救了二一四七名盟國軍人與平民。此役，美菲僅有五人陣亡，日軍則有八十名被殺，被譽為現代軍事歷史上最成功的營救行動之一。

六十年後，美國國會於二〇〇五年二月通過一項法案，讚揚當年參與這項營救行動的所有人員，並保證美國對戰俘或失蹤人員的承諾。

馬尼拉戰役與馬尼拉大屠殺

美軍從各方向朝馬尼拉推進時，日軍駐菲律賓最高指揮官山下奉文心知大勢已去，堅守馬尼拉有如自殺。幾經考慮，山下奉文決定把美軍及菲律賓軍阻擊於呂宋島北部山區，於是下令日軍從海岸向內陸作戰略性撤退，並將其司令部及主要兵力撤向碧瑤（Baguio）一帶。

山下奉文在宣布馬尼拉為不設防城市之後，直接下令其下屬海軍少將岩淵三次撤退，但是岩淵打算死守馬尼拉並戰至最後一兵一卒。岩淵三次是個典型的日本軍人，曾擔任海軍主力艦霧島號艦長，歷經中途島海戰、索羅門群島海戰，在霧島號於一九四二年十一月索羅門海戰中被美艦擊沉後[16]，返回拉包爾（Rabaul）參與防衛戰役。岩淵久受軍國主義薰陶，而且日本陸軍與海軍之間長久以來經常意見不同，所以他拒絕服從山下的命令也不足為奇。岩淵麾下有一萬五千名海軍陸戰隊及陸軍部隊，他以馬尼拉王城（Intramuros）及聖地牙哥堡（Fort Santiago）堅固的城牆作為最後防線，其外設置地雷區、各種陷阱及障礙，準備死守馬尼拉。

二月三日，美軍第一騎兵師已推進至馬尼拉北面外圍，接著渡過分隔馬尼拉的巴石河之橋梁，其中一個大隊最先到達該城及前往在聖托馬斯大學（University of Santo Thomas; UST）內的戰俘營救戰俘。這所知名的學府在被日軍占領後成為一個大型戰俘營，關押了四千餘名俘虜，其中有一千餘名是在巴丹戰役、柯里希多戰役中被俘的美軍士兵，也有大量的美國、澳洲、英國及歐洲各交戰國的平民。

美軍在坦克的領導下衝破了圍牆而進入校區，救出部分人質。後來日軍脅持了其餘戰俘在教學大樓裡，並與美軍及菲律賓游擊隊交火。次（四）日，日軍同美方談判，美國人准許他們到馬尼拉

16 請參閱作者二〇二一年所著《我在索羅門群島》。

中部

南面跟日軍大部隊會合。五日上午，四十七名日軍士兵攜帶個人武器步槍、手槍及軍刀離開。此次營救行動，總共救出了五七八五人，包括二八七〇名美國人、七四五名英國人、一百名澳洲人、六十一名加拿大人以及歐洲不同國籍的平民，餘為菲律賓人。

二月四日美軍進入馬尼拉之後與日軍在城內進行巷戰將近一個月，戰事很快演變成逐街逐戶之爭奪戰。美軍各路人馬自不同方向逼近或進入馬尼拉之後，雙方交戰更為激烈。美軍傘兵於二月十一日在馬尼拉南郊的尼古拉斯機場（Nicholas Field）內進行傘降，完成對馬尼拉日軍之完全包圍。

麥克阿瑟由於希望保護城市及平民，因此禁止對城市的砲轟及空襲，但對市區的破壞無法避免。岩淵的部隊在此情況下尚能阻延美軍的推進，美軍必須逐棟建築進攻及殺死日軍，這亦經常誤傷平民。

面對美軍猛烈的火力步步進逼，絕望的日軍把憤怒及挫折發洩在平民身上，導致諸多殘暴的行為，後來被稱為馬尼拉大屠殺（Manila Massacre）。

三月三日最後一批日軍在財政部大樓頑抗拒絕投降，在美軍砲轟下變成一堆瓦礫，馬尼拉戰役結束。

馬尼拉戰役估計死亡的菲律賓人總數達十萬人以上，平均每天有三千名平民遇害。死亡的十萬人中，哪些是日軍直接屠殺的、哪些是雙方交火中死亡，實難以判定，因為美軍的砲火同樣造成嚴重破壞。

戰役結束後美軍對日軍暴行進行調查，其犖犖大者：日軍曾在聖保羅大學（St. Paul University Manila）一次殺害九九四名菲律賓兒童；二月四日至十日，日軍在巴石河南岸瘋狂屠殺姦淫並燒死避難所的三千名難民；二月五日，日軍勒令城中男女分開排列街上，將男子用機關槍射殺，將女子肆意強姦後射殺，用手榴彈炸死來不及殺害的無辜百姓，屍橫遍地。

馬尼拉戰役日軍戰死約一萬二千人，美軍戰死約一千人、受傷五千餘人。平民死傷則高達十萬人至十五萬人之間，約為當時馬尼拉人口數的十分之一。此役是第二次世界大戰太平洋戰區最嚴重的城市戰役，死傷人數僅次於一九四二至四三年的蘇聯史大林格勒保衛戰（Battle of Stalingrad）。

一九九五年二月，馬尼拉大屠殺五十週年，菲國政府在王城 Intramuros 的聖伊莎貝爾廣場立碑，以紀念罹難的十餘萬菲律賓人。

碧瑤戰役

馬尼拉戰役結束不表示菲律賓已完全光復，山下奉文仍然率領第十四方面軍約十七萬兵力在呂宋島北部做最後的抵抗。這批日本在菲律賓的殘餘部隊占據了北呂宋一個大型三角地帶，從東面的馬德雷山脈（Sierra Madre）[17]到西面的科迪勒拉（Cordillera Mts.）山脈，以及在呂宋島北面的海岸，形成一面防禦盾牌。山下奉文預計美軍將從馬尼拉地區及仁牙因灣發起主要進攻，特別是沿少數的公路經碧瑤或馬尼拉以北二百五十公里的班邦（Bambang）進入卡加延（Cagayen）河谷，亦可能沿北部海岸進行登陸行動。

三月初美軍發起進攻，主力部隊沿十一號公路進入山區向班邦推進，但進攻部隊被日軍嚴密防守所以進展緩慢。美軍其餘部隊同時從仁牙因灣出發，在北部海岸登陸及只遇到輕微抵抗。在攻占海岸的數個市鎮及轉入內陸後，部隊從東北部沿九號公路進攻碧瑤。為了支援進攻，美軍派第三十七步兵師加入進攻，又召來空軍及菲律賓遊擊隊支援，終於擊敗陷於飢餓邊緣的日軍，美軍在四月二十七日占領碧瑤。

日軍失去了防守三角盾牌的其中一角，但呂宋島北部的戰事尚未結束。美第六軍團繼續將山下奉文的部隊逼迫進入山區，日軍傷亡嚴重。此時，從雷伊泰島前來增援的美軍第三十二步兵師負責實施封鎖，沒有激烈的戰鬥，但日本守軍卻因飢餓及疾病而付出更慘重的傷亡。

到戰爭結束時，日軍仍堅守在呂宋東北部的馬德雷山脈，八月十五日日本無條件投降後，山下奉文於九月三日在碧瑤向盟軍投降。一九四二年在柯里希多接替麥克阿瑟成為美軍在菲律賓最高指揮官的溫萊特將軍，他當年苦戰到五月六日彈盡援絕才向日軍投降，成為日軍的俘虜。溫萊特於一九四五年九月二日在美國海軍密蘇里號（USS Missouri）主力艦甲板上，站在麥克阿瑟後面見證了日本投降。次（三）日，溫萊特搭機趕回菲律賓，在碧瑤的海約翰營區（Camp John Hay）[18]主持日軍菲律賓指揮官山下奉文的投降儀式。

日軍在碧瑤向美軍投降，標誌著日軍對菲律賓三年占領期的結束，以及麥克阿瑟實現他勝利重返菲律賓的承諾。

17 菲律賓海軍登陸艦馬德雷山脈號（BRP Sierra Madre）即以此山脈命名。該艦於一九九九年被菲方巧妙地擱淺於南海仁愛礁以宣示菲國主權。

18 碧瑤海約翰營區是為紀念一八九八至一九〇五年時期擔任美國國務卿的海約翰（John Milton Hay）。他最著名的事蹟是一九〇〇年義和團之亂後力主中國「門戶開放」，以免中國被列強瓜分。

在卡巴納端戰俘營內被關押兩年餘的俘虜獲得營救後歡欣雀躍（US Army）

山下奉文（背對者左三）於一九四五年九月三日在碧瑤海約翰軍營的投降儀式上向美軍投降。坐在其對面主持受降的正是一九四二年在柯里希多向日軍投降、後來成為俘虜的溫萊特將軍（第一排左四）。（US Army）

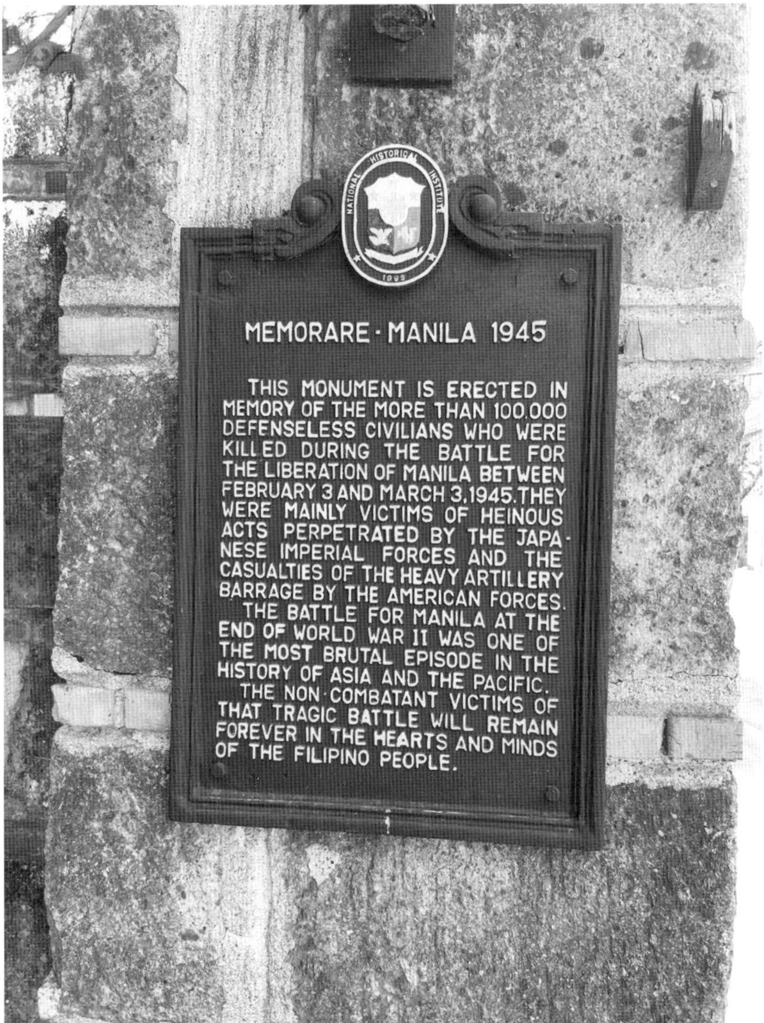
NATIONAL HISTORICAL INSTITUTE
MEMORARE · MANILA 1945
THIS MONUMENT IS ERECTED IN MEMORY OF THE MORE THAN 100,000 DEFENSELESS CIVILIANS WHO WERE KILLED DURING THE BATTLE FOR THE LIBERATION OF MANILA BETWEEN FEBRUARY 3 AND MARCH 3, 1945. THEY WERE MAINLY VICTIMS OF HEINOUS ACTS PERPETRATED BY THE JAPANESE IMPERIAL FORCES AND THE CASUALTIES OF THE HEAVY ARTILLERY BARRAGE BY THE AMERICAN FORCES.
THE BATTLE FOR MANILA AT THE END OF WORLD WAR II WAS ONE OF THE MOST BRUTAL EPISODE IN THE HISTORY OF ASIA AND THE PACIFIC.
THE NON-COMBATANT VICTIMS OF THAT TRAGIC BATTLE WILL REMAIN FOREVER IN THE HEARTS AND MINDS OF THE FILIPINO PEOPLE.

馬尼拉王城（Intramuros）內的馬尼拉大屠殺紀念碑（圖／作者）

勝利是要付出代價的。美軍反攻菲律賓陣亡兩萬餘人，受傷五萬餘人。一萬七千餘名陣亡者長眠在馬尼拉美軍公墓。（圖／作者）

第二十三章 戰後軍事審判

馬尼拉軍事法庭於一九四五年九月二十五日成立，該法庭最受矚目的是審理了兩名乙級（Class B）戰犯，就是侵略菲律賓的第十四方面軍首任司令官本間雅晴，以及末代司令官山下奉文。

第一次世界大戰結束後，曾有一系列針對被指控犯下戰爭罪者的審判在德國東南部的萊比錫進行，但審判規模十分有限，並且通常被認為無效。

第二次大戰期間，對發動戰爭者、犯下戰爭罪者及種族滅絕罪者等應給予適當的審判與懲罰以行使正義，國際間逐漸形成共識。德國於一九四五年五月投降，戰勝國美國、蘇聯、英國、法國等四國政府於當年八月八日在倫敦正式簽署關於控訴和懲罰歐洲軸心國主要戰犯的協議，並通過著名的《國際軍事法庭憲章》作為審判的法律依據。後來就於一九四五年十一月至一九四六年十月間舉行歷史上著名的「紐倫堡大審」（Nuremberg Trials）。

太平洋戰爭於一九四五年八月結束後，遠東國際軍事法庭（International Military Tribunal for the Far East）又稱東京大審於一九四六年五月至一九四八年十一月之間在東京進行，對東條英機等二十八名日本甲級（Class A）戰犯起訴審判。五千七百餘名較低級的戰犯則分別在澳大利亞、中國、法國、荷蘭、菲律賓及英國、美國等國軍事法庭進行起訴及審判。

馬尼拉軍事法庭於一九四五年九月二十五日成立，該法庭最受矚目的是審理了兩名乙級（Class B）戰犯，就是侵略菲律賓的第十四方面軍首任司令官本間雅晴，以及末代司令官山下奉文。

本間雅晴遭判死刑槍決

本間雅晴在占領菲律賓戰役結束後被撤職調回參謀本部，後被編入預備役閒差，等於結束了其軍旅生涯。一九四五年八月十五日日本投降後僅兩個星期，本間雅晴就被美國占領軍拘捕關押，不久被移交到菲律賓馬尼拉接受調查和起訴。實際上麥克阿瑟當年就是敗在本間雅晴之手，他不可能忘記這段慘痛的記憶。

馬尼拉軍事法庭審理了本間雅晴所犯戰爭罪行，認為他應該對巴丹死亡行軍承擔責任，因為巴丹死亡行軍曾導致四萬多名盟軍戰俘遭虐待而死。雖然有一些證人提供有利本間的證詞，本間雅晴仍然被判處了死刑，但原本他要被處以絞刑，不過在其妻子的請求下，被改為槍決。一九四六年四月三日，本間雅晴是眾多被處死刑的日軍軍官中，少數被允許可以穿著軍裝處決的。實際上，不僅是巴丹死亡行軍，本間雅晴違反國際公法，下令殺害中華民國駐馬尼拉總領事楊光泩及七位外交官一案，他也必須負起全責。

中部

山下奉文遭判死刑絞刑

山下奉文於一九四五年九月三日在碧瑤對盟軍投降，之後就被送至馬尼拉南部的監獄關押。

盟軍對山下奉文的指控著重在馬尼拉大屠殺一事。山下在事件發生時人正率軍於遠離馬尼拉外的山區作戰，且實施大屠殺的執行者岩淵三次海軍少將，既無視山下將馬尼拉定為不設防都市的命令，指揮上也不歸山下所管。對此，山下回答「我並不知情，但我不會說我沒有責任」。同年十二月七日，山下被判處死刑。

由於審理過程中存在指揮官是否應為下屬行為承擔責任的爭議，擔任山下首席辯護律師的美國陸軍法務上校克拉克（Harry E. Clarke）不服判決，特地往美國最高法院上訴要求暫停審判，並向菲律賓最高法院要求中止執行死刑與發出人身保護令。但美國最高法院以六比二票數駁回上訴，並要執行絞刑。

山下奉文於一九四六年二月二十三日在馬尼拉以南七十公里的洛斯巴紐斯監獄執行絞刑，行刑時他不被允許穿著軍服，只能身穿囚服行刑，而處刑台則由日本戰俘製造。

岩淵三次舉槍自盡

其實真正應該對馬尼拉大屠殺負責的人是岩淵三次。山下奉文決定要把日軍撤往北呂宋之後，曾數度直接向岩淵下令撤退，但被他拒絕。岩淵三次原本是日本海軍主力艦霧島號的艦長，該艦於一九四二年十一月在索羅門群島海戰中被美軍擊沉，一直是他心裡的最痛。霧島號是太平洋戰爭中，甚至是有史以來日軍損失的第一艘主力艦，身為艦長的他沒有隨艦陣亡，令他極為羞愧耿耿於懷。因此他不願意服從山下奉文的命令自馬尼拉撤退，而率部死守馬尼拉。在美軍對馬尼拉逐漸縮小包圍圈之後，岩淵三次於二月二十六日舉槍自盡。戰役結束後，美軍在眾多死亡的日軍當中無法辨識岩淵的屍體。岩淵三次在戰後被日本政府追晉海軍中將。

菲律賓軍事法庭

菲律賓於一九四六年獨立後次年，也設立軍事法庭繼續對日本戰爭罪犯進行軍事審判。在一九四七年至一九四九年之間菲律賓軍事法庭對一五五名被告進行了七十三次審判，最終有一三八名被判有罪，其中七十九名被判死刑、三十一名無期徒刑、二十八名刑期不等，另有十一名被判無

中部

罪以及數名在審訊期間死亡。

菲律賓在該軍事法庭的審判展現了嫻熟的技巧，對獨立後的菲律賓司法制度有相當助益。

一九四一年十二月本間雅晴登陸仁牙因灣（Wikipedia）

遭遠東軍事法庭審判期間的山下奉文（Wikipedia）

第二十四章 山下奉文寶藏

一九四五年一月美軍登陸仁牙因灣之後迅速向馬尼拉推進。山下奉文決定撤離馬尼拉前往北呂宋山區繼續抵抗，於是把大量寶藏及黃金分別藏匿在北呂宋山區許多隱密之處，以避免戰勝國接收這些財物，被稱為山下寶藏。

二次大戰結束後，盟軍不僅要對戰爭罪犯進行審判，也要對日軍在東南亞各地所掠奪的財寶進行追查。盟軍若獲得日軍藏匿財寶的明確訊息，當然會去搜尋，但是盟軍撤退之後，就是一些尋寶者發揮所長的樂園了。其中最有名的就是所謂「山下寶藏」（Yamashita Treasure），或是「山下黃金」（Yamashita Gold）。

有關山下寶藏的各種說法傳聞太多，梳理其梗概大致如下：太平洋戰爭爆發後，日軍將領山下奉文率軍在兩個月內擊敗英軍而占領馬來亞及新加坡等地，日軍掠奪了大量的財寶，日本政府下令分批將財寶運回本國。但是山下奉文在奪取新馬之後一百餘日就被調至滿州國，一九四四年九月又自滿州國改調至菲律賓擔任第十四方面軍指揮官。十月起美軍反攻菲律賓，陸續登陸雷伊泰島、岷多洛島，次（一九四五）年一月美軍登陸仁牙因灣之後迅速向馬尼拉推進。山下奉文決定撤離馬尼拉前往北呂宋山區繼續抵抗，於是把大量寶藏及黃金分別藏匿在北呂宋山區許多隱密之處，以避免戰勝國接收這些財物，被稱為山下寶藏。

有一種廣為流傳的說法是日本的秩父宮雍仁親王（昭和天皇的二弟，皇位第一順位繼承人），曾親自前往東南亞負責處理日軍從菲律賓、新加坡、馬來亞、荷屬東印度和法屬印度支那等地所掠奪的財寶，利用船隊運回日本。戰爭末期山下奉文改調菲律賓，雍仁親王與他有長久的私誼，指示山下奉文把未及運回日本的財寶埋藏在菲律賓山區隱密的地點。二次大戰結束不久，山下奉文遭盟軍判處死刑，而雍仁親王也在一九五三年病逝，於是日軍掠奪的寶藏究竟藏於何處，也就斷了線了。

曾經參與掠奪、搬運及藏匿財寶的日本軍人甚多，而當時也有許多菲律賓民眾目擊日軍在埋藏財寶，於是許多傳聞逐漸不脛而走。也有各種捏造、誇大、不合理的說法，甚至藏寶圖都滿天飛，令世人眼花撩亂。有些對山下寶藏深信不疑者、偶然獲得藏寶圖者或純粹要試試手氣者，紛紛前往可能地點如北呂宋及宿霧等地挖寶之事，時有所聞。

作者於一九九三年在馬尼拉曾受一位菲律賓友人邀請午餐，在座有另一位他的朋友Z君。席間Z君表示他手中有一份有極高價值的地圖，是日軍投降前在呂宋東北的伊莎貝拉（Isabela）省深山（也就是馬德雷山）裡所藏匿寶藏的位置，他已組成一個公司且獲得挖掘許可，如果我有興趣可以入股，每股一千美元，成功機會極高等語。我打哈哈婉謝了。

按常理判斷，參與埋藏寶藏的日本軍人應該有少數沒有戰死而幸運存活成為俘虜，最後回到日本者，頗有可能在經過一段時間後想要回到當年的藏寶地尋寶。也有可能這些人戰後向他人口述藏寶的故事或繪製藏寶圖，但是當年兵荒馬亂，敘述及所繪地圖不太可能精確。而這些前日本軍人或其子女或其他得到訊息的日本人到了菲律賓之後無法獨力去尋寶，總要找當地人當嚮導或協助，所以山下寶藏的故事就逐漸流傳開來。

中部

羅哈斯對馬可仕

確實有一個成功挖掘山下寶藏的故事。一位住在碧瑤名叫羅哈斯（Rogelio Roxas）的鎖匠，於一九六一年遇見一位日本人聲稱其父是前日本陸軍士兵，他把一張手繪藏寶地圖交給這個幸運的鎖匠。不久羅哈斯又遇見一個日本人聲稱在戰時擔任山下奉文的翻譯官，表示當年日軍把金條及金身佛像等寶藏藏在一處修道院的地道裡。得到這些訊息之後幾年，羅哈斯向有關當局申請尋寶的許可。一九七一年羅哈斯成立了一個由其弟及友人組成的團隊，在碧瑤一處國有土地挖掘到一個地道，進入裡面後先發現一副穿著日本軍服的遺骸及武士刀、步槍等。他們在另一個密室內發現一個三英尺高的黃金佛像，以及堆疊至天花板高如啤酒箱大小的許多木箱，羅哈斯拆開其中一箱，裡面裝了二十四塊金條。他與團隊把重達幾百公斤的佛像及一箱金塊帶走並藏在家裡。後來羅哈斯賣掉七條金塊並尋找黃金佛像可能的買家，經過買家鑑定佛像是由純度二十克拉的黃金所鑄成，而鑑定時也發現金佛像內還藏有許多未切割的鑽石。

看見這些財寶的人太多，自然無法保密。消息傳開後，當時的總統馬可仕立刻派安全人員至羅哈斯家裡，把佛像及剩餘的十七塊金條取走，並將他刑求、拘禁長達一年餘才釋放。心懷不滿的羅哈斯想要報復，但是一個市井小民如何鬥得過獨裁統治大權在握的馬可仕呢？於是他就只好忍耐等待適當的時機。

一九八六年馬可仕因為「人民力量革命」（People Power Revolution）而下台，出亡至美國夏威夷。果真是君子報仇十年不晚，一九八八年羅哈斯及他成立的「黃金佛像公司」（Golden Budha Corporation）在夏威夷法院，向馬可仕及其妻伊美黛提出返還黃金佛像、金塊等寶藏以及遭刑求拘禁等要求賠償的訴訟。被告馬可仕於第二年一九八九年九月二十八日，因心臟病發病逝於夏威夷檀香山。而原告羅哈斯也於一九九三年五月在開庭前因病在菲律賓死亡。原告與被告都在裁判前死亡，莫非這批財寶是不祥之物？

一九九六年夏威夷法院判決原告「黃金佛像公司」獲得二百二十億美元的損害賠償，連同利息則是四百〇五億美元。這是當時歷史上最高的損害賠償，全世界為之震驚。

一九九八年夏威夷州高等法院認為羅哈斯確實有足夠的證據證明是他發現這批寶藏，但是初審判決損害賠償二百二十億美元是基於整個地道密室裡的所有黃金來計算，過於誇大，因此應改為以原告實際得到的黃金佛像及剩餘的十七塊金條來計算。

「羅哈斯對馬可仕案」（Roxas v. Marcos）於是又經過了幾年的法律程序，最終判決是原告黃金佛像公司獲得一百三十二億七千五百餘萬美元的主要賠償，及六百萬美元對羅哈斯的人權損害賠償。美國第九巡迴上訴法院對本案的看法是：「山下寶藏是羅哈斯所發現，後被馬可仕的人所搶

中部

走」。

不論是初審時的四〇五億美元或是複審的一百多億美元，對一般人而言都是天文數字，伊美黛．馬可仕的辯護律師稱馬可仕的財產都已被菲律賓政府沒收，不可能賠償。

「羅哈斯對馬可仕案」有如大衛對巨人歌利亞的戰爭，原告與被告早已死亡，但是他們的家人堅持立場繼續再戰，不僅沒完沒了，除了主要戰場在夏威夷外，還延燒到紐約及瑞士以及菲律賓本土馬尼拉及碧瑤等地，經常冒出案外案，劇情複雜懸疑有如長達十幾季的電視影集。

這尊黃金佛像究竟是從何處而來也是個謎。會是搶奪自菲律賓或馬來亞、新加坡的佛寺或是私人蒐藏？會是從篤信佛教的泰國搶奪而來然後運至菲律賓？這些都有其可能性，也有諸多疑點。菲律賓華僑人數較少且分散，華僑社區的佛寺有可能供養如此身價不凡的金身佛像嗎？如果搶奪自其他國家，何以不直接運去日本而送到菲律賓？

黃金佛像發現地碧瑤市地方法院法官雷耶斯（Antonio Reyes）曾於一九九六年五月三十日的裁決中指出，這尊留在碧瑤的佛像是鍍銅雕像。這種說法增加了這尊備受矚目的「黃金佛像」的爭議性及神祕性。

尋找山下寶藏熱潮

一個美國歷史作家西格雷夫（Sterling Seagrave）以二戰之後東亞局勢的故事為背景，寫了幾本一系列虛實交錯的小說，其中在二〇〇三年出版的《黃金戰士》（*Gold Warriors*）就是以山下寶藏為核心，描述了山下奉文與日本秩父宮雍仁親王有長久交情，山下在日本投降前在菲律賓多處埋藏寶藏及其後發展的故事。西格雷夫的書出版之後，再度掀起尋找山下寶藏的熱潮，有諸多關於山下寶藏的報導、電影、短片問世，甚至歷史頻道（History Channel）也於二〇一九年據以製作節目。

二〇一八年六月三描禮士省聖安東尼奧市警方在近海的卡波內斯島（Capones Island）逮捕了四名日本人及十三名菲律賓人，因為他們未獲得許可卻在該島進行挖寶。

台灣也有山下寶藏？

台灣在戰後也流傳日軍在撤離台灣前曾在島上多處隱密地點埋藏財寶的訊息。山下奉文沒有派駐過台灣，但這並不影響人們以「山下寶藏」來稱呼這些傳說中由日軍所遺留在台灣的財寶。

民國四十四年台灣省政府成立「台灣省發掘打撈日人埋沉物資監理委員會」，附屬於台灣省政府，並以《台灣省發掘打撈日人埋沉物資辦法》與《台灣省發掘打撈日人埋沉物資監理委員會組織規程》以管理來自台灣各地想挖掘寶藏的申請。後者於民國六十一年廢止。而前者則於民國八十年合併至行政院發布之《台灣省區統一發掘打撈日人埋藏物資辦法》。

在台灣謠傳埋藏寶藏的地點中，有八處最為知名：台北市博愛特區包括總督府、西本願寺及南昌路陸軍聯誼廳一帶、宜蘭員山、基隆大武崙砲台、桃園縣龍潭鄉與新竹縣交界處山區，南投縣能高山內日軍採礦場與軍事設施、台南秋茂園、高雄壽山防空地道等軍事設施、屏東縣崁頂鄉台糖後壁厝農場等處。

無法確定過去八十年來台灣是否真的有人尋獲日軍遺留的寶藏，但每隔幾年總會有一些相關的新聞熱鬧一陣。一般人若真尋獲類此財富，通常是不會對外張揚的，以免為自己帶來麻煩。但是如果有興趣尋寶或哪天發現了藏寶圖，千萬要先向有關單位申請許可，以免觸法。

羅哈斯（左）與其弟挖掘黃金佛像搬回家後合影（Roxas family）

中部

一九九六年馬可仕夫人伊美黛檢視黃金佛像（Associated Press），可以看出佛像有多處磨損「落漆」。

下部

第二十五章 菲律賓獨立

菲律賓的政治基本上由菁英階層所壟斷，這些菁英大多數都來自莊園（hacienda）大地主家族，而其家族利益擴展至政治、經濟及社會等生活的每個層面。

美國與西班牙於一八九八年四月發生戰爭後，菲律賓也成為戰場，美國協助菲律賓革命軍推翻西班牙統治。沒想到幾個月後的《巴黎條約》，美國以二千萬美元的代價自西班牙手中取得菲律賓，盟友瞬間變臉成為新統治者，令菲律賓人民無法接受，於是又爆發了美菲戰爭。十八世紀推翻帝國主義殖民而獨立的美國原本也想要嘗嘗帝國主義的甜頭，未預料到菲律賓的抵抗極為強烈，而且在薩馬爾島等地的屠殺，不僅遭到美國內的指責，也受到國際間的批評。美國於是改弦易轍，逐步訓練菲律賓人民學習民主，最終讓這個在太平洋彼岸的群島獨立成為親美的國家，以符合美國長遠的利益。

日本占領菲律賓期間扶植一個魁儡政權成立菲律賓第二共和國，由勞瑞爾（José Paciano Laurel）擔任總統。一九四四年九月第二共和向英、美宣戰。美軍在仁牙因灣登陸，山下奉文遂將勞瑞爾及其他共和國政府要員撤至碧瑤。一九四五年八月十五日日本宣布投降後，勞瑞爾也於兩天後在東京宣布第二共和國正式解散。

二次大戰結束後，美國杜魯門總統派曾任印地安納州長及戰時人力委員會主席的保羅・麥納特（Paul V. MacNutt）擔任駐菲律賓高級專員（High Commissioner），他的主要職責就是處理菲律賓獨立及美菲關係的事務。實際上他於一九三七年至一九三九年間就已經被羅斯福總統任命為駐菲律賓高級專員，所以回到馬尼拉處理菲律賓事務頗為勝任愉快。

一九四六年七月四日美國國慶日當天，麥納特[19]代表美國政府與菲律賓總統羅哈斯（Mannuel Roxas）在馬尼拉簽署了「一般關係條約和議定書」（Treaty of General Relations and Protocol with the Republic of the Philippines），放棄了美國對菲律賓的主權並承認菲律賓共和國的獨立。該名稱頗為冗長的條約被簡稱為《馬尼拉條約》，其中最重要的條文是菲律賓同意在獨立後給予美國繼續使用軍事基地九十九年，這也就是美國長久以來，至今日仍在菲律賓使用軍事基地的根據及起源。

七月三十一日美國參議院批准馬尼拉條約，杜魯門總統於八月四日簽署了該條約。馬尼拉條約於九月三十日獲得菲律賓的批准。該條約於一九四六年十月二十二日雙方換約後正式生效。菲律賓自一八九六年發起革命爭取獨立，隔了整整五十年終於獨立成功。

七月四日被菲律賓政府定為獨立日，與美國獨立日同一日，以示對美國關係之深厚。一九六二年馬嘉柏皋（Diosdado Pangan Macapagal）總統把七月四日改稱「共和國日」，也稱為「菲美友宜日」（Philippine–American Friendship Day）；獨立日則改為六月十二日並為特別公共假日，以紀念阿奎納多於一八九八年該日宣布菲律賓脫離西班牙而獨立。

19 菲律賓獨立後，麥納特改為美國首任駐菲律賓大使。他擔任駐菲大使一年後返回美國繼續其律師業務。一九五五年他身體不適，感覺需要住在像菲律賓氣候溫暖的地方休養，於是搭郵輪前往。他抵達馬尼拉前健康就愈趨嚴重，下船後就搭機返回紐約，不久病逝葬在阿靈頓國家公墓。

如果不算入美國統治初期發生的美菲戰爭，二次大戰之後在亞洲反殖民統治的歷史上，菲律賓扮演了一個特殊角色。越南、緬甸及印尼等國的獨立過程相當血腥，印度及馬來西亞的獨立也不算順利。美國則算是主動放棄對菲律賓的殖民統治，並協助菲律賓走上獨立之路。一位美國歷史家認為，這是一個帝國主義國家首次自願放棄對他國的占領。

獨立後首任總統羅哈斯

菲律賓獨立後稱為第三共和，首任總統為羅哈斯，他其實於幾個月前才擊敗前總統歐斯曼尼亞而出任菲律賓自治領的末任總統，獨立後也順理成章出任首任總統。

羅哈斯於一八九二年一月出生於維沙亞的卡皮茲（Capiz）省的卡皮茲市，是個遺腹子，因其父在他出生前遭到西班牙警察毆打重傷，不久即過世。

羅哈斯十二歲時曾被送到香港就讀，但不久因思鄉被送回家鄉。他後來考上菲律賓大學（University of Philippines）法學院，在校成績優異，以第一名畢業，並通過律師考試。

羅哈斯後來從政，當選卡皮茲省最年輕的省長。一九二二年他又當選眾議員，之後連續十二年當選眾議院議長，以及出任財政部長等要職。

一九三三年擔任眾議院議長的羅哈斯偕同參議院副議長歐斯曼尼亞前往美國華府，向美方交涉菲律賓的獨立。當時美方同意讓菲律賓獨立，但先決條件是必須允許美國保留若干軍事基地。後來當選自治領總統的奎松認為，這樣安排等於讓菲律賓跟日本魁儡滿州國沒什麼兩樣。

日本開始侵略菲律賓之後，羅哈斯加入美國遠東陸軍（USAFFE）以及游擊隊的行列。羅哈斯的學經歷無疑地使他成為戰後菲律賓政壇的閃亮明星，但是他最大的爭議是他曾與日本占領軍當局合作。麥克阿瑟光復馬尼拉之後，因為戰前兩人已熟識，而且對他十分欣賞，於是替他背書，才恢復了他的政治生命。而他傾向同意獨立後美國可以保留在菲律賓的軍事基地，所以獲得美國的支持。

一九四六年四月舉行大選時，羅哈斯除了獲得美國的支持外，他還擁有菲律賓最大的報紙，所以可以為他參加總統大選廣為宣傳。而他的對手歐斯曼尼亞自己認為已有廣大知名度，不需要競選造勢。大選開票結果，羅哈斯獲得五十三．九三％選票，贏得總統選舉。

一九四六年菲律賓組成獨立政府時，是以美國為藍本做出憲政安排。獨立的菲律賓採總統制，並搭配參、眾兩院制的國會制衡，司法則是獨立於行政及立法之外。但是，與美國不同之處在於，菲律賓的參議員是以全國為選區，所以參議員就變成競選總統的跳板。

菲律賓的選舉還有一個特點，就是總統候選人與副總統候選人是分開來選。所以選前雖然總統有副總統候選人搭檔，但是投票的結果可能是總統與副總統當選人不是同一組人馬，也就是說總統與副總統可能是分屬不同政黨或陣營的局面，內耗嚴重。副手總是等候總統下台甚至伺機推翻總統，造成政局動盪。

菲律賓的政治基本上由菁英階層所壟斷，這些菁英大多數都來自莊園（hacienda）大地主家族，而其家族利益擴展至政治、經濟及社會等生活的每個層面。羅哈斯就是出身自大地主階層，而他在從政之後也積極參與莊園主人之間的聯繫與活動。羅哈斯擁有菲律賓最大的報紙，這對他強化政治地位及戰後競選總統有莫大的幫助。

羅哈斯當選為總統後僅一年餘，不久於一九四八年四月去世。一般認為，美國所支持的菁英政治結構不利於改革，而且賄賂與貪腐已經成為新獨立共和國日常政治運作的一部分。戰後百廢待舉，需要一個強而有力的總統領導進行改革。但是羅哈斯短暫的任期中，最急需處理的是在呂宋挑戰中央政府的虎克軍叛亂。

羅哈斯去世後，他的家鄉卡皮茲省的卡皮茲市於一九五一年改名為羅哈斯市（Roxas City）。

季里諾總統

羅哈斯去世後，依據憲法由副總統季里諾（Elpidio Rivera Quirino）繼位。

季里諾出生於南伊羅戈省美岸（Vigan），早年通過了一級公務員考試，先擔任低階公務員。之後進入菲律賓大學，一九一五年獲得了大學法律學院法律學位，成為一個律師。一九一九年季里諾當選為菲律賓眾議員，一九二五年當選為參議員，後在自治領政府擔任財政部長和內政部長。第二次世界大戰結束後，菲律賓自治領政府得以恢復。菲律賓國會也重新成立，季里諾被選為參議院副參議長。一九四六年舉行總統選舉，羅哈斯成為自由黨的總統候選人，選擇副參議長季里諾為競選夥伴，並贏得選舉。勝選後，季里諾出任副總統，後來兼任外交部長。

季里諾接任去世的羅哈斯成為總統後，接著又於一九四九年的總統選舉中，擊敗前第二共和總統勞瑞爾，獲得連任。季里諾的總統任期內（一九四八～一九五三年）是菲律賓的戰後重建時期，在美國的大力援助下，菲律賓經濟得到快速發展，但一些社會問題仍未解決，導致虎克軍叛亂，同時政府的貪汙和腐敗行為仍然相當普遍。

季里諾與妻艾麗西婭（Alicia）生有五個孩子。在二戰期間的馬尼拉戰役中，其妻和三個孩子在一九四五年二月九日逃離家園時死於馬尼拉大屠殺。即便如此，季里諾決定赦免仍在服刑或宣告

下部

死刑的日本戰犯與菲律賓協力者，並於一九五三年十二月前將戰犯全數釋放。

季里諾對曾經侵略蹂躪菲律賓的日本在戰後寬大為懷，實際上可以說菲律賓人在戰後就很快忘記對日本的仇恨。日本在占領期間成立的魁儡政權第二共和的政府人員，大致說來沒有遭到「秋後算帳」式的復仇。第二共和總統勞瑞爾甚至還與季里諾競選一九四九年的總統大選，在三個候選人中獲得三十七%的選票，就是最明顯的例子。

一九五三年菲律賓總統選舉，季里諾尋求連任失敗。一九五六年二月二十九日，季里諾因病去世。

蔣中正與季里諾碧瑤峰會

一九四九年七月十日季里諾邀請中華民國下野的總統蔣中正以國民黨總裁身分訪問菲律賓，兩人在碧瑤舉行峰會，就兩國關係及遠東情勢交換意見。十一日兩人發表了聯合聲明，其要點：一、中菲兩國之關係應予加強。二、遠東國家應即成立聯盟以抵抗並消滅共產勢力之威脅。三、盼望其他亞洲及太平洋國家對本聯盟之最高目的起而響應。蔣中正訪問菲律賓顯然對促進兩國關係有極大助益，八月三日中華民國駐菲律賓共和國公使館升格為大使館。

這是蔣中正下野期間出訪同樣飽受共產黨叛亂之苦的的國家，以尋求結盟阻止共產主義擴散。蔣中正隨後於八月八日前往南韓鎮海會晤李承晚總統，事後發表與碧瑤會議類似的聯合聲明。

菲律賓參與韓戰

菲律賓獨立之後在外交上仍以美國馬首是瞻。一九五〇年六月二十五日北韓大舉南侵，韓戰爆發，美國要求菲律賓派軍加入聯合國部隊抵禦北韓侵略。季里諾總統對於是否要派兵有點猶豫，因為菲律賓才剛獨立，歷經了殘酷的二戰，此時經濟正在重建，國內又有叛亂待弭平，所以一開始只答應提供一些藥品與補給。

時任菲律賓外交部長，同時是聯合國大會主席的羅慕洛（Carlos P. Romulo）力挺派兵援助，他向季里諾說明，響應聯合國的決議是符合菲律賓利益的，這不是介入國外的戰爭，而是履行聯合國成員的義務。

於是季里諾改變想法，決定派遣七四五〇名菲律賓遠征部隊（PEFTOK）參與韓戰。菲律賓當時正在與國內的共產黨叛軍虎克軍作戰，所以是各國援軍中有反叛亂實戰經驗的勁旅。來自熱帶的菲律賓士兵抵達朝鮮半島之後，剛開始他們得克服寒冷的氣候以及肺炎與凍瘡。整個韓戰期間菲律賓戰鬥部隊經歷幾次主要戰役，表現頗佳。[20]

一九五五年菲律賓遠征軍完成任務返回國內，陣亡一一六名、受傷二九九名、失蹤五十七名，其中有四十一名在戰爭結束換俘回到菲國陣營。韓國京畿道的高陽市立有紀念碑，紀錄菲律賓遠征軍的貢獻。在韓國的國家戰爭紀念館裡，也有匾額紀念在韓戰裡犧牲的菲律賓士兵們。

菲律賓第十二任總統羅慕斯（Fidel Ramos）一九五〇年甫自美國西點軍校畢業，返菲後不久加入遠征軍派往朝鮮半島擔任中尉突擊偵查排排長，多次因表現優異而獲得韓國與菲律賓的勳章及英雄稱號。

韓戰爆發時才十七歲的艾奎諾（Ninoy

菲律賓獨立後首任總統羅哈斯
（Malacañang Museum）

Aquino）被馬尼拉時報（Manila Times）派往朝鮮半島擔任戰地記者，他跟軍人一樣在前線猛烈砲火下出生入死，寫了許多深刻感人的報導及拍了很多珍貴的相片，令國內的菲律賓同胞瞭解戰爭的實況。季里諾總統頒發軍團榮譽勳章（Legion of Honor）給艾奎諾時他年僅十八歲。一九五四年艾奎諾與柯拉蓉（Corazon Aquino）結婚，她後來成為菲律賓第十一任總統；他們的兒子艾奎諾三世（Benigno S. Aquino III）成為菲律賓第十五任總統。

20 請參閱作者二〇二三年所著《朝鮮半島事件簿》，時報出版。

一九四九年七月下野的蔣中正總統與菲律賓季里諾總統在碧瑤會晤（菲律賓國家圖書館）

一九四六年七月四日在馬尼拉，美國星條旗降下，菲律賓國旗緩緩升起。（菲律賓國家圖書館）

第二十六章
虎克軍叛亂

美國人來到菲律賓之後開始進行改革，以緩和佃農和地主之間的緊張關係。然而改革並未能解決問題，而且愈來愈強烈的政治意識被教育體系生產出來，農民開始接受受過教育但貧窮的領導人，於是形成各種反抗的組織。

西班牙開始殖民統治菲律賓之後實施所謂委託監護制（Encomienda）。這個制度最初出現在羅馬帝國時期，武力強大的人保護武力弱小的人，以換取他們的服務。後來西班牙人在菲律賓殖民時就用這種制度管理和統治當地原居民。

十九世紀這種制度逐漸轉變成地主與佃農制，地方上有能力或有關係的人逐漸取得愈來愈多的土地形成莊園（hacienda）。莊園主人也就是地主，把土地分割成小塊租給農民稱為佃農，佃農必須每年或定期繳交部分收成或金錢給地主。十九世紀初美洲殖民地紛紛獨立後西班牙帝國崩壞，菲律賓成為他們最重要的搖錢樹，於是各種苛捐雜稅紛紛出籠，莊園主人把這些多出來的負擔通通轉嫁給佃農。於是形成貧者愈貧富者愈富的局面。

美國人來到菲律賓之後開始進行改革，以緩和佃農和地主之間的緊張關係。然而改革並未能解決問題，而且愈來愈強烈的政治意識被教育體系生產出來，農民開始接受受過教育但貧窮的領導人，於是形成各種反抗的組織。

介於馬尼拉灣與仁牙因灣的中呂宋平原是菲律賓群島最大的平原，也是最主要的穀倉。絕大部分的農民因為受到不斷的壓榨，所以亟思改革。而貧富差距也正是共產主義的溫床。

抗日時期

早在一九四一年菲律賓被捲入第二次世界大戰之前的幾個月，中呂宋一帶就有了組織游擊隊的想法。著名的農民領袖和菲律賓共產黨員費萊奧（Juan Feleo）開始在他的家鄉新怡詩夏（Nueva Ecija）省教育及動員農民。而菲律賓社會黨創始成員桑托斯（Pedro Abad Santos）也指示塔魯克（Luis Taruc）在邦板牙（Pampanga）省動員力量。

一九四二年日軍占領馬尼拉後俘虜了菲律賓共產黨創始人艾萬傑利斯塔（Crisanto Evangelista）並將其處決。拉瓦（Vicente Lava）繼起領導菲共重組該黨。桑托斯同樣被俘虜，但於一九四三年被釋放。

一九四二年三月間，呂宋抗日的各路人馬如菲律賓共產黨、人民陣線黨、保衛民主聯盟、KPMP、AMT、KAP等組織的成員舉行幾次會議，以期創建一個統一的抗日體系。會議同意統一戰線是吸引廣大人民的手段，而不僅限於共產主義者。會議決定了分成軍事、政治和經濟三個戰線的抵抗行動。會議產生了中央呂宋局（Central Luzon Bureau，縮寫為CLB），以領導抗日運動。「抗日人民軍」（Hukbong Bayan Laban sa mga Hapon）被選為新組織的名稱，因為名稱太長，後來就取前三個字母簡稱為「Huk」虎克軍。

虎克軍成立之後不斷騷擾攻擊日軍得到了早期成功，士氣得以提高，且獲得急需的武器。日軍曾多次對虎克軍加以反擊，但成效有限。該集團發展迅速，到一九四三年夏末，宣稱擁有一萬五千至兩萬名男女戰士和五萬名後備人員。

在招募方面，虎克軍是不具有歧視性的，並鼓勵各種背景的群眾加入抵抗運動，甚至還有大量十五至三十五歲的未婚女性志願者加入。虎克軍運動中的婦女主要是支援部隊，他們與村民溝通以蒐集有關日軍的訊息。由於她們的外表和衣著，其活動往往被敵人所忽視，而敵人也只會更加專注於打擊游擊隊戰士本身。

虎克軍創建了一所訓練學校，教授馬克思主義思想的政治理論和軍事策略。在該集團控制的地區，他們成立了地方政府，並實行土地改革，在農民中平均分配土地，經常鬥爭或殺死地主。虎克軍的作為經常被其他游擊隊領導者描繪為恐怖主義。

儘管虎克軍與日本人作戰，他們也試圖阻撓美軍游擊隊，美軍在仁牙因灣登陸後企圖營救美軍俘虜時曾受到虎克軍阻撓即為一例。因此，戰爭結束時虎克軍被認為是不忠誠和不符合美國利益的。領導三千名游擊隊員的美國人杭特（Ray C. Hunt）就說：「我與虎克軍接觸的經驗總是令人不快。我所知的他們更像殺手而非士兵。他們受到狂熱分子的嚴格約束和領導，他們殺害了一些菲律賓地主。他們並非沒有掠奪和折磨普通菲律賓人，他們是所有其他游擊隊員的敵人。」

戰後時期

戰爭結束後，美國軍隊回到菲律賓。美國人在美軍游擊隊和菲律賓保安部隊（Philippine Constabulary; PC）前成員的幫助下，強行解除了虎克軍的控制權，同時控告他們的叛國、煽動和顛覆活動，導致虎克軍領導人被逮捕，以及在布拉坎（Bulacan）省的馬洛洛斯（Malolos）屠殺一〇九名抗日人民軍游擊隊員等事件。

一九四五年九月歐斯曼尼亞總統從監獄釋放了塔魯克以及其他虎克軍領導人。於是菲共正式解散了這一運動，並組建了虎克軍退伍軍人聯盟，努力使虎克軍被承認為合法的游擊隊運動。

一九四六年呂宋島中部的農民在當年的大選中支持民主聯盟的成員，最終有包括塔魯克在內的六名候選人在參議院獲得席位。原本是非法的游擊隊搖身一變成為國會殿堂的參議員，引起地主階級及菁英分子的不滿。隨後一名議員以選舉舞弊和恐怖主義為由，提出了一項決議並得到國會多數議員支持，造成六名民主聯盟議員，以及四名其他議員被取消資格。

新成立的羅哈斯政府試圖進行和解，以撫慰農民群體，但沒有達到效果。在所謂「休戰」之後的幾天內，呂宋島中部再次爆發暴力事件。塔魯克和其他人聲稱，民警衛隊和政府官員正在「破壞和平進程」。

一九四六年八月菲共領導人費萊奧在新怡詩夏省被一群武裝人員殺害，成千上萬的虎克軍老兵確信他是被地主或羅哈斯政府所謀殺。這一事件導致塔魯克加入起義農民且重新激起暴亂。羅哈斯政府在一九四八年三月宣布人民抗日軍為非法。

一九四八年六月季里諾總統企圖與虎克軍進行和解，虎克軍領袖塔魯克離開游擊區前往馬拉坎南宮會見季里諾總統。在經過兩個月持續的討論之後談判破裂，塔魯克回到中呂宋山區繼續打游擊。

一九四九年八月，虎克軍成員伏擊並殺害了菲律賓第二任總統奎松的遺孀，菲律賓紅十字會主席奧羅拉・奎松（Aurora Quezon），當時她正為奎松紀念醫院落成而前往她的家鄉，其他包括她的大女兒和女婿等人也同時遇害。這次襲擊事件引發了全世界對虎克軍的譴責，而虎克軍聲稱這次襲擊是「叛徒」幹的。由於被持續譴責，為了戰後新的運動，虎克領導人在一九五〇年採用了新名字「人民解放軍」（Hukbong Mapagpalaya ng Bayan），但習慣上仍稱虎克軍。

虎克軍及改名後之人民解放軍進行了突襲、劫持、搶劫、伏擊、謀殺、強姦、屠殺小村莊、綁架和恐嚇行動。虎克沒收資金和財產來維持他們的行動，並依靠小村組織者提供政治和物質支持。由於這些殘暴的行動，公眾對虎克軍的同情心迅速減退。

菲律賓初期對付虎克運動的一個重要措施，是成立專門獵殺虎克軍的特種部隊「奈尼塔」

（Nenita）部隊，由瓦萊里亞諾少校（Napoleon Valeriano）所指揮。剛開始奈尼塔以暴制暴的恐怖手段不僅針對持不同政見者，而且針對守法人士，因此有時反而幫助虎克贏得支持者。

一九五〇年六月，由於虎克軍叛亂加劇，促使杜魯門總統批准對菲律賓政府的特別軍事援助，包括以成本價向菲出售軍事裝備及派遣美國聯合軍事顧問團。

菲律賓對抗虎克軍的戰爭到了一九五〇年七月有所轉變，瓦萊里亞諾少校在布拉干省接管了菁英第七「營戰鬥隊」（Battalion Combat Team; BCT）。第七 BCT 採用全面、非常規的反叛亂戰略並減少對平民的隨機暴行，因此逐漸獲得成效與名聲。

虎克運動主要分布在中呂宋各個省分。八月，虎克軍占領了內湖省聖克魯斯（Santa Cruz）及丹轆省的一處軍營，掠奪金錢、食物、武器、彈藥、服裝、醫藥等。虎克叛亂力量日益增長，菲律賓安全局勢受到嚴重威脅及美國的關注。

一九五一年八月三十日，菲律賓共和國和美利堅合眾國簽署了《美菲共同防禦條約》，美國於是有更強力的理由在各方面支持菲律賓與對抗共產叛亂。

九月，根據美國人的建議，前美國遠東陸軍部隊游擊隊員拉蒙・麥格塞塞（Ramon Magsaysay）被任命為國防部長。麥格塞塞上任後請求季里諾總統暫停了對虎克運動的人身保護令。

十月十八日，麥格塞塞破獲了菲共書記處，逮捕了包括總書記拉瓦（Jose Lava）等領導階層。

麥格塞塞瞭解虎克軍支持者背後之社會困境，所以設法提高武裝部隊素質，一方面與虎克軍作戰，一方面設法改善軍民關係，為政府拉攏鄉村與虎克軍較外圍的士兵。虎克軍逐漸失去武力與群眾基礎。

由於麥格塞塞剿共頗見成效，於是美國援助允許麥格塞塞招募更多BCT，總數達到二十六。到一九五一年，軍隊實力比上年增長了六十%，BCT人數達到一〇四七人。

虎克軍及人民解放軍發源於中呂宋，後來也散播至菲律賓中部維沙亞地區。菲律賓軍方在該地區也採取BCT對付共產叛軍。但是叛軍熟悉各島嶼地形，常能逃過BCT的突襲。一九五二年九月，菲共維沙亞地區領導人在菲軍的一次突襲中因傷死於班乃島（Panay）。共產勢力在維沙亞地區的發展受到重挫。

對抗共產叛亂頗具成效的麥格塞塞於一九五三年二月底辭去國防部長職務，成為國民黨（Nacionalista Party）提名的總統候選人。一九五三年十一月十日的選舉受到美國政府，包括美國中央情報局強烈的影響，各個候選人爭奪美國的支持，最終麥格塞塞贏得總統競選。

在美國的支持下，鎮壓虎克軍的行動全面展開。到一九五四年，虎克軍的人數已少於二千人，沒有當地支持者的保護和支持，虎克軍不再對菲律賓的安全構成嚴重威脅。從一九五四年二月到九月中旬，菲國軍方實施規模最大的反虎克行動——「雷電行動」（Operation Thunder-Lightning）。

虎克軍領導人塔魯克

一九五四年二月十日麥格塞塞總統指派他的助理艾奎諾（Ninoy Aquino）與虎克軍領導人塔魯克（Luis Taruc）見面。經過幾個月的談判，塔魯克於五月十七日向政府無條件投降。塔魯克的投降象徵虎克軍的敗亡與解散，但是仍然有一些死忠分子分散藏匿在山區，政府軍進一步圍剿行動持續至一九五五年。至該年底，游擊隊的人數減少到一千人以下。塔魯克投降後，麥格塞塞將一些虎克軍士兵「安置」到南部民答那峨島等地，如此雖得到一時的安定，卻也造成當地摩洛人的問題。

塔魯克投降後緊接著於八月接受審判，他後來被判處十二年徒刑。在服刑期間他又因在日占期間殺害丹轆（Tarlac）省省長而被判處四次無期徒刑。幾年後他曾向馬嘉柏皋總統訴請釋放，但被拒絕。塔魯克坐牢十幾年後，一九六八年馬可仕總統赦免他，以期獲得親虎克人民的支持。塔魯克曾表示自己從來不是一個真正的共產黨員，而是一個「基督教民主社會主義者」。

塔魯克在投降前曾向一個美國共產黨作家口述《生為人民》（*Born of the People*）一書。據說南非總統曼德拉在帶領黑人反抗白人統治時寫的《國家之矛》（*Spear of the Nation*）曾受其影響。

一九七八年至一九八四年間塔魯克獲選出任邦板牙省第二選區國會眾議員。在任期屆滿後，塔魯克繼續進行土地改革的努力，並支持小農爭取福利。

二〇〇五年塔魯克因心臟病去世。許多政治人物曾前往弔唁致敬。

二〇一七年菲律賓國家歷史委員會宣布塔魯克是一位「護衛農民及工人權利的英雄」。

二〇二三年邦板牙省在塔魯克家鄉聖路易斯（San Luis）建立一座「塔魯克虎克軍紀念碑」（Taruc Hukbalahap Monument），以紀念這位抗日英雄。

塔魯克與虎克軍（Wikipedia）

一九四八年六月季里諾總統在馬拉坎南宮接見虎克軍領袖塔魯克（菲律賓總統博物館暨圖書館）

第二十七章 菲律賓的黃金年代

一九五〇、六〇年代菲律賓經濟快速發展，市面繁榮富庶，成為東南亞乃至亞洲僅次於日本的最發達國家之一。此一時期被菲律賓歷史學家稱之為菲律賓的「黃金時代」。

一九四五年二次大戰結束菲律賓百廢待舉，次年菲律賓脫離美國統治而獨立，開始其重建時期。在美國政治、經濟、軍事等各方面的支援協助下，蒙塵多年的「太平洋珍珠」逐漸恢復了耀眼奪目的樣貌。獨立之初，菲律賓內部遭受虎克軍的叛亂，經過數任政府的圍剿與談判，虎克軍於一九五四年投降解散。一九五〇、六〇年代菲律賓經濟快速發展，市面繁榮富庶，成為東南亞乃至亞洲僅次於日本的最發達國家之一。此一時期被菲律賓歷史學家稱之為菲律賓的「黃金時代」。

由於在經濟發展上得到美國大力扶持，在當時的匯率市場上，菲律賓披索（Peso）兌美金的匯率，曾經一度達到驚人的一比一。「呂宋客」在國際間可以說走路都有風，受到各國的矚目與歡迎。

麥格塞塞總統

拉蒙·麥格塞塞（Ramon Magsaysay）一九〇七年出生於三描禮士（Zambales）省會伊巴（Iba）的一個平凡家庭，父親是鐵匠，母親是學校老師。他讀完高中後，於一九二七年進入菲律賓大學，後轉到黎薩學院就讀，並獲得了商業學士學位。然後他在巴士公司做汽車機械師和車間主管。

二戰爆發後，他加入了菲律賓摩托步兵師。當美菲聯軍在巴丹半島向日軍投降後，麥格塞塞逃到山裡，數度逃過日軍的搜捕。他組織了西部呂宋游擊隊，一九四二年四月任上尉指揮官。一九四五年一月麥格塞塞帶領游擊隊清除了三描禮士省海岸的日軍，幫助美國軍隊登陸作戰。

一九四六年四月，麥格塞塞在一些前游擊隊員的支持下，當選為菲律賓眾議院自由黨議員。一九四八年，羅哈斯總統派遣麥格塞塞去華盛頓參加游擊隊事務會議，協助美國國會通過美國軍人權利法案（G.I. Bill of Rights，或 G.I. Bill），為菲律賓的退伍軍人爭取福利。在一九四九年的選舉中，他再次連任眾議院議員，並擔任眾議院國防委員會主席。

一九五〇年八月初，麥格塞塞向季里諾總統提交一項鎮壓共產主義游擊隊的計畫，並在美國的推薦下，他被季里諾任命為國防部長。任內提高了軍隊的形象，改變人民對菲律賓軍隊的冷漠和不信任態度，並贏得他們的尊重和欽佩。

麥格塞塞於一九五三年二月底辭去國防部長職務，成為國民黨提名的總統候選人，最終他擊敗爭取連任的季里諾而贏得總統競選。他宣誓就職時穿著菲律賓國服巴隆他加祿（Barong Tagalog），宣布總統府的大門向所有人開放，因此被稱為「曼波麥格塞塞」（Mambo Magsaysay）。他親民的作風使他任期內廣受人民的愛戴。

麥格塞塞是美國的親密朋友和支持者，在冷戰時期是一個反對共產主義的發言人。他與美國協調其他東南亞國家於一九五四年簽訂《東南亞集體防務條約》或稱《馬尼拉公約》，成立東南亞公約組織（Southeast Asia Treaty Organization; SEATO），其宗旨在抑制共產主義、馬克思主義運動在東南亞、南亞和西南太平洋的發展。該組織等於是北大西洋公約組織（NATO）的亞洲版，在一九五〇、六〇年代發揮了相當作用。但一九七〇年代國際情勢改變，該組織於一九七七年解散。

麥格塞塞的總統任期被公認為是菲律賓史上最清廉，被稱為菲律賓的黃金歲月。貿易和工業蓬勃發展，菲律賓人在體育、文化和外交事務方面受到國際矚目。

一九五七年三月十六日，麥格塞塞離開馬尼拉，前往宿霧市三所學校演講。隔天凌晨一點，他登上總統專機「Mt. Pinatubo[21]」（一架 C-47 運輸機），飛往馬尼拉。起飛後不久，飛機墜毀。副總統賈西亞當時正在訪問澳大利亞，返回馬尼拉接任麥格塞塞最後八個月的總統任期。

麥格塞塞空難後，菲政府曾進行調查，雖然疑點重重但是找不出明確的證據。一九五七年三月三十一日，估計有數百萬人參加了麥格塞塞的葬禮。

麥格塞塞獎

美國紐約洛克菲勒基金會於當年五月出資設立「拉蒙・麥格塞塞獎基金會」（Ramon Magsaysay Award Foundation, RMAF），用以紀念空難逝世的故菲律賓總統拉蒙・麥格塞塞。

一九五八年起，每年頒發給亞洲傑出成就的人士或組織，被譽為「亞洲的諾貝爾獎」。

台灣迄今有十位傑出人士獲得「麥格塞塞獎」，包括蔣夢麟、李國鼎、許世鉅、蘇南成、吳大猷、證嚴上人、何明德、殷允芃、林懷民以及陳樹菊等人。

證嚴上人於一九九三年獲得麥格塞塞社會領袖獎（Ramon Magsaysay Award for Community Leadership），但是上人從不出國，於是派一位法師代表領獎。作者在馬尼拉接待這位法師並陪同出席在菲律賓國際會議中心（PICC）舉行的頒獎典禮。

賈西亞總統

卡洛斯·賈西亞（Carlos Polistico Garcia）一八九六年出生於維沙亞保和省（Bohol）一個政治世家，其父曾擔任過四屆市長。在家鄉和宿霧省高中完成小學和中等教育，後來就讀於菲律賓犯罪學學院，他在一九二三年獲得他的法律學位，並通過律師資格考試。他在保和省級高中當過兩年老師，是保和省著名的詩人，被人稱作「保和的吟遊詩人」。

21 Mt. Pinatubo 是麥格塞塞家鄉三描禮士省的一座火山，一九九一年六月突然爆發造成巨大損害。

一九二五年賈西亞當選為保和省第三選區的國會議員，一九三三年當選保和省省長，直到一九四一年成為參議員。次年，日本攻占菲律賓，他潛逃山林中。一九四三年，他任菲律賓全國解放委員會副委員長。

一九五三年菲律賓總統大選，賈西亞是麥格塞塞的競選搭檔。麥格塞塞當選總統後，他被任命為副總統兼外交部長。作為外交部長，他與日本開始進行戰爭賠償談判，並在一九五四年四月達成協議。在日內瓦會議上對韓國的統一和其他亞洲問題，賈西亞作為菲律賓代表團團長，承諾在亞洲反共產主義和捍衛美國的遠東政策。在一九五四年五月奠邊府戰役結束後的一次演講中，賈西亞重申了菲律賓民族主義和反對共產主義的主張。

賈西亞一九五四年九月擔任在馬尼拉舉行的東南亞八國安全會議的主席，會議後發展為東南亞條約組織（SEATO）。

一九五七年三月十七日麥格塞塞總統飛機失事去世，時任副總統的賈西亞正在澳大利亞坎培拉率領菲律賓代表團參加 SEATO 會議，當即飛回馬尼拉接任總統。

菲律賓國會於一九五七年通過一項宣布共產黨為非法的法案，立場堅定反共的賈西亞立即簽字成為共和國第一七〇〇號法律，或稱為《反顛覆法》。

菲人第一政策

賈西亞在總統任期內採行「菲人第一政策」（Filipino First Policy），以保護菲律賓人在國內經濟的競爭力。此項政策嚴重影響了旅菲華人的商業利益，因此不少華人在這情況下放棄了中華民國國籍而加入菲律賓國籍。

賈西亞一九六〇年五月二日訪問台灣，會見蔣中正總統，也應邀在立法院發表演講。賈西亞在演講中為「菲人第一政策」辯解，他表示：「……而同時貴國萬千僑民，也正旅居敝國，經常受到敝國的禮遇。所以然者，蓋因當茲全世界正因若干互相衝突的思想而陷於分崩離析之時，貴我兩國人民在民主約章之下，依然休戚與共。本人茲向諸位先生保證，敝國對於貴國旅菲僑民，將繼續本乎友誼之真締，予以禮遇。……」

作者駐菲六年期間認識不少華人，其中有一些取了菲律賓名字，而且不講華語，我的房東就是其一。賈西亞的這項政策對華人影響頗為深遠。

一九六一年十一月賈西亞競選連任，但被副總統馬嘉柏皋（Diosdado Macapagal）擊敗。競選連任失敗後，賈西亞回到保和省過退休生活。一九七一年六月，賈西亞當選制憲會議代表，並被選舉為大會主席。然而，幾天後他即死於心臟病，安葬於達義市菲律賓英雄公墓。

下部

一九九二年我陪同長官訪問保和省，由於該省是賈西亞總統的故鄉，所以當地人頗引以為榮，許多地方可以看到他的紀念碑與畫像等。

馬嘉柏皋總統

迪奧斯達多・馬嘉柏皋（Diosdado Pangan Macapagal）一九一〇年出生於邦板牙省的盧包（Lubao）市，雖然他的祖先可以追溯至十六世紀東都王室，但到了他父親這一代已經只是窮困的市井小民，還養豬且分租房子以增加收入。所以他被暱稱為「來自盧包的窮小孩」。

馬嘉柏皋在家鄉以優異成績讀完小學及中學後，進入馬尼拉的菲律賓大學先修班，然後考上菲律賓法律學院研習法律。因家庭窮困，所以他在課餘還當會計以賺取學費及生活費。後來他因健康不佳而輟學返鄉，在他朋友經營的小工廠任職，並娶了朋友的妹妹普莉塔（Purita de la Rosa）。身體調養好又存夠錢之後，他重新就學進入聖湯瑪斯大學（UST）研習法律。一九三六年他獲得碩士學位且通過律師考試。

馬嘉柏皋隨後在馬尼拉當律師。在日軍占領菲律賓期間他幫助抗日的活動。二戰結束後，一九四八年他出任菲律賓駐華盛頓大使館的二等秘書。一九四九年他返國參選國會眾議員後又連任一屆。在此期間他曾三次加入菲律賓駐聯合國代表團的成員。一九五七年，身為自由黨黨員的他出任菲律賓國民黨的賈西亞總統的副總統。

一九六一年自由黨與進步黨結盟推舉馬嘉柏皋參加大選，結果他擊敗前老闆賈西亞成為菲律賓總統。馬嘉柏皋任期內著重打擊政府內的腐敗和貪汙。為了刺激菲律賓的經濟成長，窮小孩出身的他採納了富有的顧問的建議，允許菲律賓披索參加自由的金融交易，這個政策使菲律賓在他任期內每年損失上百萬披索。他的改革政策在國會參眾兩院中遭到占多數的國民黨所阻擋。

一九六三年三月二十日，中華民國副總統陳誠訪問菲律賓。二十三日馬嘉柏皋總統與陳誠副總統發表聯合公報，加強兩國經濟技術合作與文化交流。

一九六五年菲律賓舉行大選，候選人史無前例高達十二人，而且也是首度總統候選人全部是在西班牙結束殖民統治後出生。開票結果參議院議長馬可仕（Ferdinand Marcos）獲得近五十二%的選票，擊敗現任總統馬嘉柏皋及參議員曼格拉普斯（Raul Manglapus），有九位候選人得票未超過兩百票。

一九七九年馬嘉柏皋組織了菲律賓解放民族聯盟以反對馬可仕獨裁政府。

一九九三年駐菲律賓代表劉伯倫大使邀請馬嘉柏皋前總統及夫人普莉塔在官邸晚宴，並指派作者陪宴。陪宴其實就是打雜的，舉凡酒保、侍者該做的事都要幫忙。沒想到晚宴酒過三巡，大使夫人要我唱一首歌助興，於是我只好硬著頭皮唱了一首〈Moon River〉。我還清楚記得唱完了主人及賓客禮貌性地拍手，我滿身大汗走回座位的樣子。

那次晚宴是我第一次也是唯一一次見到馬嘉柏皋伉儷，但是當時我已數次在國會見過他們的女兒葛洛莉雅・艾羅育（Gloria Macapagal-Arroyo）。葛洛莉雅當時是參議員，個子嬌小但是伶牙俐齒能說善道，十足是個明日之星。葛洛莉雅一九九八年在該年大選中參選副總統，並順利當選。接著在二〇〇一年一月二十日的第二次人民力量革命中接替因貪汙被迫下台的艾斯特拉達（Joseph Estrada）的總統職務。

但是馬嘉柏皋沒能親眼目睹女兒也當上了總統，他於一九九七年四月去世，享壽八十六歲。

麥格塞塞獎（Ramon Magsaysay Award Foundation）

菲律賓總統艾奎諾三世頒發麥格塞塞獎予陳樹菊（BBC）

下部

一九九二年作者陪同韓知義公使訪問保和省。牆上掛著該省出身的菲律賓第八任總統賈西亞。（圖／作者提供）

一九六五年十二月三十日即將卸任的馬嘉博皋總統在馬拉坎南宮接見即將宣誓就任總統的馬可仕（Malacañang Palace）

第二十八章

馬可仕統治菲律賓二十年

一九六八年，馬可仕就任總統第三年，菲律賓的的平均國內生產毛額（per capita GDP）為二四三美元，台灣為二八五美元，首度超越菲律賓。從此菲律賓只能瞠乎其後，觀看台灣的車尾燈愈離愈遠。

斐迪南德・馬可仕（Ferdinand Marcos）一九一七年九月出生於北伊洛戈省的沙拉特（Sarrat），其父馬里亞諾・馬可仕（Mariano Marcos）是律師及眾議員，母親是教師，馬可仕是四名子女中的次子。

馬可仕從小就頗為聰明傑出，就讀於菲律賓大學法律系時相當活躍，不但是辯論冠軍，還擅長游泳、拳擊與摔角。在學時因涉入其父政敵眾議員的暗殺事件，因而被判有罪入獄。不過馬可仕隨即被總統奎松特赦，但他不接受，堅持上訴，並在關押期間準備司法考試。次年最高法院改判無罪，馬可仕遂得以出獄。一九三九年馬可仕大學畢業，並以第一名的成績通過律師考試。

日本偷襲珍珠港後，馬可仕因為在大學期間曾加入預備軍官訓練團（ROTC），所以加入駐菲美國陸軍（US Armed Forces in the Philippines; USAFIP））成為准尉。一九四二年他被日軍俘虜。馬可仕宣稱自己於該年八月獲釋，隨即加入游擊隊。但美國的官方紀錄是他於一九四四年十二月才又重回 USAFIP，而於一九四五年五月以少校軍階退伍。

馬可仕在退役前簽署文件時都以中校自居。在後來競選眾議員及參議員時誇稱他在戰爭期間得過三十三項勳章，甚至包括最高階的「榮譽勳章」（Medal of Honor）在內，自稱是「菲律賓獲獎最多的戰爭英雄」，這使得他在競選時獲益甚多。

一九四六年菲律賓獨立後，馬可仕擔任羅哈斯總統的秘書。一九四九年以自由黨員身分參選眾議員，開始他的從政之路。馬可仕的軍中經歷及勳章等雖然在後來逐漸被發現是虛報或捏造，但是能說善道的他後來從眾議員、參議員迅速爬升到總統大位。

伊美黛

伊美黛．羅穆爾戴斯（Imelda Romualdez）來自雷伊泰省首府獨魯萬（Tacloban）市一個政治世家，她的父親文森．羅穆爾戴斯（Vincente Romualdez）是個律師，他的大伯父 Norberto 是最高法院的法官，二伯父 Miguel 曾在二戰期間擔任馬尼拉市長，一個堂哥 Daniel 是眾議院議長，另一個堂哥 Eduardo 曾任中央銀行總裁，她的弟弟 Benjamin 曾擔任雷伊泰省長，後來歷任菲律賓駐美國、中國及沙烏地阿拉伯大使。伊美黛還有諸多親戚在地方上任職，真是族繁不及備載。

伊美黛於一九五二年到馬尼拉就讀菲律賓女子大學（Philippines Women University）研習音樂，住在她的堂哥眾議院議長 Daniel Romualdez 的房子。她的家族又安排讓她進入中央銀行任職。一九五三年伊美黛參加馬尼拉小姐（Miss Manila）選美，與另一名佳麗同獲冠軍。一般人自然猜測認為是伊美黛運用家族的力量讓她硬擠上后座。

一九五四年四月初伊美黛去眾議院拜訪她的堂哥議長，也順便觀看一場關於預算的聽證會，

一九五三年伊美黛被稱為「獨魯萬的玫瑰」／二〇〇八年的伊美黛（Wikipedia）

被當時年三十七歲的眾議員馬可仕看上而認識。馬可仕於是每天不斷地送花送禮物，甚至陪同她去碧瑤度聖週（Holy Week）假期。馬可仕的密集攻勢果然奏效，十一天後他就與伊美黛結婚，抱得美人歸。

伊美黛美麗出眾，當時有「獨魯萬的玫瑰」之稱，又當選過馬尼拉小姐，追求者眾，據說日後成為馬可仕政敵的艾奎諾也曾與她有過一段戀情。

馬可仕在與伊美黛結婚時還有一個名叫卡門（Carmen Ortega）的情婦（common law wife），兩人生育了三名子女。馬可仕與伊美黛結婚後不久，卡門又生了第四個孩子。

馬可仕與伊美黛

馬可仕與伊美黛結婚，就是菲律賓兩大家族伊洛戈省馬可仕家族與雷伊泰省羅穆爾戴斯家族的結合。兩人結婚之後，馬可仕仕途一帆風順。一九五九年馬可仕連續三任的眾議員任期結束，又順利當選參議員。一九六〇年他成為參議院少數黨黨鞭。一九六一年他成為自由黨（Liberal Party）總裁。一九六三年他出任參議院議長。

一九六五年菲律賓的大選前，馬可仕因未獲自由黨提名而改加入國民黨（Nacionalista），成為該黨總統候選人。該年的總統大選有十二名候選人，馬可仕以建立新社會運動為號召贏得五十二%的選票，擊敗尋求連任的馬嘉柏臯總統及參議員曼格拉普斯（Raul Manglapus），其他九名則得票都沒超過二百票。十二月三十日，馬可仕就任菲律賓總統，開始他長達二十年的總統職位，而伊美黛也就當了二十年的第一夫人。

馬可仕在總統任內，繼續推行菲律賓獨立以來的反共政策。他派兵加入越戰，以示對美國的支持，使得他與美國的同盟變得更加緊密，獲得美國在政治、軍事及經濟等方面的支持。

馬可仕上台後誓言要重整軍隊與警察、改善農村基礎建設，並執行土地改革計畫，使得他執政初期頗受人民的支持。

成為第一夫人的伊美黛成為馬拉坎南宮（Malacanang）的女主人之後，毫不忌憚地展開她豪奢的生活享樂。伊美黛喜歡操弄權力，她經常在馬拉坎南宮的一個稱為「音樂廳」的房間內，接見絡繹不絕的政客、金融界及工商界巨頭等喬事情。

下部

馬可仕上台後耗費鉅資在馬尼拉著名的落日大道（Roxas Boulevard，紀念羅哈斯總統）西側以及海軍總部以南的海灣，進行大規模填海，以建立菲律賓文化中心（Culture Center of the Philippines; CCP）園區。並任命伊美黛為委員會主席。

好大喜功的伊美黛為了主辦一九七四年的環球小姐選美，在CCP園區填海地上興建了一座八千餘座位的民俗藝術中心（Folk Arts Theater），而且從動工到完成僅費時七十七天，其效率之高令人咋舌。

一九七五年馬可仕任命伊美黛為新成立的大馬尼拉（Metro Manila）總督，權力慾極強的伊美黛於是享有更大的權柄。

伊美黛為了舉辦預計在一九八二年一月十八日至二十九日的「第一屆馬尼拉國際電影節」，又在CCP園區興建一座馬尼拉電影中心（Manila Film Center）。一九八一年十一月七日凌晨三點，尚在趕工中的電影中心建築突然鷹架倒榻，共有一六九名工人被埋在尚未乾涸的混凝土堆中。事發後當局立刻封鎖現場不許援救人員及救護車進入，直到九小時後當局才發表了輕描淡寫的聲明並允許援救人員進入。經過九小時的折騰混凝土已經固結，援救人員只在邊緣區找到少數工人的屍體，其餘的就因為要繼續趕工而被放棄，永遠長眠在電影中心底下。這件悲劇震驚菲律賓與國際，有許多菲律賓人認為這給馬可仕政權帶來不祥之兆。

馬可仕任期內政府公布的各項經濟數字許多是美化或虛假的，而實際上菲律賓經濟發展停滯，失業率攀升，貧富差距不斷加劇。二戰結束後初期台灣的經濟遠落後於菲律賓，但是一九五〇、六〇年代穩定快速發展。一九六八年，馬可仕就任總統第三年，菲律賓的平均國內生產毛額（per capita GDP）為二四三美元，台灣為二八五美元，首度超越菲律賓。從此菲律賓只能瞠乎其後，觀看台灣的車尾燈愈離愈遠。

馬可仕的統治期間提出了幾十項龐大的計畫，但這些計畫如同前述的文化中心園區大多無助於改善民生卻吞噬了數十億美元。多年之後，這些浮誇華而不實的計畫多半還只是停留在草圖上。

作者於一九八八年七月派駐菲律賓，當時上任不久的柯拉蓉政府正在清算馬可仕貪汙的帳。八月有一天我閱讀馬尼拉的報紙，看到有一則新聞標題是「菲律賓的隱形公路（invisible highway）」，令我腦袋一頭霧水。細看之後才知在呂宋東北的卡加延（Cagayen）省地圖上有一條公路，但實際上根本不存在。馬可仕甫於一九八六年被趕下台，這條「隱形公路」的帳顯然要算在他頭上。

巴丹核能發電廠

馬可仕伊美黛夫妻藉由國家建設謀取利益，其中最明顯且危害菲律賓最深的應屬巴丹核能電廠（Bataan Nuclear Power Plant; BNPP）。

一九七三年世界發生石油危機，馬可仕在該年七月宣布為應付中東產油國石油禁運，菲律賓必須開發核能發電。他下令組成一個總統特別委員會，研議建設一個六二〇百萬瓦核能電廠計畫。有兩家美國廠商奇異（General Electric）及西屋（Westinghouse Electric）參與投標。奇異提出一個經費七億美元且附有詳細規格與計畫的提案；而西屋則提出五億美元但沒有附詳細規格與計畫的提案。一九七四年負責審核的總統特別委員會選擇奇異公司的提案，但被馬可仕否決；國家電力公司（National Power Corporation）也有不同的意見，馬可仕獨排眾議決定把這個菲律賓有史以來最大的建設計畫交給西屋公司承包。

新核能發電廠的選址也是經過一番折騰，最後決定在巴丹省的莫隆（Morong），也就是一九四二年日軍與美、菲聯軍激戰及巴丹死亡行軍的附近。

承包的西屋公司得標後不斷以各種理由提出經費提高的要求。一九七五年西屋要求提高至十二億美元。一九七六年 BNPP 開始動工，該年菲律賓政府總預算僅十五億美元，BNPP 成為吞食菲律賓財政的巨獸。一九七九年美國發生三哩島核能電廠（Three-Miles Island Nuclear Generating Station）洩漏事件，BNPP 於是停工進行全面安全檢查，當局發現 BNPP 有四千項缺失。

可以想見，經過這番折騰經費一定又大幅提高。到了一九八四年接近完工時，BNPP 總經費從原始的五億美元提高到二十三億美元。

命運多舛的巴丹核能電廠 BNPP 到了一九八六年其實已經完工，但是還沒有開始運轉發電。該年二月下旬菲律賓發生人民力量革命，馬可仕及伊美黛出逃流亡美國夏威夷。接著該年四月又發生蘇聯車諾比核能電廠事故（Chernobyl disaster）[22]，使得菲律賓接任的柯拉蓉政府，決定暫不運轉發電。

耗費巨資建成的巴丹核能電廠迄今尚未運轉發電，菲國每日還要繼續去進行維護。三十幾年來要如何處理這隻大白象令菲律賓傷透腦筋爭論不休，但沒有一個具體可行的決論。菲國歷任政府曾請國際原能總署（IAEA）幫忙，也曾找俄羅斯及南韓協助，但都無法解決這個龐大又複雜難解的問題。所以過去數十年來菲律賓一直都持續處於缺電的困境。

22 當年車諾比位於蘇聯的烏克蘭蘇維埃社會主義共和國，一九九一年蘇聯崩潰瓦解，烏克蘭獨立。二〇二二年二月俄羅斯攻打烏克蘭，曾占領車諾比核能電廠。

二〇二二年巴丹核能電廠BNPP始作俑者的兒子小馬可仕上台後，主張菲律賓要恢復對核能的研究，但也無法提出清楚的方向及具體的政策。

一九六五年十二月三十日馬可仕與伊美黛及家庭成員在總統就職大典，右二的男孩就是Bongbong，五十七年後他成為第十七任總統。（Wikipedia）

菲律賓於一九七三年發行馬拉坎南宮一百五十週年的郵票，馬可仕與伊美黛成為馬拉坎南宮二十年的主人。（Stamp of the Philippines）

第一夫人伊美黛的座車勞斯萊斯魅影（Presidential Car Museum）

第二十九章

馬可仕實施戒嚴——新人民軍長期叛亂

菲律賓原本有「亞洲民主櫥窗」的美譽，馬可仕掌握總統大權不久之後，貪汙賄賂、裙帶主義逐漸普遍，以鐵腕措施對付政敵及一般人民。

菲律賓獨立後之憲法規定總統任期四年，只能連任一次。馬可仕在首任四年期間已牢牢掌握菲國政府機器，他於一九六九年十一月的總統大選中，以舞弊的方式勝選，成為菲律賓史上第一位連任成功的總統。

一九七二年九月二十一日，馬可仕在第二任總統任期結束前，無視憲法的存在，聲稱面對共產黨的威脅，為了捍衛民主而宣布在菲律賓全國實施戒嚴（martial laws）。

雖然菁英階級中大多反對馬可仕實施戒嚴，但是人稱「馬可仕幫」（Marcos Cronies）的工商團體菁英，以及保守派的軍官、士兵等都支持他。部分中產階級，還有那些以改善城鄉貧窮問題為訴求的候選人，也都支持他進行包括土地改革在內的政治革新。此外，隨著尼克森總統入主白宮，馬可仕強烈的反共誓言，讓他繼續得到美國的支持。

馬可仕獨攬軍政權力，使其得以任意壓制言論自由、新聞自由及其他自由權。他還廢止一九三五年憲法、代之以他自己寫的版本、解散國會、逮捕政敵與異議人士，和打擊批評其政府的媒體。他還以關閉或政府接收等方式掌控企業，建立其裙帶資本主義。

馬可仕在其任內建立了對軍事與財政的絕對權力，並透過四處懸掛其照片等強制手段塑造個人崇拜，他甚至把呂宋北部的卡林加阿帕瑤省（Kalinga-Apayao）修改為他半身像的輪廓。

馬可仕實施戒嚴的理由很快就被戳穿，馬可仕只在意於保住總統大位。他所宣示的各種改革愈來愈受人懷疑。因為「裙帶資本主義」而分潤給親信的利益，使得大膽的土地改革案停滯不前。

菲律賓原本有「亞洲民主櫥窗」的美譽，馬可仕掌握總統大權不久之後，貪汙賄賂、裙帶主義逐漸普遍，以鐵腕措施對付政敵及一般人民。一九七〇年學生開始反對馬可仕的統治，甚至還發生流血衝突。民答那峨穆斯林也經常與政府軍發生衝突。腐敗特權和裙帶資本主義逐漸成為首都的生存方式，但是鄉間的發展卻促使了共產黨的死灰復燃。

新人民軍

二戰結束後叛亂將近十年的虎克軍於一九五四年向政府投降並解散，但是菲律賓共產黨仍在地下活動。菲律賓國會於一九五七年通過共和國第一七〇〇號法律，或稱為《反顛覆法》，宣布共產黨為非法。在此之後菲律賓共產黨叛亂大致平靜。麥格塞塞將一些投降的虎克軍士兵「安置」到南部民答那峨。如此雖然維持一時的安定，卻也造成當地摩洛人的問題。

馬可仕連任總統不久菲律賓國民開始反對馬可仕的統治，新人民軍（New People's Army）趁勢而起進行武裝叛亂，企圖推翻馬可仕政權。

新人民軍他加祿語稱 Bagong Hukbong Bayan，是菲律賓共產黨之下的武裝部隊，致力於反對

下部

菲律賓政府的武裝鬥爭。新人民軍成立於一九六九年三月二十九日，最初的發起人包括施順（Jose Maria Canlas Sison）和布斯蓋諾（Bernabe Buscayno）。

施順一九三九年出生於菲律賓南伊洛戈省，一九五九年畢業於菲律賓大學，之後在印度尼西亞學習印尼語。施順回到菲律賓後成為教授，菲律賓第第十六任總統（二〇一六～二〇二二年）杜特蒂（Rodrigo Duterte）曾經受教於他。一九六二年末，施順加入菲律賓共產黨（老菲共），但他和一些激進青年批評老菲共當時的領導階層，而於一九六七年四月被老菲共開除。同年五月，施順作為「民族主義促進運動」總書記應邀訪問中國，與各國人士一起受到毛澤東、林彪、周恩來等中國領導人接見。

一九六八年十二月施順組織並領導了以馬克思主義、列寧主義、毛澤東思想為意識形態的菲律賓共產黨中央委員會，發布建黨文件《糾正錯誤，重新建黨》，發起第一次大整肅運動。一九六九年三月，與布斯蓋諾領導的虎克軍一起組建新人民軍。

新人民軍成立後對菲律賓政府進行游擊戰。從開始的約三十五名成員、十支步槍，到一九八〇年代增長至約二萬六千名成員，在菲律賓全國活動。

新人民軍部隊的一個單位一般由十五至三十名戰鬥人員組成。另有由五十至六十名戰鬥人員組成的特別武裝單位。在民答那峨新人民軍與摩洛民族解放陣線等反政府組織建立了不完全的聯盟，使其部隊能夠通過對方的領土。新人民軍經常偷襲政府軍，攻擊偏遠地區的警站、落單的軍人、謀殺不合作的市長村長等地方官員，造成地方上的不平靜，政府軍疲於奔命前往各處清剿。

一九七〇年代新人民軍出現兩大轉變。一是中國於一九七五年與菲律賓建立外交關係後，在鄧小平實用政策下停止「輸出革命」，新人民軍立場因而由親中轉向菲律賓民族主義。二是馬可仕第二任期間愈加縱容親信貪腐，引起廣大不滿，新人民軍勢力因而迅速擴張。新人民軍在政府無法控制的地方收稅治理，並與摩洛民族解放陣線等反政府組織合作。政治上則以民族主義為立場，反對日本投資、以經濟為由排斥華裔菲律賓人，並且反對美國干涉。

一九七七年十一月，菲共主席施順在拉烏尼翁（La Union）省遭軍警路檢而拘捕關押。菲共領導權落入薩拉斯（Rodolfo）手中。

在一九八五年大選中，菲律賓共產黨通過其政治組織「新愛國聯盟」參選。一九八六年，柯拉蓉當選總統，她在總統任內曾和菲律賓共產黨進行和談而未果，但她把施順及布斯蓋諾從監獄釋放。柯拉蓉政府與共產黨和談及釋放施順等措施遭到軍方的強烈反對，而於一九八七年八月二十八日發動兵變。兵變雖未成功，但對新人民軍和談因此停止。在此期間，新人民軍也開始騷擾日本投資者及攻擊美軍。

一九八六年十一月十五日下午，日本三井物產馬尼拉分公司經理若王子信行從馬尼拉南郊高爾

下部

夫球場回家途中，遭五名新人民軍武裝人員綁架。據傳經三井物產與綁匪談判，最後支付了一千萬美元贖金，一九八七年三月三十一日在奎松市一所教堂內被釋放。若王子獲釋後立即搭機返回東京，後來被三井物產改派擔任該公司札幌分公司經理。然而他於一九八九年二月因胰腺癌去世。若王子的故事經日本漫畫家手塚治虫改編，發表了一部漫畫《GRINGO》。

一位美國軍官詹姆斯・羅威（James N. Rowe）於一九六三年十月在越南遭越共埋伏逮捕而被囚禁五年餘後，於一九六八年十二月三十一日成功脫逃。他於一九七一年撰寫《五年到自由》（*Five Years to Freedom*），講解戰俘求生的技能與知識，受到美軍的高度重視。羅威上校於一九八九年在駐菲律賓美軍顧問團任職，四月二十一日在奎松市前往營區上班途中，遭一股新人民軍伏擊而死亡。

一九九一年菲律賓共產黨中央委員會評估過去十餘年的錯誤，從一九九二年之後五年之間進行了所謂第二次大整肅運動。內部鬥爭造成菲共的分裂。

二〇〇一年九一一襲擊事件後，美國加強反恐政策，將新人民軍列為恐怖組織。新人民軍與菲律賓政府軍衝突不斷，同時艾羅育（Gloria Macapagal Arroyo）政府也繼續在挪威與菲律賓共產黨代表進行和平談判。

菲共領導人施順流亡海外

菲共領導人施順一九八六年被柯拉蓉政府從監獄中釋放，一九八七年起就流亡歐洲荷蘭而繼續遙控菲共的發展。他也持續在歐洲指控艾奎諾政府諸多違反人權的措施，包括一九八七年一月的曼迪奧拉屠殺（Mendiola massacre）事件[23]。

一九八八年菲律賓政府因施順違反菲國反顛覆法而把他的菲律賓護照註銷。施順向荷蘭政府尋求政治庇護遭到拒絕，但是荷蘭及歐盟（EU）法律保護他不致被遣返菲律賓。一九九二年起施順繼續以政治難民身分居住在荷蘭。

二〇〇七年八月，施順遭到荷蘭警方逮捕，因其涉及二〇〇三、二〇〇四年在菲律賓發生的三宗謀殺案。施順的附從在菲律賓、荷蘭、美國發動示威抗議，他的律師也在法庭上積極為他辯護。經過控方與辯方的多回合論戰，二〇一〇年二月荷蘭警方決定停止對他的調查與指控。

二〇一三年一月，新人民軍取消與政府的停火協議。約有三千五百名新人民軍武裝分子仍在菲

23 柯拉蓉總統上任後，一九八七年一月二十二日數百名農民在馬尼拉市聖米蓋區遊行前往馬拉坎南宮，欲敦促政府加速土地改革，但是行經曼迪奧拉街（Mendiola Street）時遭軍警粗暴驅散造成十二人死亡、五十一人受傷的事件。

律賓鄉村、山區等地進行反政府活動。

二〇一六年菲律賓總統杜特蒂上任後，致力於推動政府與菲共之間的和平談判。一九八〇年代以來新人民軍與菲律賓歷任政府都是在挪威奧斯陸舉行談判，但和談時斷時續。

二〇二二年十二月，菲律賓共產黨發布消息稱施順因病死在荷蘭居所附近的醫院。

二〇二三年十一月菲律賓總統小馬可仕宣布，他的政府已與菲共政治組織「國家民主陣線」（National Democratic Front; NDF）達成一項協定。實際上雙方雖然同意進行和談，但是戰鬥仍然繼續進行，也就是所謂「邊談邊打」。

菲律賓一九四六年獨立迄今將近八十年，菲共一直是菲國最主要的叛亂團體，雙方也經歷過許多次談判，恐怕很難就此銷聲匿跡。

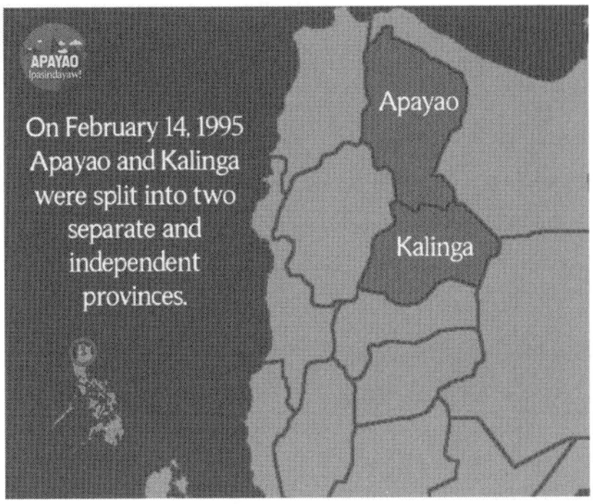

下部

1
2
3

1 馬可仕執政期間把 Apayao 及 Kalinga 省調整成其頭像，注視著其故鄉伊洛戈省，一九九五年兩省分開。（Apayao Tourism）
2 三井株式會社馬尼拉支社長若王子信行一九八七年回到東京後記者會情形
3 美國陸軍詹姆斯．羅威上校一九八九年在馬尼拉遭新人民軍伏擊陣亡（US Army）

第三十章

艾奎諾返菲遭槍殺——人民力量革命推翻馬可仕

艾奎諾表明要回國挑戰體制並整合反對勢力，他說「為了菲律賓人，犧牲也值得」（Filipinos are Worth Dying For）。

馬可仕於一九七二年九月二十一日宣布戒嚴，戒嚴令於一九七三年通過備受爭議的公民投票獲得批准。在戒嚴期間，憲法被修改，媒體被管制，政府使用暴力打壓政治反對派、穆斯林及疑似共產主義者。有數以千計的人因此失蹤，也有不少人死在拷問室和監獄中。馬可仕的獨裁鐵腕統治引起反對黨人士及國民的不滿，許多馬可仕的政敵被迫流亡國外。

反對馬可仕的艾奎諾與眾多政治人物及新聞記者，紛紛被捕入獄。不過艾奎諾仍於獄中進行抗爭。一九七五年四月四日，艾奎諾開始絕食，以抗議軍事審判的不公正，絕食四十天導致其體重從五十四公斤降至三十六公斤。一九八〇年三月，因七年牢獄致使其兩度心肌梗塞後，終於在美國干預下，獲馬可仕政府准許，與妻子兒女一同流亡美國就醫。

馬可仕宣布戒嚴時，曾與其競選總統大位的參議員曼格拉普斯正在美國旅行演講。馬可仕拒絕他的家人離菲前往美國與曼格拉普斯團聚，他們後來是搭乘小船離開菲律賓，輾轉到美國華府。參議員沙隆加（Jovito Salonga）及許多反對人士也都流亡在外，持續反對馬可仕政權。

一九七八年六月，馬可仕自己兼任總理一職，以牢牢掌控他的政府。身受慢性病困擾的馬可仕於一九八一年一月宣布解嚴，並於六月十六日舉辦總統選舉，他再一次以舞弊的方式獲得勝利，並於同年六月三十日宣誓就職，讓他得以再掌權四年。

一九八一至八五年可說是現代菲律賓歷史中最黑暗的一段時期。國家經濟愈來愈失序，平均國民所得從一九八一年的八一五美元，大幅墜落至一九八五年的六三七美元。地方上各省的治安愈來愈亂，而馬尼拉的政壇變得異常腐化。隨著第一夫人伊美黛繼續她的奢靡生活，而且仍聲稱自己是「小人物」時，馬可仕本人則為了治療，消失了很長一段時間。軍方由馬可仕的左右手，也是對他忠貞不二的表弟魏爾將軍（Fabian Ver）領導。

艾奎諾返菲遭殺害

艾奎諾於一九八〇年赴美就醫流亡期間，仍不放棄回菲律賓的努力。他認為繼續留在美國不是辦法，應該要回國奮鬥。

一九八三年八月二十日，艾奎諾終於在馬可仕保證其安全的情況下，準備返回菲律賓參加期中選舉，之後再挑戰總統大位。儘管行前接到菲國軍方和親馬可仕團體的死亡威脅，他的友人也勸阻他返菲，艾奎諾表明要回國挑戰體制並整合反對勢力，他說「為了菲律賓人，犧牲也值得」（The Filipino is Worth Dying For）。

艾奎諾自美搭機先抵達台灣，在台北圓山飯店度過返菲前的一夜。八月二十一日，他在桃園國際機場（當時稱中正國際機場）搭乘中華航空 CI 811 班機返回馬尼拉。班機抵達馬尼拉國際機場並停妥後，一名安全人員進入機艙把艾奎諾帶走，艾奎諾隨同步下飛機階梯時，突遭人開槍擊中頭部身亡。

雖然機場警察隨即擊斃凶手，並拘捕了數名疑凶，但一般都認定這宗謀殺案是馬可仕政府所策劃。三天後，艾奎諾遺孀柯拉蓉（Corazon Aquino）自美國返菲處理亡夫後事，一週後與兩百萬民眾一同參加艾奎諾送葬悼念遊行，從此成為反對派領袖。

事件發生後，華航因恐受到牽連，隨即撤回派駐馬尼拉分公司經理于干等人員以策安全。馬可仕政府則立即中止馬尼拉與台灣間的航約，但是一個月後兩國間的航空交通恢復。

因為媒體報導十分廣泛，艾奎諾暗殺事件成為國際焦點，並在菲律賓國內引發大量反對馬可仕政權的集會行動，原本銷聲匿跡的一些政黨又重新活躍在政治舞台上。馬可仕解除魏爾的菲律賓武裝部隊（Armed Forces of the Philippines; AFP）參謀總長一職，使其成為代罪羔羊以平息眾怒。

馬可仕為合理化其統治，遂於一九八五年十一月宣布將於一九八六年二月七日提前舉行總統選舉。

人民力量革命

艾奎諾遭暗殺引起菲律賓全國的震驚及憤怒，對抗馬可仕的各方勢力因此團結起來，包括高階軍方成員，和廣大的天主教社群。這股集結而成的龐大勢力推舉艾奎諾的妻子柯拉蓉・艾奎諾為總統候選人。菲律賓政治非常強調出身的家族背景，和其夫艾奎諾一樣，柯拉蓉也是強大的許寰哥（Cojuangco）家族成員，許寰哥家族有華人血統，在馬尼拉北部的邦板牙省（Pampanga）擁有龐大的地產。

柯拉蓉原本是一個家庭主婦，沒有政治經驗，在野陣營經由天主教樞機主教辛海棉（Cardinal Jaime Lachica Sin）出面協調後推舉柯拉蓉與最大在野黨領袖參議員勞瑞爾（Salvador Laurel）搭檔參加大選。柯拉蓉為人和藹親切、口齒清晰，臉上總是掛著笑容，她所到之處，穿著黃色T恤的人群都高喊她的小名「柯莉！柯莉！」（Cory! Cory!），聲勢頗為驚人。

一九八六年二月七日這場眾所矚目的總統大選，被馬可仕以一貫作弊方式控制選舉。初步開票結果，馬可仕獲得選票一〇八〇萬餘票（五十三％），而柯拉蓉則獲九四九萬餘票（四十七％），惟在計票過程中，許多選票被選舉機關篡改、大量作廢等，引發激烈的爭議。於是對馬可仕政權的不滿轉變成憤怒，數以百萬計的民眾和眾多宗教人士，包括神父和修女，都湧進大馬尼拉的乙沙大道（Epifanio de los Santos Avenue, EDSA）抗議官方操弄選舉，並要求馬可仕下台。天主教馬尼拉總教區的樞機主教辛海棉（Jaimie Cardinal Sin），公開向大眾廣播，並呼籲軍方不要與示威者對峙。一度被認為是馬可仕接班人的國防部長安瑞列（Juan Ponce Enrile）宣布與馬可仕切割，改支持人民。而馬可仕的表弟副參謀總長羅慕斯（Fidel Ramos）也公開表示支持柯拉蓉。

二月二十五日上午柯拉蓉在菲律賓人俱樂部（Filipino Club）由大法官 Claudio Ong Teehankee（鄭建祥）[24]監誓，宣誓就任菲律賓總統。而同一時間眾叛親離的馬可仕也在馬拉坎南宮自行舉行總統就職，但只有少數親信參加，沒有一個外交使節出席。馬可仕後來草草結束他的就職典禮，在美國的勸說及協助下舉家搭乘直升機離開馬拉坎南宮逃亡夏威夷。

一九八六年二月這段推翻馬可仕的過程被稱之為「人民力量革命」（People Power Revolution）或是乙沙革命（EDSA Revolution）。但是新成立的柯拉蓉政府仍然極為脆弱，六年執政期間充滿了各種挑戰。

總統良政委員會 PCGG

一九八六年二月二十八日，亦即柯拉蓉宣誓就任菲律賓總統三天後，她發布了第一號行政命令，創建了總統良政委員會（Presidential Commission on Good Government; PCGG）。

PCGG 是菲律賓的一個準司法政府機構，其主要任務是追討馬可仕及其直系親屬、親戚、下屬和親密夥伴所積累的不義之財，它還負責調查其他貪汙腐敗案件，並制定預防腐敗措施。

PCGG 成立後不久，柯拉蓉．艾奎諾總統就發布行政命令，凍結馬可仕家族在菲律賓的資產，並賦予 PCGG 外交權力與外國政府談判，以便將馬可仕家族在海外的財富匯回菲律賓。截至二〇一九年，PCGG 向馬可仕家族及親信追回了超過一七一〇億披索的不義之財。根據一九八八年《全面土地改革法》，PCGG 收回的資金自動撥付給菲律賓的土地改革計畫，此後資助了八十％以上的菲律賓土地改革預算。

根據 PCGG 調查，馬可仕家族從菲律賓中央銀行竊取了五十億至一百億美元。PCGG 還認為，馬可仕家族過著豪奢的生活，在其擔任總統二十一年期間從菲律賓奪走了數十億美元。

根據國際透明組織（Transparency International）於二〇〇四年的「全球貪汙報告」顯示，馬可仕於執政期間以各種手段搜刮國產，累積到自己名下的財富最多可能達一〇〇億美元，且大多都以

24 一九八七年十月十三日，菲律賓最高法院首席大法官鄭建祥訪問台灣。期間會見司法院長林洋港、外交部長丁懋時，並接受輔仁大學頒贈榮譽博士學位。

化名方式藏匿於瑞士銀行中。國際透明組織把他列為「全球十大貪汙政府元首」的第二名，也因為他掠奪大量國家資產，菲律賓從繁榮的國度漸漸殞落至現在的第三世界國家。馬可仕家族流亡後，馬拉坎南宮裡伊美黛的三千雙鞋子讓世人大開眼界，其實那只是馬可仕與伊美黛夫妻奢華無度生活的冰山一角。

馬可仕人權紀錄

根據國際特赦組織（Amnesty International）報告，馬可仕政權期間犯下的侵犯人權行為紀錄極為惡劣，七萬人被監禁、三萬四千人遭受酷刑、三二四〇人被法外處決。真可說是劣跡斑斑、罄竹難書。此外，還有多達一萬名摩洛人在菲律賓軍隊及菲律賓警察的屠殺中喪生。

馬可仕家族返菲

一九八九年九月二十八日，馬可仕在夏威夷去世，臨終前小馬可仕Bongbong（Ferdinand Romualdez Marcos Jr.）是唯一在場的家庭成員。一九九一年柯拉蓉總統准許伊美黛及子女回到菲律賓，以便接受馬可仕家族逃稅及貪汙的調查。

伊美黛雖貪腐官司纏身，回到菲律賓後一家人卻依然活躍於菲律賓政壇。伊美黛旋於一九九二年參加總統大選，但於一月下旬遭司法單位逮捕，理由是她在海外非法擁有三個瑞士銀行帳戶以及她面臨五十四項民事刑事訴訟。伊美黛後來獲得假釋，在總統選舉中獲得十・三%選票，在七名候選人中排名第五；同年的選舉中 Bongbong 在老家北伊洛戈省獲選為國會眾議員。

伊美黛又於一九九五年在娘家雷伊泰省當選國會眾議員。一九九八年伊美黛再接再厲競選總統大位，但投票前她決定支持艾斯特拉達（Joseph Estrada）而退選；同年的選舉 Bongbong 當選北伊洛戈省的省長且連任兩次；而艾咪・馬可仕（Imee Marcos）則接替其弟 Bongbong 眾議員職位。

不甘寂寞的伊美黛於二〇〇六年開始她自己的生意，在其女艾咪的協助下創立一個名為「Imelda Collection」的品牌，銷售珠寶服飾及鞋子。

二〇〇七年 Bongbong 又取代其姊艾咪出任國會眾議員。二〇一〇年他當選參議員直至二〇一六年，其姊則又接替他擔任北伊洛戈省長。這對姊弟的母親伊美黛則接替 Bongbong 眾議員的職位直至二〇一九年。

二〇一六年 Bongbong 競選副總統但落選。二〇二二年五月大選，他以五十八・七%的選票贏得總統大選。六月三十日，小馬可仕 Bongbong 宣誓成為菲律賓第十七任總統。

愛情勝利

馬可仕家族被人民力量革命推翻而流亡美國，隔幾年後返回菲律賓在政壇穿梭進出，令人眼花撩亂實在難以理解。作者於一九八八年前往菲律賓赴任前，曾有一位長官告訴我：「在菲律賓，什麼事都有可能發生」，現在想想這句話還真有道理。

除了被謀殺的艾奎諾之外，馬可仕執政時期的頭號政敵就是一九六五年與其競選總統大位的參議員曼格拉普斯（Raul Manglapus）。曼格拉普斯在美國流亡長達十三年，他組織了「自由菲律賓運動」（Movement for a Free Philippines; MFP），以反抗馬可仕的獨裁統治。曼格拉普斯於一九八六年人民力量革命推翻馬可仕之後返回菲律賓，隨後於一九八七年出任外交部長。他在外長任內不同意馬可仕返國，並對流亡的馬可仕提起訴訟。一九八九年九月馬可仕去世後，他又強力反對馬可仕的靈柩送返菲國。曼格拉普斯與馬可仕兩人或是兩個家族之間，可說是世仇。

二〇一七年十一月二十二日菲律賓人被一則消息所震驚。艾咪的兒子麥克．曼諾托（Michael Ferdinand "Mike" Manotoc），也就是馬可仕的外孫，娶了曼格拉普斯的孫女卡拉．曼格拉普斯（Carina Amelia "Cara" Manglapus）。被稱為「伊洛戈的羅密歐與茱麗葉」的麥克與卡拉是經過自由戀愛而結婚的，他們婚後育有一女一兒。有些菲律賓人稱這化解兩個家族仇恨的婚姻為「愛情勝利」（Love Wins）。

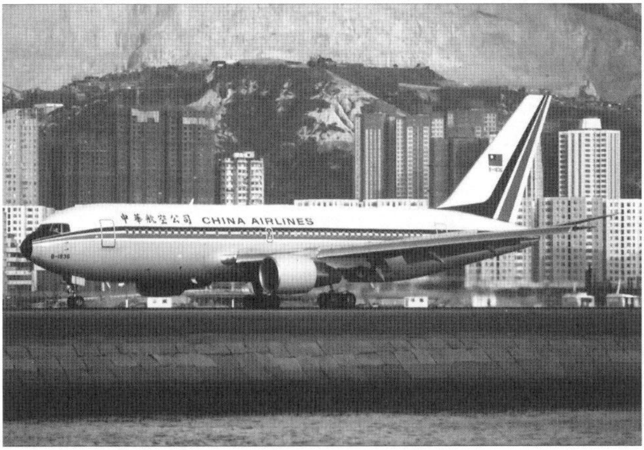

艾奎諾搭乘此架華航 767 客機自台北返回馬尼拉；此圖為該機在香港啟德機場。（Wikipedia）

一九八三年八月，艾奎諾在菲律賓馬尼拉下飛機時被暗殺，隨後立即被抬上保安車，刺客（左）也在現場被擊斃。（Wikipedia）

菲律賓於二〇〇〇年發行艾奎諾紀念郵票，上有他的名言：「為了菲律賓人，犧牲也值得」。

一九八六年馬尼拉爆發人民力量革命，上百萬群眾聚集乙沙大道要求馬可仕下台。（Life）

愛情勝利！政敵的第三代卡拉．曼格拉普斯與麥克．曼諾托在北伊洛戈省的抱威教堂舉行婚禮。（Marcos Presidential Center）

第三十一章

柯拉蓉總統任內「武裝部隊改革運動」發動九次叛變

柯拉蓉經由「人民力量革命」推翻馬可仕獨裁統治而出任菲律賓總統，但是她並非全民擁戴的領袖。為數不少的馬可仕支持者一直想把她扳倒迎回馬可仕；而軍中RAM分子也不服她的領導而陸續發動叛變。

馬可仕統治末期，菲律賓軍中就有所謂的「武裝部隊改革運動」（Reform the Armed Forces Movement; RAM），一些不滿現狀的軍官企圖推翻馬可仕。後來因為發生「人民力量革命」，這些改革派軍人就順勢與人民站在一起，最終推翻了馬可仕政權。

人民力量革命期間，軍隊的支持是柯拉蓉贏得勝利的最重要因素之一。但是柯拉蓉上任後與新人民軍進行和談、釋放菲共領導人以及新內閣納入左派人士等作為，引起軍方的強烈不滿，而埋下菲律賓軍方日後對柯拉蓉政府進行高達九次叛變的種子。

占領馬尼拉飯店事件

柯拉蓉於一九八六年二月二十五日就任後，馬可仕的支持者每星期日都在馬尼拉黎薩公園（Rizal Park）聚集示威抗議。七月六日星期日，一萬餘名菲人循例在黎薩公園聚集，然後在傍晚突然湧進附近的馬尼拉飯店（Manila Hotel），並有四百九十名武裝士兵加入，他們占領這座具有歷史性意義的飯店長達三十七小時。年初與馬可仕搭檔的副總統候選人陶倫提諾（Arturo Tolentino）在飯店大廳宣稱馬可仕授權他暫時接管政府，他宣誓成為代理總統並發表一份新內閣名單。

柯拉蓉政府成立後晉升為參謀總長的羅慕斯聞訊，立即指揮部隊包圍馬尼拉飯店，並對裡面的叛軍進行喊話勸降。七月八日，叛軍因為等不到其他支援，老長官羅慕斯又在外面招降，於是走出飯店繳械投降。這些叛軍受到的懲罰是做三十次伏地挺身，一萬多名平民也就一哄而散。

作者當時已進入外交部工作，非常關注菲律賓情勢的發展。在台北看到電視上播出叛軍接受懲罰在做伏地挺身的畫面，大嘆不可思議。軍人叛亂在絕大多數的國家是要被軍法審判甚至就地槍決的。這場鬧劇也創下惡例，之後在柯拉蓉執政期間繼續有八次叛亂，參與者大多沒有受到嚴肅的審判與懲罰。

流亡在夏威夷的馬可仕受到美國雷根政府警告，倘再涉及任何政治活動，其在美國「作客」的身分將會受到檢討。

馬尼拉飯店當時的瑞士籍總經理在事後向法院提出了一份八十幾萬美元的賠償要求，但是主角陶倫提諾只支付了他所使用的房間兩晚的房錢。

「拯救女王」事件

RAM 原本計畫於十一月十一日再次發動代號為「拯救女王」（God Save the Queen）的行動，但是消息洩漏，因此改為十一月二十二日。二十二日當天菲國軍方發布紅色警戒，叛變部隊被封鎖，於是只好回到營房。第二天，柯拉蓉宣布撤換國防部長安瑞列，並表示將重新檢討內閣名單。

占領 GMA 電視台事件

一九八七年一月二十七日約一百名士兵占領位於奎松市的 GMA 電視台，而有另一股叛軍企圖攻占位於甲美地省的尚格利（Sangley）空軍基地但失敗。

領導叛軍攻擊尚格利的一名中校於一九九一年一月遭逮捕，被判處十二年徒刑。一九九二年八月，已接任總統的羅慕斯下令釋放參與占領 GMA 電視台的十六名叛軍，並責令他們的部隊長官就近監視看管。

黑色星期六事件

一九八七年四月十八日正值菲律賓一年中最長的假期聖週（Holy Week），十八名叛變士兵攻擊波尼法秀堡（Fort Bonifacio）。該堡是菲律賓陸軍總部所在，十幾名士兵就想進攻簡直是異想天開，不過叛軍可能有其他的計畫，見情形不利而撤銷任務。這場攻擊很快就被驅退，一名叛軍士兵被擊斃。

馬尼拉國際機場（MIA）事件

一九八七年七月，RAM 叛軍企圖占領馬尼拉國際機場，但是還沒開始前就消息走漏，四名軍官遭到軍法審判。

一九八七年八月叛亂

一九八六年十一月的「拯救女王」叛變失敗，國防部長安瑞列遭解職，而其首席助理洪納山（Gregorio "Gringo" Honasan）上校則被改調新艾詩夏省（Nueva Ecija）的麥格塞塞堡（Fort Magsaysay）陸軍特別部隊訓練中心。洪納山之父羅密歐．洪納山（Romeo Honasan）上校曾於一九六〇年代派駐台北擔任菲律賓駐華大使館武官，在此期間洪納山就讀台北道明學校（Taipei Dominican School）。

洪納山在麥格塞塞堡暗中策劃 RAM 的下一次行動，深具個人魅力的他使得麾下的學員對他深信不疑。一九八七年八月二十七日晚間，洪納山率領學員搭乘車隊往南向馬尼拉前進，途中又有RAM 叛軍部隊加入，一行約二千人集結準備進攻總統府馬拉坎南宮、國防部所在的阿奎納多軍營（Camp Aguinaldo）、威拉摩（Villamor）空軍總部以及幾家電視台。

二十八日凌晨一時，洪納山率領叛軍攻擊馬拉坎南宮。他們企圖先占領關鍵橋梁，與由比亞松（Rodolfo Biazon）將軍所領導的海軍陸戰隊及總統安全衛隊激烈交戰。柯拉蓉的兒子 Noynoy（Benigno "Noynoy" Aquino III，未來的菲第十五任總統）乘車欲返回馬拉坎南宮遭叛軍射擊，車上三名保鑣死亡，他本人則身中五彈，有一彈一直留在他的頸部。叛軍與政府軍激烈交火約三十分鐘，洪納山見突襲行動失敗，於是下令撤退前往阿奎納多軍營重新集結。叛軍經過一座橋時，遭到支持柯拉蓉的民眾所阻撓，叛軍向群眾開槍，擊斃十一人（其中十人是兒童）、擊傷五十餘人。此事造成叛軍形象大損。

另一股叛軍在叛亂開始後就先前往阿奎納多軍營，但被守軍阻擋在外，洪納山率眾轉進後合力衝進營區並占領國防部大樓，政府軍也陸續包圍叛軍。中午，羅慕斯下令砲兵對叛軍占領的國防部大樓開砲，導致雙方更激烈的交火。

在威拉摩空軍基地，空軍副司令係 RAM 叛軍一員，於凌晨二時半率部發動攻擊，忠於政府的司令索特羅（Antonio Sotelo）與部下在空軍總部三樓抵抗。天亮後，忠於政府的若干空軍成員加入索特羅的陣營。到了下午，威拉摩空軍基地內的叛軍自行撤退，因為他們獲知原本從呂宋島南部要來增援的叛軍已經掉頭。

叛軍一開始也占領了四座電視台，進行反政府宣傳，但政府軍及警察進行包圍，然後一一收復。

在地方上，呂宋島東北的卡加延（Cagayan）省、碧瑤陸軍官校、中呂宋的邦板牙省、東呂宋的黎薩省、南呂宋的阿爾拜（Albay）省，以及維薩亞的宿霧等主要島嶼都陸續傳出叛軍攻占機場、軍營及逮捕官員等情事。

二十八日下午三時，柯拉蓉總統在電視上宣布政府軍將對叛軍進行全面攻擊，不會與叛軍談判。到了當晚政府軍已收復大部分被叛軍占領的基地、營區等設施。

二十九日上午，最後一批叛軍在中呂宋的歐力瓦斯軍營（Camp Olivas）投降。叛變領導人洪納山上校則搭乘一架直升機逃離阿奎納多軍營。

洪納山逃亡後，羅慕斯下令對他格殺勿論（shoot to kill）。洪納山四處躲藏了一百天後於十二月九日在馬尼拉東南郊的巴石（Pasig）被逮捕。

這是柯拉蓉總統就職以來所遭遇的的第六次叛亂，造成五十三人死亡及數百人受傷，死傷者多半是平民。事件平息後有五〇七名軍人被指控涉及叛亂，另有五九五名則無罪釋放。

下部

一九八九年十二月最大規模叛亂

經歷數次叛亂之後，菲律賓軍方對自己人提高警覺，防止異議分子再次發動叛亂，因為很難辨識軍中的RAM分子。不過軍中年輕的少校及尉級軍官一般說來比較不滿柯拉蓉政府，於是逐漸形成一個類似兄弟會的「青年軍官同盟」（Young Officers Union; YOU），互通聲氣醞釀下一次的叛亂行動。

八月叛亂的主謀洪納山遭逮捕後被囚禁在馬尼拉灣內的一艘軍艦上，沒想到能說善道的洪納山居然說動看守他的十二名衛兵，於一九八八年四月二日晚間利用兩隻橡皮艇一起逃離。菲國軍方大為慌亂緊急四處搜索，後來偵知洪納山可能與一百多名叛軍躲藏在新艾詩夏省的山區。

作者於一個多月後（一九八八年五月）被外交部發表派駐菲律賓代表處工作，由於持續關注菲律賓情勢發展，深知這不是一個輕鬆的任務，但是「軍令如山」無法拒絕。七月，作者帶著忐忑不安的心情抵達馬尼拉，開始六年的駐菲工作。

經過了一年多之後，大體還平靜無事。一九八九年十一月三十日晚間，我與幾位潛水夥伴一起在奎松市一家餐廳晚餐討論下一次潛水的行程。大約九點半左右，一位夥伴小曼格拉普斯（Raul Manglapus Jr.）突然接到其父外長曼格拉普斯電話，說是有重大事情將要發生，要他趕去馬拉坎南宮會合。他迅即離開，剩下的我們幾人也就解散各自回家。

第二天（十二月一日）清晨六時許，我仍在睡夢中，被一陣巨大爆炸聲驚醒。跳起來跑到陽台觀看，馬拉坎南宮方向有一股爆炸煙霧冒起，這時我才突然想起前一晚聽到的「有重大事情將要發生」，果然不假。

洪納山脫逃後經過一年餘的協調與籌畫，獲得 RAM 成員的支持，可以動員兵力多達三千餘人，而且包括陸軍菁英部隊、空軍及海軍人員等。十二月一日清晨在尚格利機場起飛的一架 T-28 螺旋槳飛機[25]以火箭及機槍進行攻擊馬拉坎南宮，也就是叛亂行動發起的信號。柯拉蓉總統並未在首發攻擊中受傷。分散在各地的 RAM 叛軍立即同時分頭行動，攻擊並占領威拉摩空軍基地、陸軍總部波尼法秀營區，位於甲美地省的海軍基地、尚格利機場以及宿霧麥丹（Mactan）機場，阿奎納多營區也被叛軍部分占領。從尚格利機場起飛的 T-28 飛機及直升機繼續攻擊馬拉坎南宮、克蘭美營區（Camp Crame，國家警察總部）及阿奎納多營區。

參與叛亂與支持政府的軍隊穿的是一樣的制服，拿的是一樣的武器，所以叛軍手臂綁白巾作為

25 T-28 Trojan 特洛依型單引擎螺旋槳飛機，菲人暱稱為 Tora-Tora，因與日軍偷襲珍珠港的代號「Tora-Tora-Tora」（虎！虎！虎！）所使用的飛機外觀類似；在台灣則是空軍官校的教練機。

辨識。叛軍還在卡車或裝甲車上以白漆寫上 R.A.M. 或 Y.O.U.，以免遭己方誤擊。

十二月一日上午尚格利機場被叛軍占領控制後，菲空軍第六戰術中隊長阿天薩（Danilo Atienza）少校及同僚各駕 F-5A 戰鬥機飛臨該機場以火箭及機槍進行攻擊。他們擊毀一架直升機、七架 T-28 螺旋槳機及油庫等設施，叛軍遂無法繼續利用該機場對政府軍攻擊，但完成任務飛離時，阿天薩座機遭叛軍地面砲火擊中墜毀陣亡。一九九二年菲國政府將尚格利機場改稱為阿天薩機場。

參謀總長羅慕斯等將領在克蘭美營區指揮政府軍進行反攻，艾奎諾總統則請求美方支援。美國決定支持艾奎諾政府，接獲請求後立刻自克拉克空軍基地派遣數架 F-4 幽靈式戰機巡弋馬尼拉上空，並在叛軍占領的機場進行警告射擊，叛軍 F-5 戰鬥機、T-28 飛機及直升機不敢再起飛；美軍同時自蘇比克灣派遣一百名陸戰隊保護黎薩公園斜對面的美國大使館。美國的兩艘航空母艦中途島號（USS Midway）、企業號（USS Enterprise）則在馬尼拉灣外巡弋。

缺少了空中火力支援叛軍轉趨於劣勢，政府軍逐漸收復被占領的軍營。叛軍於是改變策略自波尼法秀營區撤往馬加智（Makati）商業區，占領了二十二座大樓，整個週末政府軍與叛軍在 EDSA 大道及主要道路交火。當時台灣中信集團董事長辜濂松恰好來菲洽商，他及隨員就被困在馬加智商業區的半島酒店達數日之久。

在政府承諾會給予「人道的、公平的及適當的」對待之後，占領馬加智的叛軍於十二月七日投降，占領宿霧麥丹機場的叛軍則撐到十二月九日才投降。叛軍自馬加智市區撤離，唱著雄壯的軍歌行軍走回營區，從電視上看實況轉播，實在搞不清楚到底是哪邊打了勝仗或吃了敗仗。

這場規模龐大的叛亂嚇跑了投資者與觀光客，銀行、旅館、公司行號一個禮拜無法營業，對正要復甦的經濟當然是個重大的打擊，工商領袖估計經濟上約有十五億美元的損失。七天的交戰造成九十九人死亡，五百七十人受傷。死傷者當中約有半數是看熱鬧的市民（on-lookers），他們不顧危險聚集在路邊甚至天橋上觀看兩軍隔街交火，所以死傷相當嚴重。

事件結束後，柯拉蓉總統設立一個調查委員會，由選舉委員會主席大衛（Hilario Davide Jr）擔任主席。數個月後該委員會的報告稱，RAM 發動叛亂原因是，他們認為政府存在腐敗、貪汙、官僚等缺失，以及對共黨的妥協。柯拉蓉政府於是針對該報告進行一些短期及長期改革措施。

此次軍變不僅是柯拉蓉任內規模最大的叛亂，也是政治上的一大考驗，她的副總統勞瑞爾在軍變爆發後不久就公開支持叛軍，並要求柯拉蓉下台。但是柯拉蓉對勞瑞爾無可奈何。

一九九〇年岱菲諾飯店事件

呂宋東北卡加延省的省長羅道夫・阿奎納多（Rodolfu Aquinaldo）在十二月叛亂中公開支持

RAM叛軍，叛亂平息後政府以參與叛亂及謀殺等罪名對他起訴。一九九〇年三月四日，阿奎納多率領三百名私人部隊占領省會土格加勞（Tuguegarao）的岱菲諾飯店（Hotel Delfino）。羅慕斯派阿奎納多的好友佛羅倫多（Oscar Florendo）准將持逮捕狀率隊前往勸降，但是他與五十名飯店客人一起被留置當作人質，後來雙方交火，佛羅倫多被叛軍擊斃。羅慕斯聞訊後增派一千名政府軍把飯店團團包圍，與叛軍爆發激烈槍戰。數小時候叛軍中一百餘名投降，九十名遭逮捕，一輛裝滿迫擊砲、步槍及彈藥的卡車被沒收。而叛變主謀阿奎納多則率領九十名餘眾潛逃至北部山區。

一九九〇年十月民答那峨叛變

一九九〇年十月四日，曾經參與十二月叛變的諾貝爾（Alexander Nobel）上校帶領叛軍占領民答那峨北方的卡加延德奧羅（Cagayan de Oro）及武端（Butuan）的兩處軍營，並宣布成立「民答那峨聯邦共和國」（Federal Republic of Mindanao），意圖推翻柯拉蓉政府。但是這個新共和國沒有獲得其他地方的響應，孤立無援的諾貝爾於是在十月六日向政府軍投降。

柯拉蓉艱難的總統任期

柯拉蓉經由「人民力量革命」推翻馬可仕獨裁統治而出任菲律賓總統，但是她並非全民擁戴的領袖。為數不少的馬可仕支持者一直想把她扳倒迎回馬可仕；而軍中 RAM 分子也不服她的領導而陸續發動叛變。

一九八七年八月叛亂後，柯拉蓉指控《菲律賓星報》（*Philippines Star*）專欄作家貝特蘭（Louie Beltran）及發行人蘇利文（Maximo Soliven），因為該報一篇不實報導說她在叛軍攻擊馬拉坎南宮時躲在床下。法院開庭時柯拉蓉兩度親自出庭說明，創下菲律賓總統出席庭訊的先例。柯拉蓉還安排電視台進入寢室說明她的床絕無法躲藏一個人。一九九二年柯拉蓉卸任前，法院判被告兩年徒刑及名譽損失賠償。但是上訴法院於一九九五年駁回初審判決。

菲律賓一九八七年憲法規定總統任期六年，不得連任。柯拉蓉是於一九八六年上任，所以不受新憲法限制，她原本有意要競選連任，但是任內國事如麻，接連九次叛亂每一次對她都是沉重的打擊，再加上反對派的不斷攻訐及媒體的誣陷，使她心灰意冷而決定不參加一九九二年總統選舉。

下部

一九八六年二月柯拉蓉宣誓就任總統（Malacañan Palace Archives）

一九八六年七月馬可仕死忠分子及四百餘名叛軍占領馬尼拉飯店，成為柯拉蓉總統任內的首度叛亂事件。（圖／作者）

尚格利機場在多次軍變中被叛軍占領利用。近年來部分設施被改為民用。（圖／作者）

一九八七年軍變保衛馬拉坎南宮有功的海軍陸戰隊司令比亞松將軍被菲國視為英雄。圖為比亞松將軍應邀參加駐菲代表處舉辦的國慶酒會與作者合影。（作者提供）

第三十二章

與台灣關係最好的總統羅慕斯

羅慕斯可以說是後馬可仕時代與台灣關係最好的菲律賓總統，在其主政時代，兩國進行官方交往甚具彈性，可視為台菲關係最為友好密切的時期。

菲律賓一九九二年的選舉可說是戰國時代群雄並起，共有七位候選人參與總統大選，每個候選人都是部長、省長及議長級以上的重量級人物且都有強大的政黨支持：國防部長羅慕斯（Fidel Ramos; Lakas）、土地改革部長聖地牙哥（Miriam Santiago; PRP）、柯拉蓉堂弟塔拉克省長許寰哥（Danding Cojuangco; NPC）、眾議院議長密特拉（Ramon Mitra Jr; LDP）、前第一夫人伊美黛（Imelda Marcos; KBL）、參議院議長沙隆加（Jovito Salonga; Liberal）以及副總統勞瑞爾（Salvodor Laurel; Nacionalista）。所以該年選情可說是菲律賓歷來最激烈緊繃的一次。

五月十一日的選舉總共有八萬名候選人競逐一萬七千個職位，規模非常龐大。選民事前需準備小抄，進入投票所之後一一把自己支持的候選人名字以手寫填入選票，總統、副總統、參議員、眾議員、省長、副省長、省議員、市長、副市長、市議員及村里長等，而且拼寫要正確，否則會被認定廢票或無效。投票過程非常複雜且費時，每位選民通常要花十幾分鐘才能完成。計票過程因為要一一辨識名字所以也一樣複雜費時，再加上偏遠山區或島嶼交通困難，所以事前一般估計要七天至十二天才能完成。

最終開票結果，羅慕斯以五百三十四萬餘票（二十三．五八％）取得勝利，聖地牙哥四百四十六萬餘票（十九．七二％）屈居第二、許寰哥四百一十一萬餘票（十八．一七％）第三，其餘的候選人票數也都差距不大。

在開始計票後頭五天聖地牙哥一直處於領先，但之後被羅慕斯超越。她哭訴原本領先五天因為停電而被「做掉」，但最高法院駁回她的抗議。菲律賓新聞媒體報導稱：美廉（聖地牙哥）贏了選舉，但輸了計票（Miriam won in the election, but lost in the counting）。

在副總統方面，演員出身的參議員艾斯特拉達以六百七十三萬餘票（三十三・〇一％）勝選，羅慕斯的副總統搭檔小歐斯曼尼亞（Lito Osmeña）則僅獲三百三十六萬餘票（十六・四七％）。

羅慕斯不僅成為菲律賓有史以來得票最低的總統，他信奉基督新教，所以也是第一位且唯一的非天主教徒總統。菲律賓人口中天主教徒占八十一％，而基督新教徒約十・八％，穆斯林五・六％。

老羅慕斯

羅慕斯一九二八年出生於邦加西楠（Pangasinan）省的林加延（Lingayen）市，他的外祖母 Crispina Marcos 是馬可仕祖父的妹妹，所以馬可仕與羅慕斯兩人是表兄弟關係。

羅慕斯的父親納西索・羅慕斯（Narciso Ramos）生於一九〇〇年，原本是律師，菲律賓於一九四六年獨立後他成為菲國首批外交官，先後派駐美國、阿根廷、印度等國。一九五六年老羅慕斯出任菲律賓駐中華民國大使長達十年，歷經麥格塞塞、賈西亞及馬嘉博臯三位總統，在此期間兩國關係良好緊密。小羅慕斯當時是年輕軍官，經常自馬尼拉前往台北探望其父。一九六五年老羅慕斯離開台北返回馬尼拉，擔任馬可仕政府的外交部長。三年後他自公職退休。一九七五年菲律賓與中華民國斷交。一九八二年，老羅慕斯八十二歲，被馬可仕請出再度派赴台北擔任菲律賓駐台代表處（亞洲交易中心，Asia Exchange Center）[26]的代表，三年後他八十五歲時才返回菲律賓真正退休。次（一九八六）年二月三日，在「人民力量革命」爆發前幾天，老羅慕斯在馬尼拉去世，享壽八十六歲。

一九九二年六月三十日，羅慕斯就任菲律賓第十二任總統，台灣因與菲律賓沒有正式外交關係所以未派遣代表團參加就職典禮，但是羅慕斯特別邀請其父的三位好朋友辜振甫（台灣水泥）、高玉樹（前台北市長）及黃世惠（三陽工業）以私人名義出席。三位貴賓及眷在馬尼拉三天都住菲律賓廣場大飯店（Philippines Plaza Hotel），作者奉命陪同接待，有機會聆聽三位大老講述他們與老羅慕斯在台北交往的種種趣事。

菲律賓於一九七五年與中華民國斷交，菲律賓把我位於馬尼拉日落大道（Roxas Boulevard）的駐菲大使館交給北京，其駐台北大使館則被我政府接管。菲律賓大使館位於仁愛路敦化南路圓環，外交部後來把這棟位於台北市精華區的三層樓房改為「外交人員講習所」，也就是外交新兵訓練中心。作者於一九八三年通過外交特考之後，就在這講習所度過六個月的新兵訓練。後來因為過於老舊且不敷使用，外交部於二十年前把原來的三層樓房改建為十一層玻璃帷幕大樓，並修法把講習所改為「外交及國際事務學院」。

李登輝與羅慕斯蘇比克灣會談

羅慕斯可以說是馬可仕時代之後與台灣關係最好的菲律賓總統，在其主政時代，兩國進行官方交往甚具彈性，可視為台菲關係最為友好密切的時期。

一九九四年二月李登輝總統以「度假外交」方式訪菲，在蘇比克灣與羅慕斯會面。這是一九七五年兩國斷交以來雙方最高層級最重大的事件。因為顧忌中國強大的壓力，菲方同意李總統訪菲後一再向我方強調消息不得外洩，若為外界得知則菲方只好取消此項訪問。D-day 前十日作者被劉伯倫大使告知我是唯一的承辦人，一再告誡要高度保密。期間我曾兩度前往馬拉坎南宮與菲方人員會合，搭乘直升機前往蘇比克灣安排相關事宜。

26 亞洲交易中心後來改名馬尼拉經濟文化辦事處（MECO）。

下部

一九九四年二月九日上午十時，華航專機降落蘇比克灣機場，劉伯倫大使、代表處兩位組長及作者等人在停機坪恭候。李登輝總統笑容滿面走下階梯，與我們一一握手後即搭乘菲方準備的禮車，外交部錢復部長搭乘劉大使座車，劉大使則與蕭萬長主委、戴瑞明副秘書長、辜濂松董事長、蘇志成主任等人搭乘代表處館車，作者則坐副駕駛座。因為菲方要求低調，所以只有上述長官分乘三輛車前往蘇比克灣山丘上的賓館與羅慕斯總統會晤，代表團其餘成員則被安排在機場航站休息。上坡時我們的廂型車馬力不足跟不上前車，焦急的劉大使要我叫司機開快點，我回頭苦笑答司機油門已踩到底了，因為第一次載這麼多位重量級長官，所以實在很費力。

李總統一行在蘇比克賓館與羅慕斯總統午餐晤談約三小時，之後就返回機場，搭乘專機前往此行第二站印尼。李總統一行正在登機時，菲方突然送來十大簍芒果說是羅慕斯總統送的禮物，讓機上工作人員一陣忙亂。

事後菲律賓及台灣媒體都大幅報導此事，但內容多屬揣測杜撰，沒有出現任何一張相關的相片。菲律賓外交部說明「菲律賓只是跟台灣進行貿易和經濟關係」，並未違反「一個中國」政策。

李登輝羅慕斯蘇比克灣峰會難道只是老朋友見面吃飯聊天嗎？當然不是。當年及一九九五年，菲律賓連續兩年在聯合國大會的總辯論中，提出「會籍普遍化原則」，間接呼應中華民國參與聯合國。此外，兩人會談的主題就是蘇比克灣。

台商進駐蘇比克灣

實際上在蘇比克灣改變成為經濟特區之前，就已有許多的台灣企業到菲律賓投資，如嘉裕西服、路竹新益螺絲、Koten Electrical Corp、Arrow Plastic Corp、TNC Chemicals Corp 以及塑膠、成衣、五金、化工等製造業，也有不少個人在菲律賓投資餐飲、旅行業及零售等事業。

蘇比克灣（Subic Bay）是呂宋島中西部的一個良好海灣，距馬尼拉約一百公里。一八八五年，西班牙海軍開始在蘇比克灣興建設施；一八九八年美西戰爭後，轉由美國海軍使用，而後修建機場，逐漸擴建為美國海軍主要軍港，具備重要的戰略價值。越戰期間蘇比克灣發揮極大功效，曾為美軍海外最大軍事基地。一九九一年六月皮納土坡（Pinatubo）火山噴發，鄰近的克拉克空軍基地形同報廢，蘇比克灣海軍基地則被火山灰掩蓋，一九九二年美軍全數撤離，基地關閉後菲律賓政府將其改為蘇比克灣經濟特區。

羅慕斯政府宣布把蘇比克灣開發成自由港，減免投資者進口稅與各種地方稅、國稅，簡化投資手續，給予通關便利。羅慕斯還特別立法授權，設立「蘇比克灣大都會管理署」（Subic Bay Metropolitan Authority; SBMA），主席兼署長由總統直接任命，階級相當於中央部會首長，有權依實際需要訂定法規。例如區內交通規則非常嚴格、區內工廠不准成立工會等。

下部

一九九〇年代中華民國政府的「南向政策」推動台商海外投資往東南亞轉移，意圖降低台灣對中國大陸投資的熱度。一九九四年三月，也就是李登輝總統訪問菲律賓、印尼及泰國的第二個月，中華民國政府發布《加強對東南亞地區經貿合作綱領》，鼓勵台灣廠商前往菲律賓等東南亞七個國家，在經濟合作上得到不錯的效果。蘇比克灣吸引大批台灣廠商如宏碁、東元等大型台商前往投資設廠，成效最為顯著。宏碁（後改為緯創）是當地最大台商，全盛期僱用員工高達五千人，投資金額逾一億二千萬美元。

但中國大陸改革開放後的群聚效應大幅增強，使得南向政策漸漸失效；尤其是在一九九七年亞洲金融風暴後，令不少台商撤出蘇比克灣。

風水輪流轉，二〇一〇年代後，隨著中國大陸工資及經營成本上漲，南向政策再度受到重視，台商如東隆五金、華富、松玥建設等又逐漸回流至蘇比克灣或轉型建立廠房服務等。

台灣銀行業在菲律賓擴展業務

有台商聚集的地方就需要銀行服務。台灣的銀行陸續進駐菲律賓，提供來菲投資的廠商各種金融服務，對促進兩國經貿交流有莫大助益。

兆豐銀行駐馬尼拉辦事處於一九九五年正式改為分行，迄今已近三十年，係菲律賓當地被授予銀行營業執照的少數外資銀行之一，提供台資企業、當地企業、外資企業及海外菲律賓企業等各式貸款或國際聯貸服務為主。

國泰世華銀行於一九九七年設立駐菲律賓代表人辦事處，二〇一五年十月坐落於馬加智商業中心的馬尼拉分行正式營運，為菲律賓企業客戶提供一站式銀行商品及服務。

中國信託菲律賓子行於一九九八年成立，發展迅速，現已有二十五處據點，成為菲律賓服務據點最多的外商銀行之一，積極提供菲律賓當地及外商公司金融服務，個人信貸業務位居前茅。

羅慕斯執政收拾殘局

一九九二年羅慕斯接任總統後可以說是收拾殘局（pick up the pieces），在其六年任期內，他發揮善於談判的專長，與新人民軍及民答那峨摩洛解放陣線（Moro National Liberal Front; MNLF）達成和平協議。

而曾經在柯拉蓉執政期間進行過九次叛亂的「武裝部隊改革運動」（RAM）也服從羅慕斯的領導，沒有再進行叛亂。羅慕斯接受國家統一委員會（National Unification Commission; NUC）的建

下部

議，赦免叛亂首謀洪納山及涉案的軍官。洪納山後來於一九九五年參選成為參議員。

馬可仕獨裁專政期間因貪汙腐敗盛行導致菲律賓經濟衰敗，柯拉蓉接任總統後又連續遭逢叛亂而經濟停滯不前。羅慕斯上任後進行各項經濟改革，同時他也積極吸引外國投資，其任內共有約二百億美元的外國投資進入菲律賓。政治穩定發展、民主自由的環境及外資源源進入，使得菲律賓經濟持續復甦，一九九一年該國平均國內生產毛額（per capita GDP）為八二一美元，至一九九七年則已達一二九四美元，菲律賓經濟呈現逐漸復興的局面。菲律賓從「亞洲病夫」到「亞洲新虎」，成為國際注目的焦點。

擔任馬可仕警察首腦的紀錄

羅慕斯一九五〇年自美國西點軍校畢業後即返國開始其軍旅生涯，從少尉排長逐步晉升至參謀總長及國防部長，參加過韓戰、越戰，國內則多次參與對抗新人民軍及摩洛穆斯林叛亂的戰役，其歷練完整與豐富經驗，可以說菲律賓軍人中無出其右者。

一九七五年羅慕斯被他的表哥馬可仕任命為菲律賓保安部隊（Philippines Constabulary; PC）司令，還兼任國家警察（Integrated National Police; INP）第一任總監，也就是說他是馬可仕實施戒嚴的執行者，講難聽一點他是馬可仕的「劊子手」。因此馬可仕諸多違反人權的案例，羅慕斯可說都脫不了關係。一九八六年二月爆發「人民力量革命」，時任副參謀總長的羅慕斯背叛馬可仕而倒向柯拉蓉集團，被人質疑他的動機，他說是為了「贖罪」（atonement）。

柯拉蓉執政後羅慕斯被晉升為參謀總長，後來又出任國防部長，一九九二年又成為總統。他那段「黑歷史」不時被反對者、政敵及受難者家屬提出來攻訐責難，但隨著時光的消逝而逐漸為人所淡忘。

由於長時間擔任保安部隊（PC）司令及一手創立國家警察（INP），羅慕斯牢牢掌握這兩支武力，這就是為什麼較少有保安部隊及國家警察加入歷次叛亂。而RAM於一九八七年及一九八九年發動兩次大規模叛亂時，羅慕斯都是坐鎮在警察總部克蘭美營區指揮政府軍對抗叛軍，也就不難理解。

羅慕斯曾經想要連任

羅慕斯的任期至一九九八年六月三十日將屆滿，而一九八七年憲法規定總統不能連任。總統六年一任但不能連任的設計，是為了防止類似馬可仕長期獨裁執政的情形再度發生。但是對有強烈權力慾望或是真正想做事的人來說確實是短了一點。這種情形在菲律賓持續發生，菲律賓現任總統小馬可仕於二〇二二年當選第十七任總統，隔了一年多他就有修憲以延長任期或競選連任的想法。

羅慕斯於一九九七年表示想要修改憲法（charter change），菲人戲稱為「恰恰」（cha-cha），俾使他可以延長任期或競選連任，甚至把總統制改為總理制以繼續領導這個國家。羅慕斯的意圖立刻遭致柯拉蓉及天主教會的反對，他的政敵聖地牙哥甚至還一狀告到最高法院。

一九九七年九月二十一日，柯拉蓉與辛海棉樞機主教發動六十萬人反修憲遊行，結果羅慕斯表態不會競選連任。

二〇二二年七月三十一日，羅慕斯因 COVID-19 併發症去世，享壽九十四歲，葬在馬尼拉英雄公墓。

一九九二年作者（左三）與行政組李鴻祥秘書（右五）、經濟組詹聯興秘書（左一）陪同旅菲台商參訪蘇比克灣。（圖／作者提供）

羅慕斯總統官式照片
（Malacañang Palace）

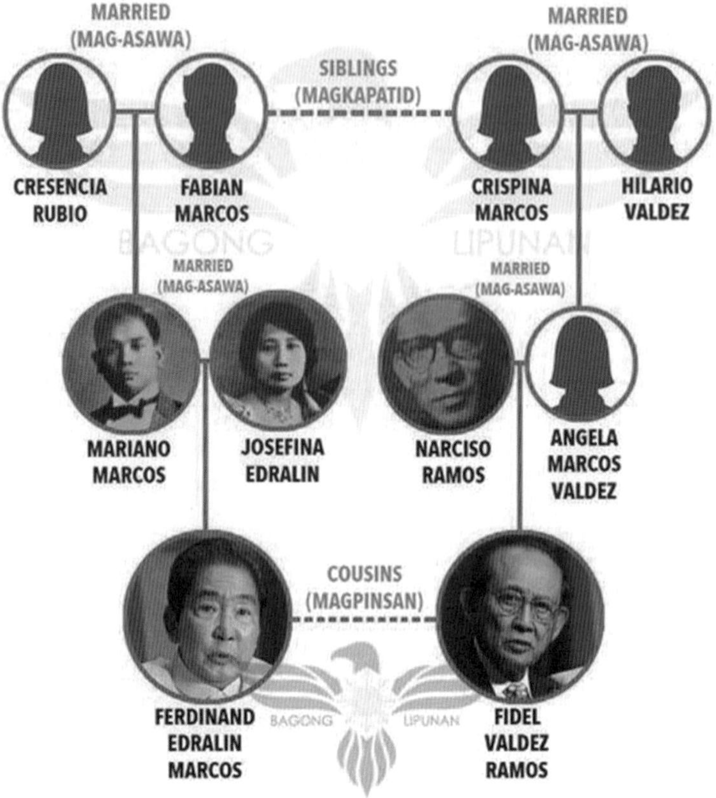

馬可仕與羅慕斯關係圖（Bagong Lipunan）

第三十三章

第二次人民力量革命推翻艾斯特拉達總統

艾斯特拉達一家人在政壇上進進出出，有如旋轉門，此一情形與馬可仕家族頗為類似。

菲律賓一九九八年五月十一日舉行的總統選舉，有副總統艾斯特拉達（Joseph Ejercito Estrada）、眾議院議長威尼西亞（Jose de Venecia）、國防部長維拉（Renato de Villa）、參議員聖地牙哥（Miriam Defensor Sandiago）、華裔馬尼拉市長林雯洛（Alfredo Lim）、宿霧省長歐斯曼尼亞（Emilio Osmeña）及參議員安瑞列（Juan Ponce Enrile）、參議員羅科（Raul Roco）等人競逐。

競選期間艾斯特拉達駕駛著象徵公正、經濟、環境及和平的吉普車四處拜票，頗受民眾矚目。開票結果艾斯特拉達以一千零七十二萬餘票（三十九・八六％）的相當差距擊敗群雄，當選總統。副總統則是由不同黨的參議員艾羅育（Gloria Macapagal Arroyo）以一二六六萬餘票（四十九・五六％）高票當選。

艾斯特拉達一九三七年生於馬尼拉湯都區的一個富裕家庭，共有九名兄弟姐妹。早於十二歲時艾斯特拉達已加入話劇社成為演員。當時他已立志投身演藝事業，因此還取了名字「約瑟夫・艾斯特拉達」作為藝名。

憑著少年時的演出經驗，一九五六年艾斯特拉達開始加入電影界擔任演員。從影的三十多年間，艾斯特拉達主演了超過一百部電影，並監製了七十部電影。艾斯特拉達在許多電影中扮演出身低下階層的英雄角色，他一直蓄留小鬍子成為他醒目的標誌，其所建立的正面形象有助他日後角逐政治公職。

艾斯特拉達開始從政於一九六九年當選大馬尼拉仙範市（San Juan）市長。在市長任內他著重於基礎建設上，如修建公路和學校，成效頗佳，任期至一九八六年為止。人民力量革命後，一九八七年當選國會參議員。一九九二年羅慕斯當選總統，艾斯特拉達則當選為副總統。任內艾斯特拉達還出任「總統撲滅犯罪委員會」（Presidential Anti-Crime Commission; PACC）的主席，至一九九七年為止。

一九九八年六月三十日，艾斯特拉達接替羅慕斯就任菲律賓第十三任總統，艾羅育就任副總統。

第二次人民力量革命

然而就任總統不久，艾斯特拉達就開始傳出他及家族涉及貪汙的消息。二〇〇〇年他的長期友人南伊羅戈省（Ilocos Sur）省長辛森（Chavit Singson）公開指控艾斯特拉達及其親友涉及非法彩券「花檔」（jueteng）及菸草稅收入，收受來源不明的二億餘菲律賓披索，此後陸續出現其他指控。

二〇〇〇年十一月十三日，菲律賓國會眾議院通過彈劾總統艾斯特拉達的議案，彈劾程序進入參議院階段。參議院於二〇〇一年一月十六日以十一票對十票決定，不得公開艾斯特拉達的銀行帳

下部

戶資料，彈劾案被無限期停止。此一發展引起社會譁然，民眾開始湧入 EDSA 大道示威抗議。兩位前總統柯拉蓉與羅慕斯及副總統艾羅育都呼籲艾斯特拉達辭職，艾羅育並辭去社會福利與發展部部長一職。樞機主教辛海棉與菲律賓天主教主教會議也發表聲明確信艾斯特拉達已喪失統治的道德權威。愈來愈多閣員辭職、執政黨國會議員退黨。一月十九日 EDSA 大道上民眾愈聚愈多，各種組織、學生、演員及歌手等也加入反對艾斯特拉達的行列。菲律賓軍方及內閣成員等拒絕繼續支持被控貪腐的總統。一月二十日中午十二點半，副總統艾羅育在 EDSA 大道百萬民眾的見證及由首席法官大衛（Hilario Davide Jr）監誓下，宣誓成為菲律賓第十四任總統。

大批民眾後來轉往馬拉坎南宮附近，與總統府衛隊及支持艾斯特拉達的民眾對峙。下午二時，艾斯特拉達發表一封信，強烈質疑艾羅育擔任總統的合法性，但是為了國家的和解他會辭職。不久艾斯特拉達及家人搭乘一艘船沿巴石河離開馬拉坎南宮。他最初被安置在仙範的房子，後來被改在黎薩省塔奈（Tanay）繼續軟禁。

二〇〇一年此一過程被稱之為第二次人民力量革命（Second People Power Revolution，或 EDSA II）。

美國及一些國家立即承認艾羅育繼任總統的合法性，但部分外國評論將這場革命形容為「暴民統治」、「事實上的政變」。部分示威群眾也表達不希望由副總統艾羅育繼任。菲國軍方撤回對總統支持之舉被一些分析者視為不合憲。但菲國最高法院在最終判決以「人民福祉是最高法則」合法化這次事件。

經過冗長的司法調查，艾斯特拉達被控告在擔任總統期間貪汙八千萬美元。二〇〇七年九月十二日，法院裁定艾斯特拉達犯有盜竊國家財產罪，判處他終身監禁，同時需交出一所豪宅及一千五百五十萬美元財產。艾斯特拉達獲准在自己住所內被軟禁，不須進入監獄。

一個月後，同年十月艾斯特拉達獲菲律賓總統艾羅育特赦。

艾斯特拉達復出

恢復自由之身的艾斯特拉達參加了二〇一〇年五月舉行的總統選舉。由於菲律賓憲法規定，總統「在任四年或以上」之後不得再度競選，而艾斯特拉達先前只擔任總統兩年多便下台，因此得以再度參選。他在大選中得到九四八萬餘票，以二十六・二五%得票率，居第二位，敗給柯拉蓉之子艾奎諾三世。

二〇一三年五月十四日期中選舉，艾斯特拉達擊敗現任市長林雯洛，當選馬尼拉市長，成功回歸政界。二〇一九年，年高八十二歲的他第三度競選馬尼拉市長失利，卸任市長。

下部

艾斯特拉達後繼有人

艾斯特拉達於二〇〇一年一月被趕下台後，他的夫人露易莎（Louisa “Loi” Estrada）於當年五月的選舉中獲選參議員，任期至二〇〇七年。

艾斯特拉達的子女（連同非婚生者）有十一個。其長子金果・艾斯特拉達（Jinggoy Ejercito Estrada）於一九八八年二十五歲時擔任仙範市副市長。一九九〇年金果為其母辦理台灣簽證而到代表處會見作者，他身材壯碩也留著小鬍子，與其父外型長相頗為相似。一九九二年，金果獲選仙範市長之後並連任兩次。他擔任市長三任期間積極建設，使仙範市成為被認為是全國最進步且最安全的城市。在第三任市長期間，金果被選為菲律賓城市聯盟主席（League of Municipalities of the Philippines; LMP），成為他日後參政的墊腳石。

二〇〇四年金果獲選為參議員，且連任至二〇一六年。有趣的是金果的母親，也就是前第一夫人露易莎二〇〇一年至二〇〇七年也是參議員。三年之間母子同為參議員。

金果卸任市長之後，其同父異母弟弟艾黑西多（Joseph Victor Gomez Ejercito Estrada）繼任仙範市長至二〇一〇年。而艾黑西多當了三任市長之後，於二〇一〇年當選眾議員，二〇一三年再度選上參議員。於是金果與艾黑西多兄弟倆又同為參議員。

金果克紹箕裘，從小就開始擔任演員，從政期間不論是擔任市長或參議員仍繼續拍電影或上電視，作品多達數十部。

菲律賓一九八七年憲法規定，參議員二十四名由全國選出，任期六年，可以連任一次；但是第一任的第十三名至第二十四名任期只有三年，因此之後每三年有一半的參議員要改選。參議員是全國選出，地位崇高，是菲律賓政客都要爭取的職位。

金果的兩任參議員到二〇一六年屆滿，依憲法規定不得再連選。休息三年後，他於二〇一九年再度參選；而他的弟弟艾黑西多的第一任參議員職位於二〇一九屆滿，於是兩兄弟都參選參議員。開票結果金果第十五名，艾黑西多第十三名，雙雙落選。

二〇二二年，兩兄弟再度競選參議員，金果支持小馬可仕競選總統。結果這次兩兄弟名次均各進步三名，艾黑西多第十名，金果則吊車尾第十二名，菲律賓參議院第三次出現艾斯特拉達組合。

金果再度擔任參議員之後捲入許多貪瀆及利益輸送問題，二〇二四年一月，法院判決金果涉及「優先發展協助基金」（Priority Development Assistance Fund）的一件直接賄賂、兩件間接賄賂案；直接賄賂案被處八至九年徒刑，間接賄賂案被處二至三年徒刑，併科三百萬披索罰鍰，同時也被褫奪公權。本案金果的律師團正在努力上訴中。

政治旋轉門

艾斯特拉達擔任總統因貪汙而被第二次人民力量革命趕下台之後，妻子與兒子仍陸續擔任參議員。而他被特赦之後再度參與二〇一〇年的總統大選，之後當選兩任馬尼拉市長。兩個兒子又兩度同時擔任參議員。艾斯特拉達一家人在政壇上進進出出，有如旋轉門，此一情形與馬可仕家族頗為類似。

二〇二二年新任參議員合影。第二排左二是金果・艾斯特拉達。（Philippines Senate）

一九九八年艾斯特拉達當選菲律賓總統（Philippine Presidential Museum and Library）

菲律賓天主教會影響力極大，曾經發動兩次人民力量革命。圖為位於王城（Intramuros）內的主教會議。（圖／作者）

第三十四章
政壇不死鳥艾羅育總統

經濟逐漸復甦並不能保證艾羅育的執政平安順遂，實際上軍變又死灰復燃，選舉作弊及貪汙等的指控也接踵而來。

瑪莉亞・葛洛麗雅・馬嘉柏皋—艾羅育（Maria Gloria Macapagal-Arroyo），是菲律賓第十四任總統，也是菲律賓第二位女總統。一九四七年出生的艾羅育是菲律賓第九任總統馬嘉博皋（Diosdado Macapagal）的女兒。她曾就讀於美國喬治城大學，有金融學學士、經濟學碩士和博士學位。她與美國前總統柯林頓（Bill Clinton）是同班同學。她於一九六八年與華裔的律師荷西・艾羅育（Jose Miguel Arroyo）結婚，所以一般稱她為艾羅育總統。

一九七七年開始，艾羅育先後執教於菲律賓大學及馬尼拉亞典耀大學（Ateneo de Manila University），她的學生中有一位艾奎諾三世（Benigno “Noynoy” Aquino III）後來成為接續她總統職位者。

艾羅育在一九八七年開始踏足政壇。當時的總統柯拉蓉任命她擔任貿工部助理部長，後來升任副部長。柯拉蓉卸任後，艾羅育於一九九二年參選國會選舉，成為參議員。一九九八年在卸任總統羅慕斯的勸說下，艾羅育決定在該年選舉中參選副總統，並以當屆選舉最高票順利當選。該年六月三十日正式宣誓就任。新上任的總統艾斯特拉達任命她為兼任社會福利與發展部部長。

二〇〇一年一月艾斯特拉達任內因貪汙案頻傳，因此爆發「第二次人民力量革命」將其推翻，副總統艾羅育繼任總統大位。後經菲律賓最高法院一致認同她是合法的新總統。艾羅育做完艾斯特拉達剩餘的三年半任期，依照菲律賓憲法規定可以競選連任。二〇〇四年，艾羅育連任成功，擔任六年單一任期的總統。

艾羅育的專長是經濟，所以她九年餘的總統任期內專注在振興菲律賓的經濟發展。她實施加值稅（value added tax）的政策，使得披索的匯率強化，二〇〇七年披索升值二十％成為當年亞洲表現最佳的貨幣。她還調整菲律賓的假期，使人民享受更多較長的假期，刺激國內消費。在艾羅育執政時期平均每年經濟成長四・五％，高於她的前三任，柯拉蓉三・八％、羅慕斯三・七％、艾斯特拉達三・七％，而此期間菲律賓的實質國內生產毛額（GDP）成長超過七％。

然而經濟逐漸復甦並不能保證艾羅育的執政平安順遂，實際上軍變又死灰復燃，選舉作弊及貪汙等的指控也接踵而來。

二〇〇三年橡樹旅館叛亂

不滿艾羅育政府的陸軍上尉甘巴拉（Gerardo Gambala）及海軍中尉特蘭內斯（Antonio Trillanes），於二〇〇三年七月二十七日率領三二一名士兵占領馬加智（Makati）市金融商業區阿亞拉中心的橡樹旅館（Oakwood Premier）。這群叛變軍人自稱是「馬達洛」（Magdalo），叛變首領向聞訊而來的媒體表達他們對軍隊制度及政府貪汙等的不滿，並要求國防部長、警察總監及軍情局長辭職。

菲國軍警立刻派兵包圍橡樹旅館，並且發出紅色警戒，監控各地軍隊的調動。大馬尼拉南邊的甲美地省有一隊士兵搭乘軍用卡車往馬加智方向移動，但是在途中被政府軍攔截而掉頭返回軍營。沒有獲得支援的叛軍在占據橡樹旅館十八小時後投降，結束了一九九〇年以來的首次叛變。

領導叛變的甘巴拉及特蘭內斯等軍官後來受到調查與軍法審判，但關沒幾年艾羅育總統又給予特赦。特蘭內斯於二〇〇七年參選成為參議員至二〇一九年，二〇一三年至二〇一六年還擔任國防及安全委員會主席。二〇一六年特蘭內斯還參選副總統，但未成功。

哈囉賈西醜聞

二〇〇四年菲律賓舉行大選，艾羅育接替艾斯特拉達的任期屆滿，所以她加入競選尋求連任，當年的總統候選人還有電影明星費南度波（Fernando Poe Jr; FPJ）、參議員拉森（Panfilo Lacson）及洛柯（Raul Roco）。各參選人中以費南度波知名度最為響亮，因為他是家喻戶曉的電影明星、導演及製作人，從一九五五年至二〇〇三年他參與的電影超過三百部。

大選於五月十日投票，開票結果艾羅育一二九〇萬餘票（三十九・九九%），以些微差距領先費南度波的一一七八萬餘票（三十六・五一％），連任總統大位。其搭檔卡斯楚（Noli de Castro）也以一五一〇萬餘票（四十九・八％）險勝美女參議員里加達（Loren Legarda），獲選副總統。

屈居第二落敗的費南度波於當年十二月十一日在攝影棚參加耶誕派對時突然心臟不適而送醫不治。二〇二二年，奎松市的羅斯福大道被改名為費南度波大道（Fernado Poe Jr Avenue），接著鄰近的捷運站也被改名為費南度波站。

二〇〇五年六月十日，國家調查局的前副局長山謬爾黃（Samuel Ong）召開記者會，公開一段艾羅育總統在二〇〇四年大選前，打電話給當時的選舉委員會主委賈西（Virgilio Garcillano）的對話錄音。此事無疑是在菲律賓政壇投下一顆震撼彈，媒體於是大肆加以報導，一般解讀艾羅育致電賈西意圖施壓進行作弊保證獲勝。

艾羅育在六月二十七日在電視上否認所有指控，但承認錄音裡確實是她的聲音。本案導致連續的民眾抗議示威，惟規模不如第一次與第二次人民力量革命。國會於九月進行彈劾，但是艾羅育在國會的支持者還頗多，於是三次彈劾案都未通過。然而各種民意調查都顯示民眾大多不贊成艾羅育繼續擔任總統職務，她的支持度在案發後至任滿下台前下墜到極低的程度。

由於該案對話開頭是艾羅育說「哈囉賈西」（Hello! Garci），所以被稱為「哈囉賈西醜聞」，又因為與美國「水門案」（Watergate）類似，所以又被稱為「葛羅莉亞門」（Gloriagate）。菲律賓民眾紛紛下載哈囉賈西（Hello! Garci）為手機鈴聲，所以有幾年時間在菲律賓各地 Hello! Garci 的電話鈴聲不絕於耳。

丈夫干政親戚受賄

二〇〇五年艾羅育涉及選舉作弊的「哈囉賈西」醜聞，又陸續被檢舉其夫荷西・艾羅育干涉政府人事，以及親戚接受非法彩券「花檔」賄賂，使得人民走上街頭抗議，令她陷入焦頭爛額四面楚歌的局面。然而她在國會有許多盟友，而且危機處理手段明快，使她得以保住職位。但是人民對她已經頗為不滿，軍隊裡的 RAM 分子也蠢蠢欲動。

二〇〇六年二月二十四日，艾羅育政府發現由林德才（Danilo Lim）陸軍准將領導的右派軍人（也就是 RAM）正圖謀另一次叛亂。艾羅育立即簽署命令，宣布菲律賓進入緊急狀態（state of emergency），並逮捕林德才等相關軍官。三月三日，艾羅育對全國發表電視講話，宣布解除一週前實施的全國緊急狀態。

半島酒店事件

二〇〇七年十一月二十九日，橡樹旅館叛亂的主角特蘭內斯、林德才及其他「馬達洛」軍官走出審判本案的法院，集體行軍穿過馬加智市區，沿途高喊推翻艾羅育政權口號。前副總統金戈納（Teofisto Gingona）及一些軍人及平民也加入他們的行列，這批人最後走進半島酒店。連續兩任參議員的金戈納在艾羅育二〇〇一年一月繼任總統後先擔任她的外交部長至該年六月底，然後轉任副總統至二〇〇四年六月；之後艾羅育派金戈納出任駐中國大使。自己挑的外長及副總統居然也叛變了，此時的艾羅育可以說是眾叛親離了。

特蘭內斯此時也有參議員的身分（已於同年六月底獲選），領導的叛軍占領半島酒店之後，建立了一個網站表達他們的訴求：「參議員特蘭內斯、林德才准將及「馬達洛」戰士認為，效忠一時存在的政府而非憲法是危險的，我們呼籲具有自己信念及勇氣的人起來加入反對暴政（tyranny）的行列。」

菲律賓國家警察（PNP）及趕來支援的軍隊把半島酒店團團包圍，並給叛軍下午三點前投降的期限。四點裝甲運兵車抵達，雙方有零星交火，部分飯店客人爬行離開飯店。四點半，政府軍向前推進並向飯店大廳投擲催淚彈。傍晚六點政府軍進入飯店，特蘭內斯、林德才等人投降。半島酒店

下部

事件算是和平落幕。

特蘭內斯被司法調查，二〇一〇年他獲得艾奎諾三世總統赦免。二〇一三年他再次競選參議員獲得連任。

林德才則被囚禁在克蘭美營區三年餘，二〇一〇年他獲得假釋，艾奎諾三世任命他為海關總署負責情報的副署長。二〇一三年他競選參議員但落選。二〇一七年林德才獲杜特蒂總統任命為大馬尼拉發展署（Metropolitan Manila Development Authority）署長。

金戈納被帶至首都警察局，馬加智地方法院於十二月三日收到檢方對他及一些平民的指控；十天後法院撤銷本案。

政壇不死鳥

二〇〇九年艾羅育總統任期將近尾聲，菲律賓民眾紛紛表達反對艾羅育謀求連任，或修改憲法在總統任期結束後擔任有實權的總理。同年七月二十七日，艾羅育在國會發表年度國情咨文時表示，自己從未表示過要延長總統任期。不久，艾羅育宣布將競選眾議員。二〇一〇年六月三十日，她正式卸下擔任近十年的總統職務，但她無縫接軌當選國會眾議員，並連續兩任到二〇一九年，延續她的政治生命。

二〇一一年十一月十八日，眾議員艾羅育被巴塞市（Pasay）法院指控在（二〇〇四年）大選中作弊，而被警方逮捕，當時她正在一家私人醫院住院治病。十二月九日她被轉移至奎松市的退伍軍人醫療中心繼續治療。二〇一六年七月十九日，最高法院以十一票對四票駁回對她貪汙的指控並下令她從二〇一一年以來在醫院軟禁中釋放。二〇一八年七月，艾羅育成被選為眾議院議長，直至二〇一九年六月底第三屆眾議員任期屆滿。

二〇二二年大選，艾羅育支持小馬可仕競選總統，自己也再度參選眾議員，結果兩人均當選。小馬可仕上任後每次國外訪問或出席國際會議，不論是亞洲、歐洲及美國，均安排艾羅育同行，稱她為自己的「祕密武器」。

菲律賓政治體制，總統、副總統、參議院議長、眾議院議長稱為四大巨頭，迄今只有艾羅育擔任過其中三個職位。今（二〇二四）年七十七歲的艾羅育，堪稱菲律賓政壇不死鳥。

下部

1

2

3

1 二〇〇一年第二次人民力量革命之後接替艾斯特拉達的艾羅育總統（Malacañang Palace）

2 艾羅育與選委會主委賈西之間的通話紀錄不斷被菲律賓媒體嘲諷（Rappler）

3 二〇〇九年艾羅育訪問美國與國務卿希拉蕊・柯林頓會晤（Department of States）

第三十五章 艾奎諾三世——頸部有一顆子彈的總統

廣大興二十八號事件，可以說是自一九七五年菲律賓與中華民國斷交以來最嚴重的事件，雙方關係降至冰點。所幸雙方都還算理性節制，未做出無可挽回的決定，終能順利解決此一不幸事件。

貝尼格諾「諾伊諾伊」艾奎諾三世（Benigno Simeon "Noynoy" Cojuangco Aquino III）一九六〇年出身於政治世家艾奎諾家族，是馬可仕時期的反對派領袖貝尼格諾・艾奎諾二世與其妻柯拉蓉（後擔任總統）之獨子。艾奎諾三世有四個姊妹，其中么妹克莉絲（Kris）後來成為菲律賓知名藝人，被稱為「媒體女王」（Queen of All Media），具有相當的號召力，為他的從政作出了不少貢獻。艾奎諾三世於一九九八年踏入政壇當選眾議員至二〇〇七年，二〇〇七年至二〇一〇年出任菲律賓國會參議員。

艾奎諾三世之母柯拉蓉前總統於二〇〇八年三月證實罹患第四期結腸癌並開始接受化學治療，二〇〇九年八月柯拉蓉病逝，艾奎諾三世決定參與二〇一〇年總統大選。

二〇一〇年的總統選舉共有九人參選，其中參議員艾奎諾三世（Liberal）、前總統艾斯特拉達（PMP）、前參議院議長維拉（Manny Villar; Nacionalista）及國防部長提歐多羅（Gilberto Cojuangco Teodoro; Lakas-Kampi）四位為主要競選人。該選舉於五月十日投票，是菲國選舉委員會（COMELEC）首度採用全自動化的選舉。

開票結果艾奎諾三世獲得一千五百萬餘票（四十二・〇八%）贏得總統寶座，前總統艾斯特拉達以九四八萬餘票（二十六・二五%）落敗；而艾斯特拉達的搭檔馬加智市長比奈（Jejomar Binay）則以一四六四萬餘票（四十一・六五%），當選副總統。艾奎諾三世的得票數是一九八六年以來最高的，而領先差距則非最高。

艾奎諾三世為菲律賓第十五任總統，其母柯拉蓉則是第十一任總統，成為菲律賓歷史上的母子檔總統；其前的第九任馬嘉伯皋總統與其女第十四任艾羅育總統則為父女檔。

馬尼拉人質事件

二〇一〇年六月三十日艾奎諾三世就任菲律賓總統，比奈就任副總統。艾奎諾三世接掌大位不到兩個月，就受到嚴重的考驗。

八月二十三日上午約九時半，因案被撤職的菲律賓國家警察（PNP）前警官羅蘭多・門多薩（Rolando del Rosario Mendoza）在馬尼拉黎薩公園強行登上一輛屬於香港康泰旅行社的觀光巴士，挾持車上遊客、司機、導遊、領隊等共二十五名人質，要求菲律賓政府恢復其職務。門多薩先後釋放了九名人質，菲律賓籍司機則成功逃脫。事件持續近十小時後，門多薩與包圍現場的菁英警察部隊爆發槍戰，警方進攻逾一小時後，最終由狙擊手擊斃綁匪。事件以人質中七名受傷、八名死亡，及綁匪死亡告終。此一事件被稱為馬尼拉人質事件（Manila Hostage Crisis）或黎薩公園人質事件（Rizal Park Hostage-taking Incident）。

門多薩畢業於菲律賓犯罪學院，一九八一年加入菲律賓保安部隊；於一九九一年加入新成立的菲律賓國家警察，敘職三級高等警官，後來升任高級督察。他曾於一九八六年被國際青年商會選為菲律賓十大傑出警察，先後獲得「國家警察局效率獎」、「國家警察局功勳獎章」及「國家警察局服務獎章」等榮譽，前途看好。

二〇〇八年四月九日，馬尼拉文華酒店（Mandarin Hotel）的廚師卡勞（Christian Kalaw）因為涉嫌非法停車以及無照駕駛，又拒絕交付三千披索罰鍰，被門多薩和他的下屬帶回警局。卡勞後來透過申訴管道宣稱，門多薩及其下屬強迫其繳納兩萬披索罰款，以及強迫他吞食非法藥物。同月二十五日，接到投訴的警方以門多薩與另外四人企圖向卡勞勒索為理由，解除門多薩的高級督察一職。同年八月，馬尼拉法院檢察署初級審查期間，卡勞拒絕出席調查。同年十月十七日，菲律賓國家警察內務部在原告未能夠出席解僱程序的情況下建議撤銷案件。

二〇〇九年六月，卡勞對於門多薩等人的指控遲遲未能夠得到證實，門多薩被貶到民答那峨自治區擔任警官，然而未能夠通過為期九十天的試用期。二〇一〇年一月，門多薩最終被革除職務，並且取消其所有的退休福利。

門多薩對自己遭不公平對待感到失望，覺得自己在警察崗位上表現不錯，卻因為自己沒做過的事情而遭到解除職務。最終他向外界表示：「我將用一個巨大的錯誤，來更正一個巨大的錯誤決定。」於是就走上綁架挾持人質之途。

馬尼拉人質案發生時菲律賓總統艾奎諾三世上任不久，他處理本案的手法受到爭議。他接受電視台現場訪問時展露笑容，被香港媒體描述他態度輕浮，引起許多香港人的強烈不滿。另外，他在接受訪問時，認為電視直播導致悲劇發生（人質被殺），被指責為推卸責任的行為。他為笑容再次道歉說：「我的笑容可能被誤解了，我有幾種表達心情的方式，我在開心時會笑，我在面對一些不妥當的事情時也會笑……這裡的笑容只代表我的惱怒，如果我令某些人士引起誤會並感到被冒犯，我向他們道歉」。他又再次呼籲香港人和香港政府體諒這宗慘劇，「我們正在改正處理程序中的缺失，我們也不想有這樣的結果」。他的說法未能讓網民息怒。有評論認為艾奎諾三世在處理事件的整體表現未能夠令人滿意，導致國家形象嚴重受到損害。

台菲漁業糾紛／廣大興二十八號事件

台灣與菲律賓呂宋島之間僅隔寬約二五〇公里的呂宋海峽，東端有兩個島群巴丹內斯群島

（Batanes Islands）[27]與巴布煙群島（Babuyan Islands）。巴丹內斯群島以北至鵝鑾鼻及蘭嶼之間是大家熟悉的巴士（Bashi Channel）海峽；巴丹內斯群島以南至巴布煙群島之間是巴林塘海峽（Balintang Channel）；巴布煙群島至呂宋島之間是巴布煙海峽（Babuyan Channel）。

國際海洋法規定的專屬經濟區（exclusive economic zone; EEZ），又稱經濟海域，是從測算領海寬度的基線量起二百海浬（三七〇．四公里）之內的範圍。所以台灣與菲律賓主張的專屬經濟區有相當大的範圍是重疊的。

台灣四面環海，一些漁民越界到前述群島鄰近海域捕魚甚至上岸補給是司空見慣的。自一九五〇年代起就經常發生台灣漁船遭菲方追逐或扣留的事件，迄今不下數百次。有時候台灣遠洋漁船只是要通過菲律賓海域前往太平洋作業，也有可能被扣押。

漁船被扣留了，通常船長會先自行設法解決。若無法解決或事情鬧大了，船公司會通知漁會，漁會通知農委會（現農業部），農委會通知外交部，外交部指示駐菲律賓代表處，於是代表處就要設法救援。台灣漁船被扣押，或發生如船難、故障或船員急病需要手術等情況，除了發生在前述呂宋海峽之外，也有可能是在最東的薩馬爾島、南部的納卯或濱臨南海的巴拉望等。接到求救的訊息，承辦同仁有時會聯絡當地的華僑委請他們就近幫忙，但有時還是必須親自前往當地解決紛爭或接洽海巡署、警署、醫院或上法院等，實在是非常辛苦。

為了一勞永逸解決漁船越界被扣押的紛爭，經過冗長的協調談判後，中華民國與菲律賓雙方於一九九一年簽署《中菲海道通行協定暨農漁業合作備忘錄》（Agreement on Sea Lane Passage and the Memorandum on Agriculture and Fisheries Cooperation between the Republic of China and the Philippines）。菲律賓依據該文件於其領海內劃定兩條航道供台灣漁船通往南太平洋，中華民國則按文件內容提供經濟、農業、漁業等方面的合作予菲律賓。

菲律賓政府於一九九八年頒布的共和國第八五五〇法案《漁業法》（Fisheries Code of the Philippines），嚴格規範菲國領海之捕魚權限於菲律賓國民，內容與《中菲海道通行協定暨農漁業合作備忘錄》牴觸，《中菲海道通行協定暨農漁業合作備忘錄》實質上遭菲律賓政府片面廢止，於是台灣漁船遭菲方扣押情事繼續發生。

中華民國政府與菲律賓政府於二〇〇五年九月三十日另行簽署《台菲農漁業合作瞭解備忘錄》。該備忘錄之簽署，除能建構有效的合作平台外，並能提供雙方漁事糾紛時即時溝通的管道與解決紛爭機制，對於提昇實質友好外交關係與維護農漁民生計將可共創雙贏局面。

27 巴丹內斯群島（Batanes Islands），一般多譯成巴丹群島，但容易與該群島的巴丹島（Batan Island）及呂宋西部巴丹省（Bataan Province）混淆。Batanes 發音為／**be'tanes**／，所以還是稱巴丹內斯群島為宜。

廣大興二十八號事件，又稱廣大興案，是二〇一三年五月九日在巴林塘海峽的中華民國及菲律賓兩國主張之專屬經濟海域重疊區域上，菲律賓海巡署東北呂宋島海巡區（CGD NELZN）暨漁業及水產資源局（BFAR）公務船（編號：MCS-3001）與台灣屏東縣琉球鄉籍的漁船「廣大興二十八號」的海上衝突事件，菲律賓公務船人員使用機槍及步槍對廣大興二十八號掃射，當場造成船長洪石成身亡及船上漁民受輕重傷，船身留下五十二處彈孔，消息傳回台灣後造成政府與國民的憤怒並導致兩國之間的關係高度緊張。對於事件的經過雙方各執一詞，引起爭執。台方要求菲律賓政府正式向受害漁民家屬道歉、賠償損失、儘速徹查事實及嚴懲凶手，有些人主張派軍艦護漁。

後來經台菲雙方多次溝通協商後，菲律賓同意台灣派調查團赴菲調查，並可登上涉案公務船，鑑識相關槍枝以比對彈道。而基於平等互惠立場，台方也同意菲方派調查小組來台。五月十六日，由中華民國外交部、法務部、台灣屏東地方檢察署、內政部警政署刑事警察局、海巡署、行政院農業委員會漁業署等跨部會組織一個十七人聯合調查團，啟程前往馬尼拉，對菲律賓海巡人員等具體行為事實做進一步調查，以利釐清案情真相。而菲律賓也派遣一調查團前往台北及琉球調查。

八月七日，菲律賓及中華民國分別公布各自的調查報告，台灣屏東地方檢察署決議依殺人罪起訴涉案的菲國巡邏艦 MCS-3001 指揮官 Arnold Dela Cruz y Enrique 等八人。菲國報告決議以殺人罪起訴八名海巡署人員，並以妨礙司法公正罪起訴未開槍的四名海巡署人員。

八月八日，馬尼拉經濟文化辦事處（MECO）理事主席培瑞斯（Amadeo R. Perez）搭機抵台並前往屏東，正式代表菲律賓總統艾奎諾三世對於「廣大興二十八號」事件向洪石成家屬致歉並交付道歉函，就洪家痛失親人的不幸表達菲律賓總統及人民深切遺憾與歉意（deep regret and apology）。

同日晚上，中華民國外交部部長林永樂宣布，菲律賓已正面回應台灣提出的道歉、賠償、懲凶、漁業協議四大訴求，政府即日起解除對菲十一項制裁措施。

廣大興二十八號事件，可以說是自一九七五年菲律賓與中華民國斷交以來最嚴重的事件，雙方關係降至冰點。所幸雙方都還算理性節制，未做出無可挽回的決定，終能順利解決此一不幸事件。事後，兩國間的各項交流恢復，台灣廠商繼續赴菲投資，菲國移工也繼續前往台灣工作，兩國的觀光客互訪也絡繹於途。

海燕颱風

二〇一三年十一月七日，超強颱風海燕襲擊菲律賓中部維沙亞地區，造成雷伊泰省、薩馬爾省及鄰近各省八千餘人死亡及失蹤，為菲律賓當年及艾奎諾三世任內最嚴重的天然災害。包括台灣在內，全球有四十餘國家立即對菲律賓提供金錢、物資或醫療等援助。

艾奎諾三世雖然於四天後宣布菲律賓全國進入災難狀態，但被批評反應緩慢。而且民眾在電視上看到他回答媒體詢問時屢作出不耐煩的回應，留下負面的印象。

馬馬薩帕諾衝突

馬馬薩帕諾（Mamasapano）衝突於二〇一五年一月二十五日在民答那峨穆斯林自治區馬京達瑙（Maguindanao）省馬馬薩帕諾發生，為菲律賓國家警察特別行動部隊三九二名特種警察人員進行一項名為「Oplan Exodus」的執法行動，其後與逾千名邦薩摩洛伊斯蘭自由戰士（BIFF）和摩洛伊斯蘭解放陣線（MILF）成員爆發嚴重流血衝突，造成四十四名特種警察人員殉職、十餘名受傷的慘劇，成為菲律賓歷史上官方特種人員殉職人數最高的事件。

此項行動事前獲得艾奎諾三世批准，由於事件結果嚴重，受到菲律賓社會高度關注，菲律賓傳媒連日大篇幅地報道。而隨著後續的調查報告披露更多資料顯示，菲律賓總統艾奎諾三世不論對事件的參與方式、何以派警察而非正規部隊，乃至後續對事件的處理，備受猛烈抨擊。本案除了引起政治風波，同時激起民憤，馬尼拉及各大城市出現要求菲律賓總統艾奎諾三世下台的聲音，為其帶來上任菲律賓總統五年以來最大政治危機。

艾奎諾三世的應變能力

許多人質疑艾奎諾三世政府面對重大突發事變的應變能力明顯不足。艾奎諾三世在二〇一〇年甫就職便遇上的馬尼拉人質事件、任期中遭逢的海燕颱風災後重建課題，以及執政後期造成大批特警喪命的馬馬薩帕諾衝突，這些事件讓許多人質疑艾奎諾與其率領的團隊是否能夠在緩慢的漸進改革過程中，降低層出不窮的天災人禍所帶來的傷害。

一九八七年八月二十八日叛軍進行大規模叛亂，艾奎諾三世身中五彈，有一顆子彈一直留在他的頸部（第三十一章）。在醫學上這顆子彈可能無法取出，否則會危及其生命；但是否有可能因此影響其思考或行為，外界也無法得知。

二〇一六年六月三十日，艾奎諾三世的菲律賓第十五任總統任滿結束。艾奎諾三世一生未婚，但曾和多位名媛交往。

二〇一九年以後，艾奎諾三世身體欠佳，做過多次透析以及一次心臟手術。二〇二一年六月二十四日凌晨，他被送進奎松市國會醫療中心，在進行透析時因心臟病突發去世，享壽六十一歲。

下部

艾奎諾三世（Noynoy）與其父艾奎諾二世（Ninoy）及其母柯拉蓉（Cory）前總統一起合葬在帕拉納克市。

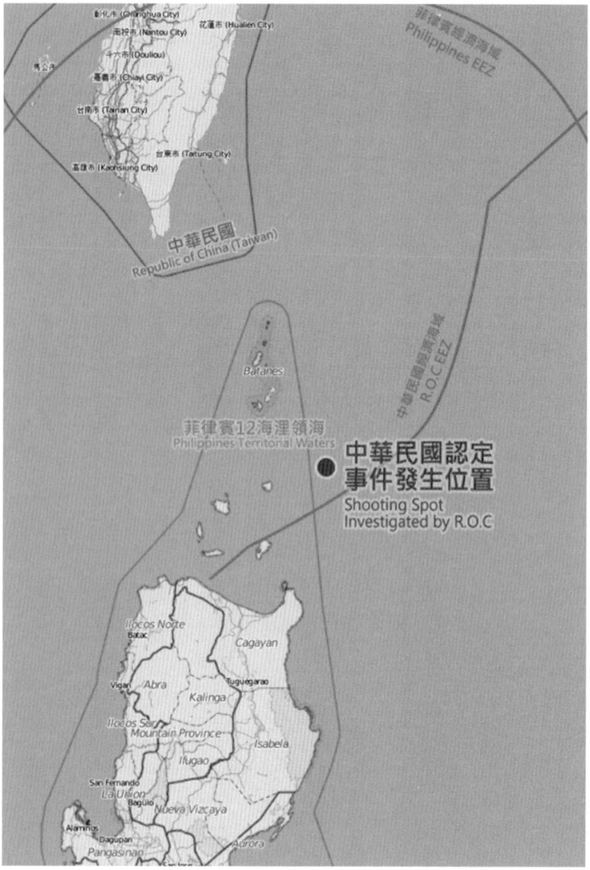

廣大興二十八號遭到射擊示意圖（Wikipedia）

二〇一五年教宗方濟各訪問亞洲最大的天主教國菲律賓。圖為教宗在馬拉坎南宮簽名，艾奎諾三世在旁觀看。（Malacañan Palace）

二〇一〇年馬尼拉人質事件發生在黎薩公園（圖／作者）

二〇一三年艾奎諾三世訪問納卯市與杜特蒂市長交談（Malacañang）

柯拉蓉與艾奎諾合葬於馬尼拉南郊，艾奎諾三世去世後葬在父母旁邊。（Ninjakeg）

第三十六章

非典型總統杜特蒂

杜特蒂可以說是一個「非典型」的政客，他為人非常隨性，言論充滿爭議，說過許多帶有攻擊或歧視意味的笑話，也經常「出口成髒」，引發大量抗議，被喻為「菲律賓川普」。

菲律賓第十六任總統杜特蒂（Rodrigo “Rody” Roa Duterte）是一位特立獨行言語隨性的國家領導人，二〇一六年上任之後對上萬名涉毒者實施就地槍決，他也經常以不雅字眼辱罵其他外國元首等等行為，使他成為國際注目的焦點。

杜特蒂一九四五年出生於維沙亞南雷伊泰省，其父比森特（Vincente Duterte）是一名律師，其母是一名姓呂（Roa）的華裔教師。四歲時杜特蒂隨父母遷徙至民答那峨的納卯（Davao），其父曾獲選擔任南納卯省省長。

杜特蒂在高中時好勇鬥狠，算是個問題人物，十六歲就殺過人，因此頻繁入獄。杜特蒂高中畢業後，考入位於馬尼拉王城的菲律賓學園大學（Lyceum of the Philippines University）政治系，一九六八年獲得學士學位，又考入聖貝達法學院（San Beda College of Law）。由於在學院中被言語霸凌，同學一直罵他是鄉巴佬，杜特蒂向該名同學開槍，杜特蒂的行徑遭到全校同學批判，要求學校將杜特蒂開除，最後在法學院院長以及校中神職人員的鼎力相助之下，杜特蒂得以保留學籍。

杜特蒂於二〇一六年就任總統後發動的反毒戰爭，遭到天主教會批評違反人權。杜特蒂大肆反擊，反批天主教會充滿腐敗，於是就透露他在少年時期就讀亞典耀中學時，曾遭該校的天主教耶穌會神父法爾維（Paul Falvey）性侵，杜特蒂隨後轉至聖十字（Holy Cross）中學。耶穌會後來證實法爾維神父在一九五九年至一九七五年之間在洛杉磯曾性侵至少九名兒童，教會因此做出賠償。為何相隔數十年當選總統後才說出此事，杜特蒂說是因為當時被學校威脅他不得向外透露。杜特蒂此段經驗，應該是造成他日後仇視美國及天主教會的原因。

長期擔任納卯市長

一九八六年人民力量革命推翻馬可仕政權之後，杜特蒂被柯拉蓉總統任命為納卯市代理市長。杜特蒂於一九八八年正式當選納卯市長，一九九八年他改選眾議員。二〇〇一年他再度競選納卯市長，之後又連任兩次直至二〇一〇年連續三屆任滿，女兒莎拉（Sara Duterte）則於二〇〇七年任副市長。二〇一〇年他連任三屆不得再選，女兒莎拉當選市長，他自己則擔任副市長。二〇一三年杜特蒂又成為市長，其長子保羅（Paolo Duterte）則任副市長。

二〇一六年杜特蒂當選菲律賓第十六任總統，女兒莎拉又接替他回任市長。二〇一九年莎拉連任，她的么弟塞巴斯汀（Sebastian Duterte），也就是杜特蒂最小的兒子當選副市長。二〇二二年莎拉競選副總統成功，塞巴斯汀則接替成為市長。

納卯市是民答那峨最大城市，也是菲律賓僅次於馬尼拉及宿霧的第三大城。杜特蒂加上女兒莎拉及兒子塞巴斯汀在納卯市連續執政三十餘年，這個城市堪稱為「杜特蒂市」。

下部

杜特蒂可以說是一個「非典型」的政客，他為人非常隨性，言論充滿爭議，說過許多帶有攻擊或歧視意味的笑話，也經常「出口成髒」，引發大量抗議，被喻為「菲律賓川普」。杜特蒂也從不按時上班，他從來沒有八點鐘開始上班，每天要到下午一點才會進辦公室。

杜特蒂本人在納卯執政二十餘年間，以鐵腕施政而聞名，他推行了幾項全國創舉，一是實施嚴厲的青少年宵禁政策，二是凌晨一點之後禁止買賣酒精飲料，三是劃定吸菸區，其餘地方不許吸菸。

他最著名的是嚴厲打擊犯罪的政策，甚至成立「納卯行刑隊」（Davao Death Squad），工作是處決毒販、強姦犯及搶匪等罪犯。在一千餘名被私刑處決的人當中，有一三二人是年紀十七歲以下的青少年。杜特蒂因而被稱為「制裁者」，納卯市則號稱「東南亞最和平的城市」。

納卯市民似乎相當欣賞這種頗具爭議的作法，使得他及子女可以連續在這個城市掌權，甚至把他及女兒推上總統、副總統寶座。

二〇一六年總統大選

杜特蒂在納卯連續擔任市長二十餘年，雖然有許多爭議，但也逐漸成為全國性的政治人物。二〇一五年十一月他在市長任內宣布二〇一六年要競選總統大位。二〇一六年一月九日至十一日杜特蒂訪問台灣，拜會內政部警政署與法務部調查局，參觀各項建設，並向在台灣工作的菲籍移工拉票。二〇一六年二月二十一日的候選人辯論會上杜特蒂揚言大殺犯罪分子，引發全球注目。

二〇一六年五月的總統大選有五位參選人：納卯市長杜特蒂（Rodrigo Duterte; PDP-Laban）、副總統比奈（Jejomar Binay; UNA）、參議員聖地牙哥（Miriam Defensor Santiago; PRP），參議員葛莉斯波（Grace Poe; Independent）、前內政與地方政府部長羅哈斯（Mar Roxas）。副總統候選人有六位，參議員洪納山（Gregorio Honasan; UNA）、參議員小馬可仕（Bongbong Marcos Jr; Independent）、參議員卡耶塔諾（Alan Peter Cayetano; Independent）、參議員艾思古帖洛（Francisco Escudero; Independent）、眾議員羅貝瑞多（Leni Robredo; Liberal）、參議員特蘭內斯（Antonio Trillanes; Independent）。

五月九日投票，結果杜特蒂以總票數一六六〇餘萬勝出，得票率三十九％，當選總統；其他候選人得票皆低於一千萬票。顯示菲國民眾對其在納卯的表現及競選的政策頗為捧場。

副總統候選人羅貝瑞多與小馬可仕的得票極為接近，前者一四四一萬餘票（三十五．一一％），後者一四一五萬餘票（三十四．四七％），羅貝瑞多險勝小馬可仕。小馬可仕其實此次參選副總統是試水溫，表現不差，使其決心要參加二〇二二年的總統大選。至於兩位前叛軍領袖洪納山及特蘭內斯各只得票二%，顯示他們的訴求已不獲民眾重視。

杜特蒂是菲律賓第一位來自民答那峨的總統，他當選總統後不願意搬進馬拉坎南宮，而是每天由納卯市搭飛機往返馬尼拉通勤，也成為第一位未住進馬拉坎南宮的總統。他表示，因為馬拉坎南宮有嚴重的靈異傳聞，所以「我會害怕，我不敢在馬拉坎南宮睡覺。」成為少見拒絕入住馬拉坎南宮的總統，杜特蒂因而遭到媒體諷刺。

雷厲風行掃毒

杜特蒂就任總統後立即實踐其競選誓言全面進行掃毒，在他六年任內將近有一萬名涉及毒品者未經司法審判而被警方當場擊斃，有數萬名涉毒者遭到拘捕，有數十萬吸毒者向警方投案。杜特蒂也指出，許多高官也涉入販毒系統，至少有數十名地方首長與高階警官牽涉其中。

在總統大選競選期間杜特蒂向選民說：「如果我成為總統，將會帶來血腥，因為我會下令殺死所有犯罪分子」，「未來，為了消滅犯罪，可能會有十萬菲律賓人喪命」，類似的言論接二連三出籠。杜特蒂當選總統之後，指派前納卯市警察局長德拉羅沙（Ronald dela Rosa）出任警察總長，以執行他的掃毒政策。

所以菲國人民在二〇一六年總統大選前已經很明瞭杜特蒂是一個什麼樣的人，也知道他當選後會以極端手段掃毒，但他還是當選了總統。菲國外交部長雅賽（Perfecto Yasay）於二〇一六年九月二十四日在聯合國大會上表示，杜特蒂受人民空前付託，各國不應干涉他打擊犯罪的決心與作為。

杜特蒂的作為受到國際間的關注，聯合國對他「非法處決」的「殺戮行徑」作法加以譴責。美國總統歐巴馬也批評杜特蒂的作法嚴重違反人權。對此，杜特蒂回應：「人權不能當成把國家毀滅的防護罩或藉口」，他並在演說中戲謔地提到：「就算是人權很值得尊重，但是我定義毒販不是人。」面對歐巴馬批評，杜特蒂回應：「菲律賓不是任何國家的附庸，我們早就不是美國殖民地。」又說「我不必對任何國家負責，除了菲律賓人民以外，我沒有別的主人。」

二〇一六年，歐洲議會推出議案敦促立即調查杜特蒂禁毒運動牽扯的人權問題，杜特蒂在家鄉納卯市向地方政府官員發表談話時，以「Fuck you」反駁歐盟對其的指責。

根據菲律賓公布的官方數字，杜特蒂政府的反毒行動造成六千多人死亡，而國際刑事法院檢察官估計，死亡人數應該落在一萬二千人到三萬人之間。二〇二〇年起 COVID-19 疫情擴大，對於因違反疫情限制措施而導致執法人員生命有危險的人，杜特蒂也下令警察及軍隊射殺。

總部位於海牙（The Hague）的國際刑事法院（International Criminal Court）對杜特蒂的反毒戰爭展開調查後，杜特蒂政府於二〇一九年退出。二〇二四年，國際刑事法院傳喚杜特蒂以進行深入

下部

調查，菲律賓總統小馬可仕表示，將不會配合交出杜特蒂。

杜特蒂以極端手段掃毒，那菲律賓的治安是否有改善呢？杜特蒂當選後，儘管整體犯罪率有所下降，但謀殺犯罪率卻飆漲五十一％；另外，有七十八％的人，擔心自己會成為下一個被波及的對象；監獄擁擠比率也大幅上漲五三八％。而雷厲風行的打擊犯罪行動也未必如預期中的有效，根據相關國際組織國際毒品政策聯合會（International Drug Policy Consortium; IDPC）的資料顯示，在菲律賓首都馬尼拉的一些地方，甚至出現了結晶安非他命這種毒品價格下降的狀況，而毒品價格下降，代表執法行動並未奏效，杜特蒂的嚴打政策的總體成效也備受質疑。

根據路透社的分析指出，菲律賓總體犯罪率的下降，在杜特蒂當選總統前就開始了，他的掃毒政策對菲律賓治安的改善沒有實質的幫助；此外多數受到掃毒行動波及的，都是小販和小量使用毒品的人，真正的大毒梟並未受到影響。另外國際特赦組織指出，杜特蒂的打擊犯罪行動，最大的受害者是窮人，而未必僅限於毒販或罪犯。而警察出現違法濫權的狀況，警察有時甚至會自己準備毒品和槍械，用作栽贓被處決者的工具，處決毒犯也變成了有利可圖的事。

遠美親中的外交政策

杜特蒂上任後一改菲律賓過去的外交政策，加強與中國、俄羅斯以及日本和東協各國的外交關係，並與美國及歐盟疏遠，不再奉行一面倒親西方及親美的外交政策。

杜特蒂上任之後，除了要求外國軍隊撤出菲律賓，還聲稱二〇一六年進行的美菲聯合軍事演習是「最後一次」，甚至在訪問中國時宣布「與美國分手」。

二〇一六年九月五日，杜特蒂在飛往寮國參加東協高峰會議之前接受媒體採訪時，大罵美國總統歐巴馬是「婊子養的」（son of a whore）。白宮接著表示，歐巴馬決定取消與杜特蒂的會面。次日杜特蒂發表聲明，就此前辱罵歐巴馬的言論道歉，並稱雙方已經商定會面日期延後。然而在同年十月四日，杜特蒂再次詛咒歐巴馬「下地獄」（go to hell），又一次引起白宮方面不滿，直至歐巴馬卸任前，兩人從未公開會面。

二〇一七年十一月美國總統川普在其訪問東亞行程中也訪問了菲律賓，與杜特蒂會晤。美國川普與「菲律賓川普」見面，自然引起菲律賓各界及國際的關注，但是兩人並沒有達成重大協議，也沒擦出火花。

然而對於中國，杜特蒂卻盡顯善意，不但表示願意在南海爭議上「擱置爭議」，而且還表示願

下部

與中國、俄羅斯等國家進行聯合軍演。二〇一六年七月，南海仲裁案出爐，判決有利於菲律賓，但是杜特蒂和前任總統艾奎諾三世展現全然不同的態度，不打算對此議題與中國正面衝突，杜特蒂更說：「中國比較有錢，美國沒錢。」（見第三十八章）

新人民軍

杜特蒂曾是菲共創始人施順的學生，杜特蒂聽過他的課，青年時期的杜特蒂在思想上深受施順的影響。

二〇一六年杜特蒂就任菲律賓總統後，致力於推動政府與菲共之間的和平談判。杜特蒂也同意讓流亡海外的菲共創始人施順返鄉，以及釋放所有政治犯，包括菲共主席狄安森夫婦。

二〇二二年十二月，因病未及返回菲律賓的施順於荷蘭居所附近的醫院去世。

摩洛穆斯林叛亂

杜特蒂四歲開始就定居在民答那峨的納卯，而且長期擔任納卯市長，所以他對民答那峨穆斯林相當瞭解，與勢力龐大的摩洛伊斯蘭解放陣線反抗團體也有密切的溝通管道，具備了促成和平的先天條件。對於伊斯蘭勢力，杜特帝說他認為菲律賓應該改為聯邦制，賦予各地方政府更高的自治權，以兼容並蓄。

但是二〇一七年五月在南拉瑙省（Lanao del Sur）的馬拉維市（Marawi City）爆發了伊斯蘭叛亂團體占據該市，政府軍進行包圍，雙方死傷超過千人。（見下章）

二〇一六年一月菲律賓總統候選人杜特蒂（中）訪問台北，左三為我駐菲律賓代表林松煥大使。（僑委會）

二〇一七年十一月美國總統川普訪問馬尼拉，與有「菲律賓川普」之稱的杜特蒂晤談。（Presidential Communications Operations Office）

第三十七章
摩洛叛亂與馬拉維危機

馬拉維危機過後，再加上其後公民投票決議成立「民答那峨邦薩摩洛自治區」（BARMM），民答那峨未來的發展頗值進一步觀察。

一三九〇年，蘇門答臘島米南加保人來到蘇祿建立了菲律賓歷史上第一個國家——蘇祿蘇丹國。國境位於今菲律賓南部民答那峨穆斯林自治區西端的蘇祿群島，還有巴西蘭（Basilan）省、塔維塔維（Tawi-Tawi）省中間，巴拉望（Palawan）島、婆羅洲北部及其他環蘇祿海周圍的群島。首都位於和樂（Jolo）。一四五七年，蘇祿蘇丹正式將國名更改為「環蘇祿海伊斯蘭蘇丹王國」，並逐漸向民答那峨擴張，建立了拉瑙（Lanao）蘇丹國和馬京達瑙（Maguindanao）蘇丹國。

西班牙人開始殖民菲律賓之後，稱蘇祿群島及民答那峨島穆斯林居住的地區為摩洛蘭（Moroland）。一五七八年西班牙殖民政府大舉向南侵略摩洛蘭，於是爆發長達三百二十年的摩洛戰爭或摩洛衝突。西班牙最終以武力征服了民答那峨的部分地區，不過一般說來西班牙人控制的是各個島嶼的沿海地區，不願接受西班牙統治的人躲在各個島嶼的深山或內陸地區。截至一八九八年美西戰爭爆發，仍舊有摩洛人繼續反抗西班牙。

一八九八年美西戰爭結束，美國人開始統治菲律賓之後，經過多次戰役，仍未能占領南部的摩洛蘭。美國遂與南部的穆斯林進行政治談判，先後與摩洛蘇丹及馬京達瑙的蘇丹簽訂一項協定。按照該協定，美國人不進入菲律賓的南方，區內事務由摩洛人自治管理。

一九一五年，蘇祿蘇丹與美國簽署協定放棄世俗統治權，蘇祿蘇丹王朝正式滅亡。一九一九年，頒布《菲律賓土地法》進一步規定，北方天主教徒可以在民答那峨獲得免費的二十四公頃土地。美國殖民當局以十九世紀美國處理印地安人的經驗開始將菲律賓其他地區的居民計畫性的遷徙到民答那峨島，此種政策一直延續到菲律賓馬可仕總統時期，使得穆斯林在民答那峨成為少數民族，並被迫離開原居住地。

美國這種剝奪南方穆斯林權益卻厚待北方天主教徒的治理方式，埋下民答那峨及蘇祿群島穆斯林對菲律賓獨立後之中央政府的不滿與怨恨。直至今日，各種紛爭甚至叛亂都未停歇。

民答那峨穆斯林自治區

菲律賓於一九四六年獨立，自一九五〇年代起，菲律賓政府開始向南方大規模移民。在一九七〇年以前不久，當地地方政府的省長、市長均由摩洛人擔任，但是自一九七〇年代後，菲律賓政府在南部推行同化政策，鼓勵來自菲律賓北方的天主教移民定居南部，並組織天主教民兵組織，摩洛人在當地被視為次等公民。現今摩洛蘭的二千萬人口中，穆斯林的比例已經下降到只有六十％（一千二百萬），而從北方（呂宋和維沙亞）遷入的天主教移民已達四十％（八百萬）。

一九六八年三月十八日發生的賈比達屠殺（Jabidah massacre），摩洛人相信是馬可仕政府在主導，使得摩洛人開始組織穆斯林武裝對抗當時的馬可仕政府。一九七二年在菲律賓大學講師密蘇阿

下部

里（Nur Misuari）領導推動下，「摩洛民族解放陣線」（Moro National Liberation Front; MNLF）成立，成為穆斯林與中央政府對抗的主力。一九七六年，馬可仕政府與摩洛民族解放陣線在利比亞簽署《的黎波里協定》（The Tripoli Agreement）決議設立「民答那峨穆斯林自治區」，但遲至一九九〇年民答那峨穆斯林自治區才正式成立。一九九六年九月菲律賓政府與摩洛民族解放陣線簽署最終和平協議。

民答那峨穆斯林自治區（Autonomous Region in Muslim Mindanao; ARMM）包括了以穆斯林人口為主的巴西蘭省、蘇祿省、塔威塔威省、南拉瑙省、馬京達瑙省及馬拉維市（Marawi City）。該自治區擁有自己的政府，駐於哥打巴托市（Cotabato City）。該自治區頗為分散，總面積二萬七千平方公里，人口約四十餘萬。

摩洛民族解放陣線裡成員複雜，不願接受自治安排的派系於簽署協定的隔年一九七七年離開該組織，並於一九八四年成立「摩洛伊斯蘭解放陣線」（Moro Islamic Liberation Front; MILF），後來發展成為菲律賓規模最大的分離組織。

二〇一二年十月時任菲律賓總統的艾奎諾三世與摩洛伊斯蘭解放陣線簽署《邦薩摩洛框架協議》，二〇一八年七月繼任總統杜特蒂促成菲律賓國會通過《邦薩摩洛組織法》，目標是設立「民答那峨邦薩摩洛自治區」（Bangsamoro Autonomous Region in Muslim Mindanao; BARMM）。邦薩摩洛意即摩洛人的家園，與以前常用的摩洛蘭（Moroland）意義相同。

二〇一九年一月二十一日，民答那峨穆斯林自治區、哥打巴托市和伊莎貝拉市舉辦第一階段公民投票，壓倒性支持成立「民答那峨穆斯林邦薩摩洛自治區」，來取代原本的穆斯林自治區。

菲律賓摩洛地區的伊斯蘭分離組織眾多，各立山頭，除前述的MNLF及MILF是願意與政府談判的主流派系之外，還有一個阿布沙耶夫（Abu Sayyaf）則是伊斯蘭原教旨派組成的武裝組織，其勢力範圍包括菲律賓南部島嶼及馬來西亞部分地區，曾與菲律賓軍方發生多次大小規模衝突。在阿拉伯語裡，阿布沙耶夫意指「持劍者」，它是由菲律賓人阿布杜拉加克．簡加拉尼（Abdurajak Abubakar Janjalani）於一九九一年創立的。在二〇〇〇年四月的鼎盛時期，阿布沙耶夫擁有成員達四千人。

簡加拉尼曾是一位教師，在沙烏地學習阿拉伯語及伊斯蘭神學，並前往利比亞接受了長達數年的軍事訓練，之後簡加拉尼赴阿富汗，加入了抵抗蘇聯侵略的「聖戰」行列。

阿布沙耶夫成立之後即不斷攻擊警所、政府設施、教堂及綁架外國遊客以索取高價贖金，是當時菲律賓政府最頭痛的組織。一九九八年底，菲律賓警方向阿布沙耶夫組織發動猛攻，擊斃了簡加拉尼。

簡加拉尼死後，他的弟弟卡扎菲（Khadaffy Janjalani）立即接手領導，阿布沙耶夫由一個針對

下部

政府的激進穆斯林組織，逐漸演變成還針對普通百姓的恐怖組織。阿布沙耶夫在菲律賓及馬來西亞對外國觀光客幹下無數綁架案，其中較重大者：

- 阿布沙耶夫於二〇〇〇年四月在馬來西亞希巴丹（Sipadan）島將二十一名來自馬來西亞、菲律賓、德國、法國、南非、芬蘭等國家的遊客劫持到菲律賓巴西蘭島。四月十八日於艾斯特拉達總統生日當天，阿布沙耶夫分子將兩名菲律賓人質的頭顱砍下。
- 阿布沙耶夫續於二〇〇一年五月在巴拉望的道斯帕爾馬斯（Dos Palmas）海濱旅館綁架了二十名遊客，其中包含十三名菲律賓華人、三名美國人和四名酒店職員。艾羅育總統堅決不給贖金，派政府軍向阿布沙耶夫的藏身之所發動了軍事行動，最終造成四十人死亡的事件。
- 二〇一三年十一月十五日台灣籍商人張安薇與男友許立民在馬來西亞邦邦島度假時，遭到阿布沙耶夫集團綁架，被綁至菲南蘇祿島，許立民疑似為保護張安薇而抵抗並遭槍殺。後來家屬經相關人士與盜匪談判議定贖金一千萬披索（約六七〇萬台幣），盜匪將張安薇丟包和樂附近的馬路上，張安薇被綁架約三十五天。
- 二〇一五年九月二十一日加拿大籍的霍爾（Robert Hall）、里斯德爾（John Ridsdel）以及挪威籍的賽金斯達（Kjartan Sekkingstad），在納卯市近海的薩馬爾島（Samal）被綁架。阿布沙耶夫要求八百萬美元的贖金，二〇一六年四月二十五日贖金期限到期之後，里斯德爾被斬首，並公布其斬首影片，全球為之震驚。阿布沙耶夫要求一千六百萬美元贖金在六月十三日前送出，期限到後霍爾也被斬首。二〇一七年九月十七日賽金斯達在和樂被釋放，據信是支付了六十三萬八千美元。

▼二〇一六年九月二日晚間十一時於納卯一個夜市引爆炸彈，造成最少有十四人死亡、六十七人受傷。

▼二〇一四年七月二十三日，阿布沙耶夫宣誓效忠於「伊斯蘭國」（The Islamic State; IS），正式名稱更改為伊斯蘭國東亞省。二〇一六年六月「伊斯蘭國」發布一部影片，宣布任命「阿布沙耶夫」頭目為其菲律賓代表。

馬拉維危機

二〇一七年五月二十三日，阿布沙耶夫聯合另一伊斯蘭分離組織「毛特集團」（Maute group）共約一千人進攻並占領馬拉維市（Marawi），菲律賓政府立即派三千名兵力加以包圍。

叛亂集團占領了馬拉維市政廳、民答那峨國立大學、醫院和監獄、教堂等，他們也綁架了人質及釋放了監獄裡的囚犯。其主要目的是占領南拉瑙省，並在該省的議會大廈升起伊斯蘭國的黑色旗

下部

幟，表示該地區已經完全淪陷。

政府軍陸續增派援軍趕赴馬拉維，雙方持續激烈交火，菲國空軍也持續對該城叛軍據守地點實施空襲，數天之後馬拉維市區已是斷垣殘壁，數十萬市民陸續逃離這個缺水、缺電、缺糧且無醫療體系的城市。部分人質在空襲時趁隙脫逃，有些被抓回斬首。

外媒報導，在政府軍全力於該市清剿殘餘的武裝分子時，有十一名士兵死於友軍空襲誤炸，另有七人受傷。菲國參議院要求對此展開調查。

杜特蒂總統於五月二十三日危機發生後不久就發布第二一六號總統令，宣布在民答那峨島實施戒嚴，其後並三次獲得國會同意延長，一直實施至當年十二月三十一日為止。

六月一日菲律賓軍方宣布，政府軍已控制馬拉維市大部分的地區。經初步清理戰場，發現有八名外國人死亡，其中五人確認係分別來自馬來西亞、印度尼西亞、沙烏地阿拉伯、葉門及車臣。軍方將馬拉維衝突的武裝叛亂分子由最初預估的一百人上調到五百人，並指出超過二八〇名武裝分子混在人群中逃離了這個城市，而馬拉維還有約五十至一百名武裝分子躲藏在隱密處頑抗。

六月三日，杜特蒂總統與摩洛民族解放組織（MNLF）達成協議，二千名該組織的戰鬥人員將協助政府軍投入馬拉維戰事。

十月十七日下午，菲律賓總統杜特蒂正式宣布馬拉維從恐怖分子手中解放。

馬拉維圍城危機持續了近五個月才完全平息，交戰雙方有超過一千人死亡，一千餘人負傷，成為杜特蒂總統任內，也是菲律賓自二次大戰結束以來最嚴重的一場殺戮。而菲律賓政府只能算是「慘勝」，付出重大的代價，收回的只是一片廢墟，還要進行重建及設法安置數十萬流離失所的居民。

值得注意的是，攻擊馬拉維的阿布沙耶夫及毛特集團的成員中有許多是外國人。危機發生後，老牌的穆斯林分離組織摩洛民族解放陣線（MNLF），反而站出來與政府達成協議出兵以「保衛家園」。這表示 MNLF 及其後的 MILF 是在地的穆斯林組織，以爭取自治或公平待遇為主要訴求；而阿布沙耶夫及毛特集團則與「伊斯蘭國」（IS）有密切關聯，綁架人質加以斬首的殘忍行徑如出一轍。

民答那峨的穆斯林居民在瞭解阿布沙耶夫及毛特集團的本質之後，不僅拒絕與其合作，而且還組織自衛隊禁止叛軍進入他們的家園進行補給或僅僅只是通過。

馬拉維危機過後，再加上其後公民投票決議成立「民答那峨邦薩摩洛自治區」（BARMM），民答那峨未來的發展頗值進一步觀察。

二〇〇七年菲律賓海軍陸戰隊司令 Nelson Allaga 展示遭政府軍擊斃的阿布沙耶夫要犯（AFP）

菲律賓民答那峨的「摩洛伊斯蘭解放陣線」，希望建立一個伊斯蘭國家。（sofrep）

菲律賓空軍戰機轟炸馬拉維叛亂分子據點（Wikipedia）

菲律賓自三寶顏以運輸艦運送部隊增援包圍馬拉維（NFWM）

第三十八章 菲律賓與中國之南海主權爭議

南海除了是國際主要的海上運輸航道外，還蘊藏著豐富的石油、天然氣以及魚類資源，牽涉到許多周邊國家的利益。

南中國海（South China Sea），簡稱為南海，是位於東亞和東南亞之間的陸緣海（marginal sea），被中國大陸、台灣、菲律賓群島、婆羅洲、馬來半島及中南半島等所環繞，是西太平洋的一部分。南海的海域面積有三百五十萬平方公里，其中有超過二百個沒有原住民居住的島嶼和岩礁，分為東沙群島、西沙群島、中沙群島、南沙群島，此外還有介於婆羅洲與馬來半島之間的納土納群島（Kepulauan Natuna）及阿南巴斯群島（Kepulauan Anambas），這些島礁被合稱為南海諸島。南海除了是國際主要的海上運輸航道外，還蘊藏著豐富的石油、天然氣以及魚類資源，牽涉到許多周邊國家的利益。

中國在漢、唐時期即有南海的紀載。十九世紀末，清朝正式把南海納入中國版圖，並由廣東水師負責巡防任務。後來日本占領南沙群島，命名為「新南群島」，屬於台灣總督府高雄州管轄，並設立行政區。第二次世界大戰結束後，一九四六年中華民國政府派遣軍艦收回被日軍所佔據的南海諸島，並劃入「十一段線」之內，成為中華民國在南海的疆界。中華人民共和國成立後，主張繼承了中華民國在南海的權利，嗣於一九五三年改定為「九段線」。

南海周邊國家在二戰之後陸續發生重大政治變化，逐漸導致南海主權複雜化。除了前述一九四九年中國分裂為在大陸的中華人民共和國及在台灣的中華民國之外，菲律賓於一九四六年脫離美國獨立；一九四九年印度尼西亞脫離荷蘭獨立；一九五四年法國撤離中南半島，越南北方成立越南民主共和國（北越），南方則建立了越南共和國（南越），後來二者於一九七五年統一；一九五七年馬來西亞脫離英國獨立；汶萊於一九八四年脫離英國獨立。

以上各國就是所謂關於南海諸島及其附近海域的主權爭議（簡稱為「南海主權爭議」）的聲索國（claimants）。其中中華人民共和國、中華民國與越南均宣稱擁有南沙群島完整的主權，馬來西亞、菲律賓、汶萊則宣稱擁有部分島嶼的主權，而印尼則是宣稱擁有二百海浬專屬經濟區。

因為南海主權爭議而真正發生的戰事，第一次為一九七四年一月十九至二十日，中國人民解放軍與越南共和國軍在西沙永樂群島海域發生的戰役，雙方均宣稱擁有該群島及水域之主權。在此次戰鬥中，越南戰敗撤退。中國人民解放軍奪取西沙永樂群島中原由越南共和國控制的珊瑚、甘泉、金銀三島，實際控制整個西沙群島及其周邊海域。此役稱為西沙海戰。

一九八八年三月十四日中國與越南為爭奪南沙群島西北部的島礁而發生海戰，中國在戰役中得勝，奪取了赤瓜礁等六個島礁，越南海軍被擊沉三艘船艦。此役稱為赤瓜礁海戰。

菲律賓對南海之主張

菲律賓擁有七千多個島嶼，是世界僅次於印尼的第二大群島國。菲律賓一九四六年獨立，接任

下部

之菲律賓總統季里諾強調南沙群島主權屬於菲律賓，因為這些島嶼離菲律賓最近，對菲律賓的國家安全與經濟發展至關重要。一九六〇年代之後，菲律賓的海權意識逐漸抬頭，對領海及專屬經濟海域以及鄰近島礁主權愈加重視。

菲律賓對南海主權聲索大致分成兩部分，一為史卡波羅環礁（Scarborough Shoal / Reef）；二為南沙群島與仁愛礁（Second Thomas Shoal）。

史卡波羅環礁是南海中沙群島的一個環礁，是中沙群島漲潮時唯一露出水面的島礁，距離中沙環礁一六〇海浬、距西沙群島三四〇海浬、海南島五百海浬，距蘇比克灣則僅有一百海浬。中華人民共和國、菲律賓及中華民國都宣稱對史卡波羅環礁擁有主權。

史卡波羅礁名稱由來是一七四八年一艘屬於英國東印度公司的商船史卡波羅號在該處觸礁，為了紀念這一事件，將該處命名為史卡波羅環礁。一八〇八年西班牙官方出版的《菲律賓總海圖》稱之為「馬辛洛克淺灘」（Bajo de Masinloc）；菲律賓獨立後稱為「帕納塔格礁」（Kulumpol ng Panatag）。

中華民國在一九三八年至一九四五年正式出版的地圖曾稱其為「南石」（South Rock）；一九四七年為紀念行憲又改稱為「民主礁」。中華人民共和國在一九八三年將該島礁正式定名為「黃岩島」。

一九九七年五月，中國與菲律賓在黃岩島海域對峙，中國海監船在對峙三天後主動撤離。

一九九九年十一月三日，菲律賓海軍坦克登陸艦本格特號（BRT Benguet）[28]在黃岩島東南入口處北側坐灘成功，後來因為中國總理朱鎔基將於三週後訪問馬尼拉，該艦才於十一月二十六日撤離黃岩島。

中業島與卡拉揚市

一九五六年三月，菲律賓民間的菲律賓海事學校校長克洛馬（Tomas Cloma）為首帶領四十人組成探險隊，從馬尼拉出發前往南沙群島海域探險，並登上了北子礁、南子礁、中業島等九個主要島礁，命名為自由地（Kalaayan），成立「自由邦政府」。克洛馬宣稱這些島礁為無人島，由他首先發現的立場，國際普遍不承認。

一九四六年中華民國政府派「太平」、「中業」兩艘軍艦巡弋南疆並登陸兩個較大島嶼，命名為太平島與中業島。一九七一年四月，因颱風侵襲，中華民國政府下令中業島上的駐軍撤至四十海

28 本格特（Benguet）為呂宋北部之一內陸省，著名之避暑勝地碧瑤（Baguio）在其境內。

下部

浬外的太平島躲避颱風。菲律賓趁機派遣部隊登陸此島，並且將島嶼命名為「派格阿薩島」（Pag-Asa）。原本中華民國準備派駐軍驅逐入侵的菲律賓部隊，但接獲政府急電：「不得挑戰菲律賓人的行動」而未行動。

至於為何下達此一命令？在談判時中華民國表示：彼此是親密友邦，需要合作，防止「毛共」在南海的擴張，不要激化我們內部的局勢。其實另一主因是聯合國大會當時將要進行「排我納匪」案辯論與投票，台灣需要菲律賓的支持，所以對菲律賓的行動採取隱忍與退讓。然而該年十月二十五日聯合國大會通過第二七五八號決議案，中華人民共和國取代中華民國在聯合國的中國代表權席位。而菲律賓繼於一九七五年與中華民國斷交。

一九七八年，菲律賓在中業島上修建簡易機場，並擴充南沙島礁上的兵力，將此島設定為南海的指揮中心。六月一日，菲律賓總統馬可仕簽發一五九六號總統令，正式把「自由邦」納入菲律賓領土，把自由邦島礁連同附近海域劃入了新成立的「卡拉揚市」（Kalayaan）。卡拉揚市在行政區劃上屬於巴拉望省，其行政中心位於中業島，其所實際控制的島嶼有：中業島（Pag-asa）、西月島（Likas）、北子島（Parola）、馬歡島（Lawak）、南鑰島（Patag）、楊信沙洲（Panata）、火艾礁（Balagtas shoal）、仁愛礁（Ayungin Shoal）和司令礁（Rizal）。

一九九九年，菲律賓政府將一艘登陸艦「馬德雷山號」（BRP Sierra Madre）[29] 拖往南海，擱淺坐灘在仁愛礁，形成了菲律賓對仁愛礁的實際控制。仁愛礁與黃岩島於是成為菲律賓與中國在南海主權爭執的焦點。

南海共同行為宣言

相關國家在南海積極擴張，及中國與越南於一九八八年發生赤瓜礁戰役後，國際間對南海的情勢極為關注，於是開始有一些「擱置歧見共同開發」的和平倡議，聲索國輪流主辦一些相關的論壇或小組研討會。作者也曾於一九九三年參加在馬尼拉舉行的相關小組研討會。

逐漸地南海爭端相關各方形成訂定一個行為準則的想法。但是否應具有法律約束力的分歧，不久後就陷入爭議。特別是中國強烈反對任何具法律約束力形式的協議，因為這將限制其在南海的活動。

經過多方協調與折衝，東協（ASEAN）十國及中國於二〇〇二年十一月四日在柬埔寨金邊簽署《南海共同行為宣言》（Declaration on the Conduct of Parties in the South China Sea; DOC），共十

29 馬德雷山（Sierra Madre）是位於呂宋東北的山脈。

款。這項不具約束力的臨時協議，主要是重申南海航行及飛航自由、和平解決爭端及各方行為克制等。

菲律賓提交仲裁且大獲全勝

二〇〇九年三月十日，菲律賓總統艾羅育正式簽署《領海基線法》，將南海中的南沙群島、太平島、黃岩島等劃歸菲律賓國土範圍。

二〇一二年四月菲律賓與中國間再次發生黃岩島對峙事件，兩艘中國海監船趕赴黃岩島海域，制止菲律賓岸巡艇扣押中方漁船和漁民。六月十八日，因受颱風影響，菲律賓船隻全部撤離黃岩島，而中國船隻並未撤離。

二〇一二年九月十二日菲律賓總統艾奎諾三世頒布第二十九號行政命令，正式將南海命名為「西菲律賓海」（West Philippine Sea）。二〇一三年一月二十一日，菲律賓外交部長羅沙利歐（Albert del Rosario）承認中國已「實質上控制」黃岩島，菲船不能進駐。次日，菲律賓通知中國將兩國間的南海主權爭執提交仲裁意願，被中國拒絕。於是菲律賓片面向位於荷蘭海牙的常設仲裁法院（Permanent Court of Arbitration; PCA）提交「南海仲裁案」，控告中華人民共和國違反《聯合國海洋法公約》及侵犯菲律賓的權益。

二〇一三年二月十九日，中國正式拒絕參與仲裁案，稱中國於二〇〇六年根據公約作出的聲明排除了該公約規定的爭端處理機制在海域劃界等問題上對中國的適用。二〇一五年七月七日，仲裁庭舉行首次聽證會；中國外交部發表聲明，不承認仲裁庭對此案的司法管轄權，也拒絕菲律賓任何形式有關此案的和解提議。

二〇一六年七月十二日，在中國缺席的情況下，仲裁庭公布仲裁結果，支持菲律賓在此案相關問題上的幾乎全部訴求。仲裁庭五位仲裁員一致裁定，在《聯合國海洋法公約》下中國對南海自然資源不享有基於「九段線」的歷史性權利。仲裁庭還認定中國在南海的填海造陸「對環境造成了不可挽回的損失」，並要求中國停止在南海的活動。

而中國則認為仲裁庭沒有管轄權，因此不接受、不承認裁決，並於當天對美濟礁、渚碧礁的新建機場進行了試驗飛行，遭到美國為首的國家以南海非軍事化回應，區域關係陷入前所未有的緊張。

本案中華民國受到池魚之殃，仲裁庭認定南沙群島包括自然面積最大的太平島在內的海上地物最多只是礁而非島，亦即其自然條件不足以支撐及維持常住人口，最多只能產生領海而不能產生專屬經濟區。

下部

杜特蒂親中，南海立場軟化

南海仲裁案可說是菲律賓的全面勝利，但是宣判前十二天杜特蒂就任了菲律賓第十六任總統。他上台後採取了與其前任完全相反的態度，認為與中國大陸交好是菲國經濟改善的唯一希望，同時對西方指責其反毒政策的態度感到憤恨，將戰爭邊緣的南海問題突然降格成「漁業糾紛」。

二〇一六年十月十八日杜特蒂前往北京訪問，與中國國家主席習近平會商包括南海主權爭議等議題。雙方態度大幅降溫，菲漁船能回到黃岩島捕魚，菲方也可以順利對仁愛礁的馬德雷山號進行補給，菲律賓展現了不再挑戰中國主權的立場，一切態勢似乎回歸爭議前原點。

之後，杜特蒂以其一貫的口氣表示不願意在南海問題上與美國站在一起對抗中國。他說：「你還要我開戰？我們只有兩架飛機，美國給的，沒有其他武器」；「在我們面前的是三千架解放軍的戰機」；「在南海向中國硬碰硬，等於是下令要我的軍警集體去自殺」。二〇一九年七月杜特蒂又重話批美，認為美國若想與中國開戰，請美國「先把第七艦隊全部調集，且先開第一槍，到時《美菲防衛條約》一定啟動，跟著美國一起送死」。

杜特蒂降低對南海主權的堅持應該是期待換得中國對菲律賓的經濟援助，「現在我們經濟困難，我們需要別人來幫助我們發展。我覺得，有了中國的幫助，菲律賓可以在現代生活方面取得發展」；「菲律賓在經濟上唯一的希望，實話實說，那就是中國」；「如果發生了戰爭，堅持一片水域的所有權還有什麼用呢？這並不能帶來繁榮，而是愚蠢」。

杜特蒂執政末期南海主權立場轉趨強硬

二〇二〇年九月二十三日，杜特蒂在聯合國大會上通過影片發言強調，南海仲裁結果已經是國際法的一部分，菲律賓不會與中國妥協，菲律賓「堅決反對任何削弱它的企圖」。他歡迎愈來愈多的國家支持這一裁決。

二〇二一年四月二十六日，菲律賓外交部表示，菲律賓在杜特蒂的執政下，已經對中國進行了七十八次的外交抗議。「中國船隻持續蜂擁而至，構成威脅，造成了不穩定的氣氛，中國公然無視為促進西菲律賓海地區和平與穩定所作的承諾。」

二〇二一年五月三日，菲律賓外交部抗議中國海警和漁船於爭議水域活動，外交部長洛欽（Teodoro Locsin）在 Twitter 更發貼文，以粗口要求中國船隻「滾出去」（GET THE FUCK OUT）。

小馬可仕上任，中、菲南海爭執愈演愈烈

二〇二二年六月三十日小馬可仕繼任菲律賓總統，由於政策親美，所以對中國的態度更加強硬，菲、中雙方在黃岩島與仁愛礁的爭執有愈演愈烈的趨勢，成為南海周邊國家，甚至是全球注目的焦點。

馬德雷山號是建造於一九四四年二戰期間的一艘坦克登陸艦，全長約一百公尺，滿載約四千噸。一九七〇年美方把該艦移交給南越，南越被北越統一後，美方又轉贈給菲律賓。一九九九年被菲國海軍拖往仁愛礁的馬德雷山號，至二〇二四年已經八十大壽，實際上早已成為一堆廢鐵。其價值在於「坐礁」在菲律賓所宣稱的領土上，顯示菲方對該礁及鄰近海域的主權。菲方為強固這堆高價值的廢鐵，所以除了官兵的補給之外，也不停運送鋼材及混凝土等材料，而中方指控菲方此舉違反雙方的協議，小馬可仕政府則反駁不知有所謂的「君子協定」。中方以船隻攔阻、包夾甚至發射水砲等方式阻撓菲方運補船隻的畫面經常出現在國際媒體上。

菲律賓人對黃岩島（Scarborough Shoal）尤其堅持，該島距菲律賓蘇比克灣僅有一百海浬，不僅是在菲律賓的專屬經濟區之內，也可以說是在菲律賓的家門口。中方則強調黃岩島是中國領土，寸土不讓。雙方船隻在黃岩島海域經常發生跟蹤、驅趕及對峙等情形。

二〇二四年五月四日，中方披露七年前曾作出臨時特殊安排，允許菲律賓漁船到黃岩島特定海域捕魚，但菲方軍警艦機則不得進入，也就是所謂的「君子協定」。中方指責菲方小馬可仕政府屢次破壞協議，小馬可仕則表示不知有此協議。

五月十五日，菲律賓多個民間組織組成的「這是我們的」（Atin Ito）聯盟，約二百餘名支持者由五艘商用漁船率領約一百餘艘小型漁船，前往南海黃岩島宣示主權。菲律賓水警（Philippines Coast Guard）也派艦隨行。這個以 bangka 小型漁船為主的菲律賓「船團」，在距離黃岩島約五十海浬的海域就遭中國水警（China Coast Guard）攔截，雙方水警船曾有近距離對峙，但未爆發衝突。菲方相關人士在展示國旗大呼口號後返回。

菲律賓與中國的南海主權爭議可說是各有所本。中方以一九四六年的九段線為根據，主張線內的區域皆屬於中國。菲律賓則強調二〇一六年的國際仲裁法庭的宣判，且黃岩島與仁愛礁都在菲國二百浬經濟海域之內，所以理直氣壯。雙方都宣稱有理而寸土不讓，但是中國強大的軍事實力實非菲律賓薄弱的軍力所能對抗。截至目前為止中方是以海警船的大型船身或用水砲阻止菲國船隻前往黃岩島及仁愛礁，這是屬於灰色地帶的作法，但是水砲也有可能致人於死。萬一未來雙方的爭執造成人命的損失或船隻沉沒，衝突就有可能升高。

二〇二四年五月三十一日小馬可仕在新加坡舉行的香格里拉對話演講時表示，《聯合國海洋法公約》和南海仲裁均承認菲國合法權利，這是菲南海政策的基石。中國則宣稱不接受、不承認南海仲裁案，中方敦促菲律賓立即停止海上侵權挑釁，盡快回到透過對話協商妥善處理海上矛盾分歧的正確軌道上來。

六月十七日，菲方以兩艘充氣艇裝載八名軍人及物資，欲對坐灘仁愛礁的馬德雷山號進行補給，遭中方攔截阻止並以刀斧利器砍傷菲方軍人，八支步槍遭中方沒收。這可以說是菲中雙方南海爭執以來最火爆的一次衝突。事後雙方以激烈言詞互相叫罵，中國航母山東號甚至航至巴拉望近海，惟未發生進一步衝突。兩國南海之爭執可說已節節升高，後續發展有待觀察。

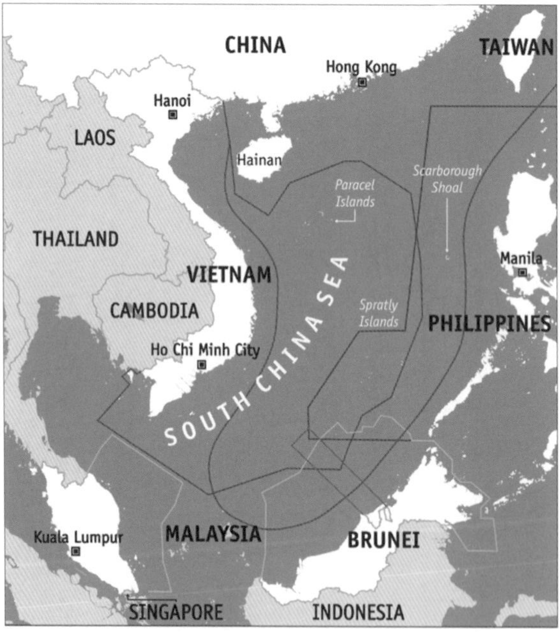

南海周邊國家對於南海的各種主權主張（VOA）

1

2

3

1 一九九一年作者與友人在三描禮士省（Zambales）海岸合影。該點正西方就是史卡波羅環礁（Scarborough Shoal），也就是黃岩島。（圖／作者提供）

2 一九九三年作者參與南海海洋科學研究工作小組會議（圖／作者提供）

3 已八十高齡的坦克登陸艦馬德雷山號坐灘在仁愛礁上，實際上已成為一堆廢鐵，但卻是菲律賓宣稱主權的象徵。（US Navy）

二〇二四年五月十六日菲律賓漁船前往黃岩島遭中國海警船攔截（圖／相振為）

二〇二四年五月十六日中國海警船在黃岩島附近海域攔截菲律賓海警船（圖／相振為）

第三十九章

「王子復仇記」——馬可仕家族重返執政

小馬可仕與美日領導人平起平坐進行三邊高峰會議，大幅提升菲律賓的國際地位，無疑是他的外交勝利，也有助於他在國內的聲望。

馬可仕被人民力量革命推翻後在夏威夷流亡至一九八九年九月去世，伊美黛及子女獲准回到菲律賓，以便接受馬可仕家族逃稅及貪汙的調查。伊美黛及艾咪、小馬可仕等人回到菲律賓之後又開始在政壇翻雲覆雨嶄露頭角。

小馬可仕（Ferdinand Romualdez Marcos Jr.），小名「邦邦」Bongbong，一九五七年在馬尼拉出生。一九七〇年他被送至英國接受中學教育，然後進入牛津大學研讀政治學及經濟學等課程。二〇一五年他因競選副總統，其學歷遭對手質疑，牛津大學遂公開表示小馬可仕當年確實沒有完成學業。

離開英國之後，小馬可仕前往美國費城，在賓州大學華頓商學院修習工商管理碩士課程。一九八〇年他輟學返國，在父母安排下出任故鄉北伊洛戈省副省長，時年僅二十三歲。開始他在菲律賓的政治生涯。

小馬可仕一九八九年自夏威夷返菲後，歷任北伊洛戈省省長、菲律賓國會眾議員、參議員等職務。小馬可仕一直受到公眾的關注，他否認菲律賓過往的歷史不幸事件，對於其父親在執政期間侵犯人權和非法斂財的歷史毫無感到歉意，因此受到社會的嚴厲抨擊。小馬可仕反批當年的受害者：「其實他們不想要得到道歉，他們只想要錢。」他並表示，只有在做錯事的時候，他的家人才會道歉。二〇一二年是菲律賓戒嚴令發布四十週年，社會輿論多所指責，但小馬可仕拒絕為其父親執政期間侵犯人權的措施而道歉，並稱抗議者為「自私言論的政客、自我膨脹的敘述、浮誇不實的聲明、充滿政治姿態和宣傳」。二〇一五年接受電視訪問時，他再度拒絕為其父親在位時侵犯人權的行為道歉，並強調其父在總統任內的政績。

二〇一六年選舉，小馬可仕與參議員聖地牙哥搭檔參與正副總統選舉。兩人雙雙落敗，但小馬可仕獲得一四一五萬餘票（三十四．四七％），與副總統當選人羅貝瑞多僅有些微差距。小馬自認表現不差，於是決心要參加二〇二二年的總統大選。

杜特蒂參選二〇一六年選舉，應該有獲得馬可仕家族某種形式的支持，馬可仕及杜特蒂這兩個一北一南的家族因政治利益而靠攏並不讓人感到意外。二〇一六年，杜特蒂不顧國內爭議，准許馬可仕的棺槨轉葬至菲律賓英雄墓園。二〇一七年馬可仕百年冥誕時，儘管有民眾抗議，杜特蒂仍發表了盛讚馬可仕的談話。

二〇二二年總統選舉

二〇二一年，小馬可仕宣布他將在聯邦黨（Federal Party of the Philippines; PFP）陣營下參加二〇二二年菲律賓總統大選。他的競選對手猛烈攻擊其父老馬可仕任內的貪汙、掠奪、濫權及大量侵

下部

犯人權紀錄等劣跡，小馬則充分利用網路 YouTube 以及 Twitter、Facebook、TikTok 等社群媒體全盤否定政敵的攻擊，並密集誇稱老馬執政期間是菲律賓的「黃金時期」。小馬的策略果然奏效，因為菲律賓人口結構以四十歲以下的年輕人為主，他們不僅沒有親身經歷馬可仕執政，而且大量使用網路及社交軟體，還會在同儕間互相傳播。

小馬與杜特蒂的女兒納卯市長莎拉．杜特蒂搭檔競選，莎拉擔任納卯市長政績頗佳，形象清新，也是一個極為成功的安排。二〇二一年十一月，馬可仕家族、杜特蒂家族、艾斯特拉達及伊美黛娘家羅穆爾戴斯家族結盟，成立一個 Uni Team（團結團隊）。四大政治家族的結合勢不可擋，選前一般就預測小馬可仕及莎拉搭檔將贏得大選。

二〇二二年菲律賓總統選舉，共有十位候選人，除小馬可仕以外，僅有三名實力較強者：副總統羅貝瑞多（Leni Robredo; Independent）、世界拳王參議員巴喬（Manny Pacquiao; PROMDI）、馬尼拉市長莫雷諾（Isko Moreno; Aksyon）。副總統候選人除了莎拉以外，其他七名參選人實力都不強。

五月九日投票結果，小馬可仕以三一六三萬餘票（五十八．七七%）壓倒性勝利擊敗群雄，成為一九八六年老馬垮台後第一位得票過半的總統當選人；第二名的羅貝瑞多一〇五三萬餘票（二十七．九四%），還不及小馬可仕的一半。在副總統方面，莎拉．杜特蒂獲得驚人的三二二〇萬餘票（六十一・五三％），堪稱無敵吸票機。小馬可仕與莎拉・杜特蒂成為菲律賓後馬可仕時代得票數最高的正副總統候選人。

小馬可仕當選總統，使他與老馬可仕父子檔成為菲律賓歷史上第三個兩代皆為總統的組合。之前還有馬嘉伯皋與艾羅育父女檔，以及柯拉蓉與艾奎諾三世母子檔。看來兩代皆為總統的情形在菲律賓已成為一種常態，可以說是家族政治下的產物。如果沒有意外，目前菲律賓政治人物人氣最高的副總統莎拉・杜特蒂極有可能成為下一任總統，屆時就會再出現父女檔組合。

小馬可仕的外交政策

小馬可仕於二〇二二年六月三十日就任菲律賓第十七任總統，莎拉・杜特蒂就任副總統。外界對小馬可仕的外交最為關切，對於他是否會延續其前任杜特蒂親中遠美政策，以及美國在菲律賓基地的去留等多所揣測。

小馬可仕上任後頭半年期間沒有明顯的展示其外交傾向。二〇二三年一月三日小馬可仕前往菲律賓最大貿易夥伴中國進行國是訪問。小馬可仕與中國國家主席習近平會晤，雙方同意「和平處理南海爭端」，簽署十四項雙邊協議，並獲得二二八億美元投資的承諾。雙方在聯合聲明中表示，他

下部

們同意在兩國外交部之間就南中國海問題建立直接溝通渠道，以和平處理爭端。密切關注的各界很自然地認為小馬可仕有可能延續杜特蒂的親中政策。

然而接下來的發展，小馬可仕與美國總統拜登及日本首相岸田文雄經由互訪或參加國際峰會而經常見面。二〇二四年他前往美國白宮與拜登及岸田文雄舉行歷史性的三邊高峰會議，三方同意在防衛等多方面進行合作，三國如同形成同盟。（見下章）

小馬可仕與美日領導人平起平坐進行三邊高峰會議，大幅提升菲律賓的國際地位，無疑是他的外交勝利，也有助於他在國內的聲望。

經濟政策

菲律賓的經濟在艾奎諾三世及杜特蒂執政期間（二〇一〇~二〇二二年）有不錯的表現，除了二〇一九年受到 COVID-19 的影響是負成長外，該期間平均國內生產毛額（per capita GDP）每年都有四%至七%的成長，使菲律賓被列入東亞「經濟小虎」或新興工業化國家行列。

小馬可仕上任後，積極吸引外資，而且享有人口紅利，皆有助於經濟發展，一般預估二〇二四年可以維持六%的成長。但是菲律賓貪腐仍然普遍，貧富懸殊持續嚴重，凡此均會拖累經濟成長。

估計二〇二四年菲律賓平均國內所得可達到四一三〇美元。

馬可仕與杜特蒂兩大家族決裂

小馬可仕執政一年多後就開始顯露修憲的企圖、連任的野心。二〇二四年一月小馬可仕公開表示，他贊成修改該國近四十年歷史的憲法，並對憲法中限制性的經濟條款表示擔憂，同時對修改政治人物的任期限制保持開放態度。所以他是以發展經濟之名來粉飾連任的企圖。小馬可仕的表弟眾議院議長馬丁・羅穆爾戴斯（Martin Romualdez）表示，他將推動憲法修正，以支持小馬可仕連任。

莎拉・杜特蒂在二〇二二年選舉中得到菲律賓有史以來的最高票，早已規劃競選二〇二八年總統大位，所以杜特蒂及其家族堅決反對修憲。小馬可仕說出想要連任之後雙方陣營立即公開決裂。他們所謂的「團結團隊」立即分解。撕破臉之後什麼都可以罵，於是前後任總統不斷爆發口角。

杜特蒂指控包含眾議院議長羅穆爾戴斯在內支持小馬可仕的議員打算修憲擴大總統任期，更警告他將面臨如其父親馬可仕那樣遭到人民罷黜。

杜特蒂接連指控小馬可仕吸毒，小馬可仕則反咬實際上正在使用類鴉片止痛劑「芬太尼」（fentanyl）的就是杜特蒂本人。小馬可仕不像杜特蒂那樣強硬掃毒，杜特蒂之子納卯市長塞巴斯

下部

汀就批政府當局放寬相關措施，導致該市犯罪活動死灰復燃。兩人撕破臉吵架，但是二〇二四年四月國際刑事法院要調查杜特蒂於任內發動的掃毒戰有無執法過當或濫殺的情況，小馬可仕則表示不會配合交出杜特蒂。

外交方面，小馬可仕的親美路線與杜特蒂的親中遠美作風截然不同。在小馬可仕與美國強化安全合作之際，二〇二三年七月已卸任總統大位一年的杜特蒂前往北京與中國國家主席習近平會面。習近平告訴杜特蒂，希望他繼續為菲中兩國友好合作發揮重要作用。

在南海爭議方面，杜特蒂前發言人表示，政府曾與中國達成一項協議，以維持爭議水道的現狀。協議內容包括馬尼拉方面承諾不修復擱淺坐礁的馬德雷山號。小馬可仕則表示，並未看到任何與達成協議有關的紀錄或文件，「為何在政府過渡期間，沒人提及有一項中菲祕密協議？」

修改憲法及連任機會不大

菲律賓現行憲法是人民力量革命後一九八七年所制定，總統任期六年但不能連任的規定就是要防止類似馬可仕長期專政的設計。羅慕斯曾於一九九七年總統任期屆滿前一年有修改憲法以繼續執政的意圖，但是引發社會及教會的不滿，甚至還發動六十萬群眾遊行，羅慕斯才打消這個念頭。艾羅育任期屆滿前一年二〇〇九年，也顯露出想要修改憲法連任，菲國民眾紛紛表達反對，也就是「想都不要想」的意思。艾羅育後來在發表國情咨文時明確表示無意連任。

小馬可仕當選總統僅一年半之後就公開表示想要連任，可以說是有點急躁。他表達意願之後雖然披上發展經濟的美麗外衣，還是立刻引起社會的批評，杜特蒂家族更是大加抨擊。

當然，小馬可仕事前一定有經過盤算，想要趁其人氣高的時候一鼓作氣進行修憲的程序。但是他可能忽略了莎拉・杜特蒂人氣不比他差，而且早已把下任總統當作囊中物，莎拉本人及家族的反對是可想而知的。二〇二四年六月十九日，莎拉・杜特蒂辭去兼任的教育部長和反叛亂工作組副主席的職位，退出小馬可仕內閣。

菲律賓要進行修憲雖然不是難如登天，但是條件相當嚴苛，也要經過一段複雜冗長的程序，期間一定會有民眾及政敵的阻撓。就算是修憲通過總統可以連任，小馬可仕也必須參與競選，無人可保證他一定獲勝。以目前菲律賓政壇來看，小馬可仕與莎拉・杜特蒂實力在伯仲之間。現在距二〇二八年五月的選舉還有四年，若未進行修憲，莎拉・杜特蒂獲勝的機會甚大。如果小馬可仕排除萬難修憲成功，則他的最大對手就是莎拉・杜特蒂，勝負難料。

下部

一九六九年七月美國總統尼克森訪問菲律賓，宴會致詞時摟著當時年僅十二歲的Bongbong。（Malacañang Palace）

二〇二二年小馬可仕與莎拉·杜特蒂搭檔競選總統副總統（Philippine News Agency）

菲律賓總統小馬可仕於二〇二四年四月九日巴丹日（Bataan Day）紀念大會致詞（圖／作者翻攝自電視）

二〇二二年六月十九日莎拉・杜特蒂在納卯市宣誓就任副總統，其父杜特蒂及母在旁觀禮。（納卯市政府）

第四十章

菲律賓與美國及日本形成軍事同盟

二〇二四年四月的美日菲三國高峰會議就等於把《美日安保條約》及美菲間的《共同防禦條約》連成一氣，形成三國同盟共同抗衡中國的格局。

二次世界大戰於一九四五年八月結束後不到一年，一九四六年美國就讓菲律賓獨立，其先決條件是菲律賓要同意美方繼續使用在菲的軍事基地。

一九四七年三月，美國與菲律賓簽訂《軍事基地協議》（Military Bases Agreement），該協議使兩國得以駐軍在彼此的軍事基地中，並且同意由兩國軍方共同決定菲律賓軍事基地發展的規劃。該協議原訂有九十九年的期限，但經過一九六六年的修訂，改為一九九一年到期，再由兩國共同決定是否延續。在該協議的架構下，美軍主要活動於菲律賓首都馬尼拉近郊的克拉克空軍基地（Clark Air Base）及蘇比克灣海軍基地（Subic Bay Naval Complex）。

一九五一年八月三十日，美國、菲律賓兩國代表於華府簽訂《共同防禦條約》（Mutual Defense Treaty, MDT），條約包含八點內容，其主旨為當兩方其中一方可能遭到攻擊時，另一方將提供軍事上的協助，並指出兩方得透過相互的援助以提升彼此的軍事實力。這個條約簽訂後具有永久的效力，除非其中一方提出終止條約的要求。

《軍事基地協議》與《共同防禦條約》可說是美國與菲律賓雙邊關係的兩大基石。

美軍撤離

美軍駐菲基地的存在不僅是美國在「冷戰」期間重要的一環，對菲律賓也是一個安全保障，但是冷戰結束後，菲律賓政府與人民的這種感受逐漸淡化。

一九九一年，《美菲軍事基地協議》到期，因美軍自一九七〇年代晚期到一九八〇年代間發生多起對菲律賓人民的不當行為，引發菲律賓民眾的反美情緒。菲律賓參議院最後順應民意投票否決《美菲軍事基地協議》的延續，迫使美軍於一九九二年底全數撤離菲律賓。

實際上美軍駐菲期間提供了當地居民約四萬個工作，是菲國僅次於政府的第二大雇主。一九八〇年代，這些工作占了菲律賓國內生產總額的五．一六%。而且美國美年都要支付菲律賓使用基地的租金高達一億五千萬美元，而談判中的新協定菲方索價更高。所以駐菲美軍基地對雙方而言都有其難以割捨的理由。

就在雙方還在談判新協議時，介於克拉克基地與蘇比克灣之間的皮納土坡（Pinatubo）火山恰好於一九九一年六月發生連續強烈爆發，所噴出的巨量火山灰覆蓋該二基地，除非投入鉅額經費及大量人力進行清理，否則無法繼續使用。於是美國就順水推舟放棄這兩座在冷戰期間曾發生極大效用的基地。

美軍撤離後。柯拉蓉則實施之前國內決定的替代方案，將基地改為「自由經濟特區」。然而美國和菲律賓在軍事上仍保持合作關係。

美菲逐漸恢復軍事合作

一九九九年，菲律賓參議院通過《菲—美軍事訪問協議》（Philippines–United States Visiting Forces Agreement, VFA），在《共同防禦條約》的架構下再度強化美軍與菲律賓的軍事合作關係。自此，美軍恢復派軍艦訪問菲律賓，並與菲律賓合作進行多次軍事演習等活動，兩國元首也曾多次互相到訪。

二〇一四年菲律賓與美國簽署《加強國防合作協議》（Enhanced Defense Cooperation Agreement, EDCA），菲國開放五處軍事基地供美國與菲律賓兩國共同使用。根據協議，菲方將允許美軍在指定區域興建軍事設施或升級現有基礎設施。此外，美軍還可以在菲律賓預先部署武器裝備、補給物資和人道主義救援物資等。菲律賓最高法院後來宣布《加強防務合作協議》符合菲律賓憲法。

二〇一六年親中仇美的杜特蒂上台後，對逐漸回溫的菲美軍事合作澆了一盆冷水，他除了要求外國軍隊撤出菲律賓，還聲稱二〇一六年進行的美菲聯合軍事演習是「最後一次」，甚至在訪問中國時宣布「與美國分手」。杜特蒂執政期間可以說是自獨立以來菲美關係最糟糕的時期。

小馬可仕於二〇二二年六月三十日就任菲律賓第十七任總統，外界對其外交政策最為關切，對於他是否會延續其前任杜特蒂親中遠美政策，以及美國在菲律賓基地的去留等多所揣測。

二〇二三年一月三日小馬可仕前往菲律賓最大貿易夥伴中國國是訪問。小馬可仕與中國國家主席習近平會晤，雙方同意「和平處理南海爭端」，並簽署十四項雙邊協議，獲得二二八億美元投資的承諾。雙方在聯合聲明中表示，他們同意在兩國外交部之間就南中國海問題建立直接溝通渠道，以和平處理爭端。密切關注的各界很自然地認為小馬可仕有可能延續杜特蒂的親中政策。

美日菲逐漸逐漸靠攏

小馬可仕訪中後不到一個月，美國國防部長奧斯汀（Lloyd Austin）於二月一日第二度訪問菲律賓，與菲律賓達成協議，根據《強化國防合作協定》（EDCA），美國除原先五個基地，另取得四個軍事基地。該四個基地，一個在濱臨南海的巴拉望，三個在靠近台灣的北呂宋。

小馬可仕接著於二月八日訪問日本，與日本首相岸田文雄討論多項議題。會後兩人發表了聯合聲明指出，為了實現「自由開放的印度太平洋」，日菲將加強合作。聲明指出，針對中國在東海、

下部

南海等地的海洋行動，雙方對於東海、南海的情況深感憂慮，強烈反對以武力或威嚇等升高緊張的行為。在安全保障方面，日本自衛隊將與菲律賓軍方加強聯合演訓。雙方都同意日菲兩國應強化各種層級的國防與安全保障方面合作，將透過美日菲協議，以及日本自衛隊參加美菲聯合演訓等達到國防交流。

四月三十日至五月四日，小馬可仕夫婦前往美國正式訪問，受到美方的熱烈歡迎，此行是菲律賓領導人十年來首次訪問白宮。雙方會後發表聯合聲明，美國總統拜登表示，「美國也依然堅守堅定地致力於保衛菲律賓，包括南海，我們將繼續支持菲律賓的軍事現代化目標，菲律賓總統小馬可仕加強和重新定義我們之間的關係，以及我們在面對南海、亞太地區和印太地區，日益緊張的局勢時所扮演的角色。」小馬可仕則強調現今的印太地區是目前世界上最複雜的地緣政治局勢，有必要尋求方法強化兩國盟友與夥伴關係，此次會談展現美菲團結，有意在向中國傳達美國致力與其周邊盟友合作。

在美中關係惡化以及台海、南海局勢日漸緊張情勢下，菲國總統小馬可仕深知「不結盟」、「不選邊站」的原則，能夠為菲律賓謀得最大利益。但是小馬可仕上台半年之後的發展，他一邊與中國拉近經貿關係，卻一邊與美國及其盟友日本緊密接觸加強軍事關係，自然引起中國的不悅。

而澳大利亞總理阿爾巴尼斯（Anthony Albanese）接著於二〇二三年八月訪問馬尼拉與小馬可

仕總統會晤，雙方簽署了《戰略夥伴關係協議》，以應付兩國在包括南中國海在內的地區安全日益嚴峻的情勢。

美日菲形成同盟

二〇二四年四月十一日，美國總統拜登與日本首相岸田文雄和菲律賓總統小馬可仕在白宮舉行三國之間的首次三邊峰會，會後並發表聯合願景聲明（Joint Vision Statement）。其要點：

- 宣布美日菲三國為和平安全而結為夥伴，推動三邊國防合作，並將啟動美日菲人道援助與救災演習。
- 拜登總統在聲明中重申美國對日本和菲律賓堅若磐石（ironclad）的同盟承諾，指美國對日菲雙方的同盟「數十年來一直協助維護印太地區和平與安全」。
- 「我們對中華人民共和國在南海的危險和侵略行為表達嚴重關切。我們也對南海填海島礁的軍事化和非法海事主張感到關切。」
- 呼籲中華人民共和國遵守海牙常設仲裁法院（PCA）於二〇一六年的南海仲裁裁決，指該裁決認定仁愛礁（Second Thomas Shoal）位於菲律賓專屬經濟海域內，是「具有法律約束力的最終裁決」。

▼ 聲明中也強調台灣海峽和平穩定是全球安全與繁榮不可或缺的重要因素，「認定我們對台灣的基本立場沒有改變，呼籲和平解決兩岸問題」。

▼ 美日菲三國在聲明中也提到：「我們對東海局勢表達嚴重關切，並重申強烈反對中國透過武力或脅迫單方面改變東海現狀的任何企圖。」

▼ 美日菲將致力深化三國近來「為支持自由開放的印度太平洋地區所進行的合作」，並宣布三國接下來多項合作計畫。

美菲兩國接著於四月下旬起在菲律賓展開年度「肩並肩」（Balikatan）聯合軍演，動員逾一萬六千七百名美菲軍人，還有約一百五十名澳洲國防軍和首度參加的法國海軍派一艘巡防艦參與，規模超越歷年。該軍演地點集中在巴拉望靠近南海處以及呂宋島北部，美菲特種部隊還在鄰近台灣的巴丹內斯群島（Batanes）舉行奪島演習。

四月二十五日，美國表示「澳英美三方安全夥伴關係」（AUKUS）考慮將日本納入。而加拿大及紐西蘭也表達加入 AUKUS 的興趣。

日本原已向菲律賓提供十二艘海岸防衛隊（PCG）船隻，五月十七日，日本同意再提供五艘大型多用途巡邏船（MRRV），藉此提升菲國海岸防衛隊執法能力與海域覺知能量，加強應對潛在威脅。

所以二〇二四年四月的美日菲三國高峰會議就等於把《美日安保條約》及美菲間的《共同防禦條約》連成一氣，形成三國同盟共同抗衡中國的格局。實際上在此區域，美國與南韓早於一九五三年簽署了《韓美共同防禦條約》，兩國軍事合作關係一直極為密切，美國在南韓有強大駐軍，每年也進行聯合軍演。澳大利亞原本就是美國的緊密盟邦，與菲律賓成為戰略夥伴之後，使得第一島鏈的防禦更加堅實緊密。一連串緊湊且堅實的發展，強化了美國在西太平洋盟友的防禦能力，形成「亞洲版北約」的雛形。

中方強烈反對搞「小圈子」

中國對美日菲等國逐漸形成聯盟的發展當然不滿。中國外交部發言人表示：「中方堅決反對任何挑起和策劃衝突、損害他國安全和戰略利益的行為」，「中國在東海和南海的行動是正當、合法和無可指責的」，「我們堅決反對在該地區搞封閉排他的小圈子」。

中國國防部發言人吳謙表示，「中方對此表示嚴重關切，我們對任何國家發展正常的軍事合作關係持開放態度，但堅決反對有關國家拼湊排他性小圈子，堅決反對任何針對中方的雙邊或多邊軍事同盟，堅決反對製造分裂對抗、搞陣營對立」。他特別警告，由於歷史和現實因素，日本的軍事安全動向一直備受亞洲鄰國和國際社會關注。日方應當深刻汲取歷史教訓，在軍事安全領域謹言慎行；其他國家也應當切實履行國際義務，不要做破壞地區和世界和平穩定的事。

西太平洋情勢發展

美國近來在印太地區的軍事部署，以結盟各國為其主要戰略。美日菲高峰會議及其後的多國聯合軍演無疑是劍指中國，而中國則毫無畏懼繼續在南海、台海及東海展現其軍事實力。雙方針鋒相對，頗有「冷戰」再現的氛圍。

美國明顯地在積極串連第一島鏈以圍堵中國勢力擴張，嚇阻中國在西太平洋發動戰爭。而對中國來說，解放軍如何突破第一島鏈的封鎖，在區域間與美國抗衡，是現在軍事部署的重要核心。

實際上在東南亞還有一個較不為人知的五國聯防（Five Power Defense Arrangements; FPDA），主是英國、澳洲、紐西蘭、馬來西亞及新加坡五個大英國協成員國在一九七一年簽訂的多方協議，主要商討當馬來西亞或新加坡遭受襲擊時，成員國採取的反應和所能給予的軍事援助。該組織之成立主因是一九七〇年代東南亞公約組織（SEATO）行將崩解之際，馬來西亞及新加坡在太平洋戰爭爆發後有遭日本襲擊占領的慘痛經驗，令該五國有自行組織聯防機制的需要。這個組織成立後並非積極，但是近來鑑於南海情勢日益緊張，該組織活動乃愈趨主動。這個組織並未明確指出假想敵，但是以目前情勢觀之，實不言可喻。

美國海軍戰爭學院海洋策略教授霍爾姆斯（James Holmes）二〇二四年表示：「無人願意戰爭，但我們基本上只是希望北京按照大家都同意的遊戲規則玩國際外交遊戲。」

下部

二〇二四年四月美國總統拜登與日本首相岸田文雄以及菲律賓總統小馬可仕在白宮舉行高峰會議（FB@／President Joe Biden）

二〇二四年四、五月美國與菲律賓聯合軍演在呂宋北伊洛戈省等地舉行。（圖／相振為）

結語

菲律賓處於太平洋火環帶，經常發生地震與火山爆發，而且其緯度恰好在西太平洋颱風形成後的常經之路，可以說是天災頻仍。然而七千多個島嶼有如西太平洋一串美麗的珍珠，千百年來揉合各種文化，使其成為一個多彩多姿、與眾不同的國家。

在這種環境生長的人民樂天浪漫、活潑隨和，一般人臉上總是掛著友善的笑容。菲律賓佳麗曾經得過四次環球小姐后冠，還多次贏得世界小姐、國際小姐及地球小姐等選美，可以說是亞洲最美麗的國家。

菲律賓人善良健忘也容易原諒犯錯者，是菲律賓政治的特色之一。日本占領時期的魁儡政權總統勞瑞爾在戰後沒有受到懲罰，而且可以再次參選總統。獨裁者馬可仕流亡美國去世後，他的家人可以回國競選總統、參議員及省長。軍隊叛變占領馬尼拉飯店，參與的軍人只被處罰做三十次伏地挺身。艾斯特拉達因為貪汙被第二次人民力量革命推翻後沒幾年被赦免又出來競選總統，失敗之後卻又改選成為馬尼拉市長。

菲律賓獨立後一度有亞洲民主櫥窗之美譽，經濟也曾繁榮富裕傲視亞洲，卻不幸陷入二十年的獨裁統治，各種成就及優勢也隨之停滯或消失。後來的人民力量革命推翻了專制，繼之而來的卻是

下部

接二連三的軍事叛變，加上南部摩洛穆斯林分離運動，以及新人民軍的叛亂，使得菲律賓在經濟上落後多數東協（ASEAN）國家。

菲律賓落後嗎？如果你到馬尼拉的馬加智（Makati），數百座摩天大樓櫛比鱗次，許多大型商場總是擠滿了消費的人潮，其繁榮景象不輸給亞洲任一國家。然而實際上全國有兩千萬人口生活在貧窮線下，貧富懸殊也正是菲律賓經濟的表象及問題所在。除此之外，一般認為菲律賓經濟發展的最大問題，仍然是貪腐這個多年沉痾。

在東協國家中，以平均國內生產毛額而言，目前菲律賓的經濟可以說只比寮國、柬埔寨、緬甸稍好。當東北亞各國人口停止成長時，菲律賓人口成長迅速，現已近一億二千萬人，是東協國家中僅次於印尼的第二大國。人口紅利、教育普及加上使用英語文的優勢，菲律賓未來如果政治穩定、改善貪汙，解決摩洛穆斯林分離運動及新人民軍叛亂，其經濟發展將不可限量。

菲律賓當前面臨的最大問題在於與中國的南海主權爭議。雖然菲律賓擁有常設仲裁法院有利裁決的優勢，但是與中國的強大軍力相比，菲方薄弱的軍力實在不堪一擊。小馬可仕總統積極與美國及日本結盟，其目的就是要藉外力嚇阻中國在菲國所宣稱的主權範圍內活動。

菲律賓與中國的南海爭議不僅長期以來在口頭上隔空叫罵，中國還以海警船攔截包夾，發射水砲及雷射對付菲國船隻，造成船隻受損、人員受傷。近來菲、中雙方在黃岩島及仁愛礁附近的衝突日趨火爆，小馬可仕已表示如果中國「逾越紅線」，菲律賓將視為戰爭行為。而中國則於二〇二四年六月發布「海警局第三號令」，在其認定的管轄海域中，得登檢扣押涉嫌違反其出入境管理規定的外國籍船舶與人員。

南海主權爭議發展至今，菲律賓與中國雙方態度都愈趨強硬，與菲國有《共同防禦條約》的美國甚有可能被扯入這場因島礁問題引起的衝突。萬一未來發生擦槍走火的情況，恐怕會演變成為美國與中國在韓戰之後的第一場直接軍事對抗，也頗有可能波及原本就已高度緊張的台海情勢，此一發展當非世人所樂見。戰爭無勝者，贏家也一定會付出相當的代價。相關各方應記取歷史教訓自我節制，切莫錯估情勢輕啟戰端。

歷史與現場 365

你所不知道的菲律賓
殖民、獨立、叛亂，走過硝煙戰雨與黃金年代創造出的菲律賓驚奇

作　　者—羅添宏
地圖繪製—陳映蹀
主　　編—謝翠鈺
責任編輯—廖宜家
行銷企劃—鄭家謙
封面設計—斐類設計工作室
美術編輯—張淑貞

董 事 長—趙政岷
出 版 者—時報文化出版企業股份有限公司
108019 台北市和平西路三段二四〇號七樓
發行專線—（〇二）二三〇六六八四二
讀者服務專線—〇八〇〇二三一七〇五
（〇二）二三〇四七一〇三
讀者服務傳真—（〇二）二三〇四六八五八
郵撥—一九三四四七二四時報文化出版公司
信箱—一〇八九九　台北華江橋郵局第九九信箱

時報悅讀網—http://www.readingtimes.com.tw
法律顧問—理律法律事務所　陳長文律師、李念祖律師
印刷—勁達印刷有限公司
初版一刷—二〇二四年八月三十日
定價—新台幣五八〇元
缺頁或破損的書，請寄回更換

時報文化出版公司成立於一九七五年，
並於一九九九年股票上櫃公開發行，於二〇〇八年脫離中時集團非屬旺中，
以「尊重智慧與創意的文化事業」為信念。

你所不知道的菲律賓：殖民、獨立、叛亂，走過硝煙戰雨與黃金年代創造出的菲律賓驚奇 / 羅添宏著 . -- 初版 . -- 臺北市 : 時報文化出版企業股份有限公司 , 2024.08
面；　公分 . -- (歷史與現場 ; 365)
ISBN 978-626-396-578-2 (平裝)

1.CST: 菲律賓史

739.11　　113010604

ISBN 978-626-396-578-2
Printed in Taiwan